永野 仁美

障害者の雇用と所得保障

──フランス法を手がかりとした基礎的考察──

信 山 社

　　　　　　　は　し　が　き

　障害は，私にとっては非常に身近な存在で，社会保障法を学ぶ大学院生であった私が，研究テーマとして障害者政策を選択したことは，とても自然なことであったように思う。しかし，私が修士課程に進学した当時，社会保障法学を学ぶ者にとって，障害者政策は，それほどメジャーなテーマではなかった。それから十数年が経って，今では，障害に関する法（障害法）を研究する仲間は，ずいぶん多くなった。

　障害者を取り巻く環境は，私が大学院生として過ごした2000年代を通じて大きく変化した。2000年の社会福祉基礎構造改革により導入された支援費制度が2003年4月に施行され，2005年には，これを見直す障害者自立支援法が成立した。また，その間には，学生無年金障害者訴訟が提起され，地裁レベルではあったが，憲法14条との関係で相次いで違憲判決が出された。障害者への福祉サービスの在り方，及び，所得保障の在り方に対する社会的関心が，これまでになく高まった時期であったと言えよう。そして，2006年12月に国連総会で採択された障害者権利条約が，日本の障害者政策に与えた影響も大きい。2011年には障害者基本法の見直しがなされ，障害者の定義に「社会的障壁」という概念が組み込まれることとなった。そして，現在，今国会に提出された障害者差別解消法案や障害者雇用促進法の改正法案により，障害を理由とする差別禁止原則が日本法の中に導入されようとしている。

　筆が遅く，なかなか論文を書き進めることができなかった私を支えてくれたのは，こうした障害者政策をめぐるダイナミックな動きにあったように思う。こうした動きに後押しされる形で，私は，自分の研究論文を進めることができた。本書は，そうした中でやっと完成させた，日仏の障害者政策の比較を行った博士論文（2011年9月に東京大学から博士号〔法学〕を授与された）を加筆修正したものである。不十分で未熟なところも多い論文だが，おそらくは誰よりも時間のかかってしまった博士論文を公表する機会を得られたことを，とても嬉しく思う。

　修士・博士課程を通じて，恩師である東京大学大学院法学政治学研究科の岩村正彦先生には，信じられないほどの多大なご迷惑をおかけした。遅々と

して進まない論文を，我慢強く（本当に我慢強く）待って下さったこと，丁寧なご指導を頂戴したことに，まず，誰よりも先に心より感謝を申し上げたい。また，東京大学労働判例研究会の先生方，先輩方，後輩の皆さまにも，お礼を申し上げたい。東京大学労働判例研究会は，私にとってとても大切な場所であり，同研究会の皆さまの心強い支えがあったからこそ，諦めずに，研究を続けることができた。そして，現在，非常に快適な研究環境を与えて下さっている上智大学法学部の同僚の先生方，毎月一度の研究会で，私に多くの助言と刺激を下さっている東京社会保障法研究会の先生方にもお礼を申し上げたい。常に温かく見守って下さる先生方のおかげで，研究者としての第一歩を踏み出すことができた。最後に，ともに障害法の研究に取り組んでいる研究者の皆さまにも，感謝を申し上げたい。とりわけ，私たち若手の障害法研究者を集め，研究会を主宰して下さっている早稲田大学法学学術院の菊池馨実先生に，心より感謝を申し上げる。これからも，障害法を研究する仲間とともに，日本における障害法の発展のために研究に邁進していきたいと心から思っている。

　なお，本書の刊行にあたっては，「東京大学学術成果刊行助成制度」の補助を頂くことができた。本書の刊行を快く引き受けて下さり，刊行にあたっての様々な作業を手伝って下さった信山社出版の渡辺左近氏と木村太紀氏，鳥本裕子氏にも，深く感謝の気持ちを表したい。

　最後に，長かった大学院生活を支えてくれ，苦労と心配をかけてしまった，今ではすっかり甥たちの良きおじいちゃん，おばあちゃんになった両親に心より感謝して，本書のはしがきとさせて頂きたい。

　　2013年4月

　　　　　　　　　　　　　　　　　　　　　　　　　　　　永野仁美

目　次

はしがき

序章　本書の問題関心……………………………………………… 1
　第1節　はじめに……………………………………………………… 1
　第2節　検討対象……………………………………………………… 6
　第3節　諸外国の状況………………………………………………… 8
　　1　アメリカ………………………………………………………… 9
　　　(1)　障害者雇用政策（9）
　　　　A　就労機会の保障（9）
　　　　B　賃金保障（11）
　　　(2)　社会保障制度による所得保障（12）
　　　　A　社会保障障害年金（12）
　　　　B　公的扶助（14）
　　　(3)　福祉サービス（等）の利用に係る費用の負担（14）
　　2　イギリス………………………………………………………… 15
　　　(1)　障害者雇用政策（15）
　　　　A　就労機会の保障（15）
　　　　B　賃金保障（19）
　　　(2)　社会保障制度による所得保障（20）
　　　(3)　福祉サービス（等）の利用に係る費用の負担（21）
　　3　ドイツ…………………………………………………………… 23
　　　(1)　障害者雇用政策（23）
　　　　A　就労機会の保障（23）
　　　　B　賃金保障（26）
　　　(2)　社会保障制度による所得保障（27）
　　　　A　稼得能力の減退を理由とする年金（27）
　　　　B　基礎保障給付（28）
　　　(3)　福祉サービス（等）の利用に係る費用の負担（29）
　　4　フランス………………………………………………………… 31

　　　　(1) 障害者雇用政策（31）
　　　　　　A　就労機会の保障（31）
　　　　　　B　賃　金　保　障（32）
　　　　(2) 社会保障制度による所得保障（32）
　　　　　　A　障　害　年　金（32）
　　　　　　B　成人障害者手当（AAH）（33）
　　　　(3) 福祉サービス（等）の利用に係る費用の負担（34）
　　5　諸外国の制度の特徴・分析…………………………………………34
　　　　(1) 障害者雇用政策（34）
　　　　　　A　就労機会の保障（34）
　　　　　　B　賃　金　保　障（35）
　　　　(2) 社会保障制度による所得保障（36）
　　　　(3) 福祉サービス（等）の利用に係る費用の負担（37）
　　第4節　比較対象国の選定……………………………………………………38

第1章　日　　本………………………………………………………………41

　第1節　障害者雇用政策……………………………………………………41
　　1　沿　　革……………………………………………………………………41
　　　　(1) 障害者雇用促進法（通常の労働市場）（42）
　　　　　　A　身体障害者雇用促進法の制定（1960年）（42）
　　　　　　B　雇用義務（率）制度の成立（1976年）（43）
　　　　　　C　障害者雇用促進法の制定（1987年）（44）
　　　　　　D　知的障害者の雇用義務制度の創設と地域支援体制の推進
　　　　　　　（1997年）（45）
　　　　　　E　経済環境・職場環境の変化，就職を希望する障害者の増
　　　　　　　加への対応（2002年）（46）
　　　　　　F　障害者雇用政策の充実・強化（2005年）（48）
　　　　　　G　意欲・能力に応じた障害者の雇用機会の拡大（2008年）（49）
　　　　　　H　近年の動き（50）
　　　　　　I　小　　括（51）
　　　　(2) 福祉的就労（52）
　　　　　　A　障害者福祉各法による授産施設等の制定（52）
　　　　　　B　障害者自立支援法（2005年）（57）

　　　　C　成長力底上げ戦略（基本構想）（2007年）（58）
　　　　D　小　括（59）
　　2　現 行 制 度……………………………………………………59
　　　(1)　就労機会の保障：通常の労働市場（障害者雇用促進法）（60）
　　　　A　雇用義務（率）制度（60）
　　　　B　職業リハビリテーション（65）
　　　　C　小　括（66）
　　　(2)　就労機会の保障：福祉的就労（障害者総合支援法）（67）
　　　　A　就労移行支援（68）
　　　　B　就労継続支援（A型）（69）
　　　　C　就労継続支援（B型）（71）
　　　　D　小　括（71）
　　　(3)　賃 金 保 障（72）
　　　　A　通常の労働市場（72）
　　　　B　福祉的就労（73）
　　3　ま と め………………………………………………………75
　　　(1)　就労機会の保障（76）
　　　(2)　賃 金 保 障（77）
　第2節　社会保障制度による所得保障………………………………78
　　1　沿　　革………………………………………………………79
　　　(1)　障害者を対象とする所得保障制度の誕生（79）
　　　(2)　生活保護法の制定，厚生年金保険法の発展（80）
　　　(3)　国民皆年金の成立（1959年）（80）
　　　(4)　年金制度の発展（給付水準の引上げ・給付対象の拡大）（82）
　　　(5)　障害基礎年金の創設（1985年）（84）
　　　(6)　障害基礎年金導入後（87）
　　　(7)　小　括（89）
　　2　現 行 制 度……………………………………………………90
　　　(1)　障 害 年 金（90）
　　　　A　障害基礎年金（91）
　　　　B　障害厚生年金（95）
　　　　C　特別障害給付金（98）
　　　　D　小　括（100）

　　　　(2) 特別障害者手当（102）
　　　　　　A 支 給 目 的（102）
　　　　　　B 支給対象者（103）
　　　　　　C 支 給 額（103）
　　　　(3) 生 活 保 護（103）
　　　　　　A 生活保護の目的・原理（104）
　　　　　　B 障害者に対する配慮（105）
　　　　　　C 小　　括（107）
　　3　ま と め……………………………………………………108
第3節　障害に起因する特別な費用の保障………………………110
　　1　沿　　革……………………………………………………110
　　　　(1) 身体障害者・精神薄弱者福祉法制定当初（110）
　　　　(2) 施設利用費用負担規定の導入（1984年）（111）
　　　　(3) 応能負担から応益負担へ（2005年障害者自立支援法）（113）
　　　　(4) 応益負担の維持（2012年障害者総合支援法）（114）
　　2　現 行 制 度………………………………………………115
　　　　(1) 自立支援給付（115）
　　　　　　A 障害福祉サービスに要する費用に対する給付（116）
　　　　　　B 自立支援医療等に係る費用に対する給付（116）
　　　　　　C 補装具費に対する給付（117）
　　　　　　D 障害者の負担軽減のための給付（117）
　　　　(2) 支給決定手続き（118）
　　　　　　A 介護給付費・訓練等給付費の支給決定手続き（118）
　　　　　　B 自立支援医療費の支給認定手続き（120）
　　　　　　C 補装具費の支給決定手続き（121）
　　　　(3) 利用者負担（121）
　　　　　　A 自己負担率（121）
　　　　　　B 負担軽減策（122）
　　3　ま と め……………………………………………………124
第4節　総　　括…………………………………………………124
　　1　障害者雇用政策と社会保障制度による障害者への所得保障…125
　　2　社会保障制度による障害者への所得保障と障害に起因する

特別な費用の保障………………………………………126
　3　まとめ………………………………………………127
第2章　フランス………………………………………129
　第1節　障害者雇用政策………………………………129
　　1　沿　革……………………………………………129
　　　(1)　障害者雇用政策の誕生（131）
　　　(2)　すべての障害者を対象とする雇用政策の創設（1957年法）（131）
　　　　A　立法の背景（132）
　　　　B　1957年法の内容（132）
　　　(3)　障害者基本法による障害労働者所得保障制度（GRTH）の導入（133）
　　　(4)　雇用義務（率）制度の実効性確保（1987年法）（134）
　　　　A　立法の背景（134）
　　　　B　1987年法の内容（135）
　　　(5)　差別禁止原則の導入（1990年法）（136）
　　　　A　国民議会第1読会における修正（137）
　　　　B　上院第1読会における修正（139）
　　　　C　1990年法の可決（140）
　　　(6)　差別禁止原則の補完と雇用義務（率）制度の強化（2005年法）（141）
　　　　A　2005年法改正の背景（141）
　　　　B　EC指令（2000/78/EC）の国内法化（142）
　　　　C　雇用義務の強化，その他の改正（144）
　　　(7)　小　括（144）
　　2　現行制度…………………………………………145
　　　(1)　障害者雇用の構造（145）
　　　(2)　通常の労働市場における就労保障（146）
　　　　A　差別禁止原則（146）
　　　　B　雇用義務（率）制度（157）
　　　　C　賃金等，就労条件の保障（168）
　　　　D　適応企業・CDTD（171）
　　　(3)　保護された環境下での就労の保障（176）

　　　　　A　労働支援機関・サービス（ESAT）（176）
　　　　　B　対　象　者（177）
　　　　　C　就　労　条　件（177）
　　　　　D　一般労働市場への移行促進策（181）
　　　　　E　小　　括（183）
　　3　ま　と　め……………………………………………………………183
　　　(1)　就労機会の保障（184）
　　　　　A　通常の労働市場（184）
　　　　　B　福祉的就労（185）
　　　(2)　賃金保障等（185）
　　　(3)　小　　括（186）
第2節　フランスの障害者所得保障制度…………………………187
　　1　沿　　革………………………………………………………………187
　　　(1)　公的扶助・社会保障制度の誕生（188）
　　　(2)　第2次世界大戦後の社会保障・社会扶助制度の発展（190）
　　　(3)　障害者基本法の制定（192）
　　　　　A　1975年法改正直前の動き（192）
　　　　　B　障害者の所得保障の状況（194）
　　　　　C　成人障害者手当（AAH）の創設（195）
　　　　　D　障害者施策の一般的方針の提示（196）
　　　(4)　障害者の権利と機会の平等，参加，市民権に関する法律
　　　　（2005年法）（197）
　　　　　A　ペリュシュ判決（198）
　　　　　B　反ペリュシュ判決法の制定（199）
　　　　　C　社会現代化法における障害者の権利の確認（200）
　　　　　D　全国自立連帯金庫（CNSA）の創設（201）
　　　　　E　障害者の権利と機会の平等，参加，市民権に関する
　　　　　　法律（202）
　　　(5)　小　　括（203）
　　2　現　行　制　度………………………………………………………205
　　　(1)　障害者政策に関連する基本的規定及び組織（205）
　　　　　A　障害者に関する基本的規定（205）
　　　　　B　障害者政策に関わる組織（207）

(2)　所得保障給付（211）
　　　　　A　拠出制給付（障害年金）（212）
　　　　　B　無拠出制給付（成人障害者手当〔AAH〕）（215）
　　3　ま　と　め………………………………………………………………221
　第3節　障害に起因する特別な費用の保障——障害補償給付‥222
　　1　沿　　革…………………………………………………………………222
　　2　現 行 制 度………………………………………………………………223
　　　(1)　支 給 要 件（223）
　　　(2)　給付の種類（224）
　　　　　A　人 的 支 援（225）
　　　　　B　技術的支援（227）
　　　　　C　住宅・交通に対する支援（228）
　　　　　D　特別・例外的負担（229）
　　　　　E　動物による支援（盲導犬・介助犬）（229）
　　　(3)　補償給付の内容決定手続き（229）
　　　(4)　自己負担率（231）
　　　(5)　財　源（233）
　　3　ま　と　め………………………………………………………………234
　第4節　総　　括……………………………………………………………235
　　1　障害者雇用政策と社会保障制度による障害者への所得保障‥236
　　2　社会保障制度による障害者への所得保障と障害に起因する
　　　特別な費用の保障………………………………………………………237
　　3　ま　と　め………………………………………………………………238

第3章　総　　括………………………………………………………240
　第1節　日 仏 比 較…………………………………………………………240
　　1　障害者雇用政策………………………………………………………240
　　　(1)　就労機会の保障（240）
　　　　　A　雇用義務（率）制度／差別禁止原則（240）
　　　　　B　雇用義務（率）制度（241）
　　　　　C　福祉的就労（243）
　　　(2)　賃 金 保 障（245）

A　通常の労働市場での雇用（245）
           B　福祉的就労（245）
      2　社会保障制度による所得保障（246）
        (1)　拠出制給付と無拠出給付（246）
        (2)　給付の目的・性格（248）
      3　障害の結果生じる特別な費用の保障（249）
      4　各制度間の関係（252）
        (1)　障害者雇用政策と社会保障制度による障害者への所得
           保障（252）
        (2)　社会保障制度による障害者への所得保障と障害に起因する
           特別な費用の保障（253）
   第2節　日仏比較から得られる日本法への示唆……………… 254
      1　障害者雇用政策（255）
        (1)　障害を理由とする差別禁止原則と雇用義務（率）制度との
           間の関係（255）
        (2)　雇用義務（率）制度の強化（256）
        (3)　就労所得保障制度の検討（257）
        (4)　福祉的就労に関する法制度の整備（258）
      2　社会保障制度による所得保障（260）
        (1)　給付目的の明確化（就労及び障害の結果生じる特別な費用
           との関係）（260）
        (2)　就労インセンティブへの配慮（261）
        (3)　無拠出制の所得保障制度の在り方（262）
      3　障害の結果生じる特別な費用の保障（264）
      4　お わ り に（265）

事 項 索 引

序章　本書の問題関心

第1節　はじめに

　日本の障害者政策は，2000年に実施された社会福祉基礎構造改革によって大きな変化を遂げた。従来の措置制度に代わって支援費制度が導入されたことで，障害者の福祉サービスの利用に係る法律関係が，大きく変わることとなったからである（「措置」から「契約」へ）。

　従来の措置制度の下では，障害者に対する福祉サービスの提供とその具体的内容は，行政庁（福祉事務所長等）の行政処分（入所措置決定等）によって決定されていた。そして，サービス提供の財源である措置費が，行政からサービスの提供者に対して支給される仕組みとなっていた。他方，新たに導入された支援費制度では，福祉サービスは，障害者とサービス提供事業者（通所・入所施設等）との間の契約に基づいて提供されることとされた。支援費制度の下では，障害者は，サービスの利用者として，サービス提供事業者（通所・入所施設等）と対等な立場で，福祉サービスの利用に関する契約を締結する一方で，そのサービスに係る費用の一部は，支援費という形で，障害福祉行政当局（市町村等）から障害者に支給されるという構成が採られた（代理受領が認められる場合には，直接事業者に対して支援費は支給される）[1]。

　しかしながら，新たに導入された支援費制度は，2003年の施行直後から，予算不足に悩まされることとなった。その主たる原因は，障害者の福祉サービスの利用が，予想以上に伸びたことにある。そこで，この予算不足への対応を目的の1つとして，2005年には，「障害者自立支援法」が制定され，次のことが行われることとなった。すなわち，①国の費用負担責任の強化（国が費用の2分の1を義務的に負担），及び，②サービス利用者への応益（定率）

---

[1]　岩村正彦「社会福祉サービス利用契約をめぐる法制度と課題」岩村正彦編『福祉サービス契約の法的研究』信山社（2007年）1−2頁。

負担の導入（「応能負担から応益負担へ」）である。しかし，とりわけ，後者の応益（定率）負担の導入には，多くの障害者団体から強い批判がなされることとなった。そして，これを契機として，福祉サービスの利用者負担の在り方として，果たして，「応益（定率）負担」は妥当なのかという議論が，活発に展開されることとなった[2]。

こうして，障害者の福祉サービスの利用に係る費用負担の在り方に対する社会的関心が集まっていく中で，もう1つ，大きな関心を集めたものがある。「障害者への所得保障」である。障害者への所得保障に対する関心は，「障害者への所得保障が不十分な状況下で，障害者に応益負担を課すことの是非」が問われる中で，大きく高まることとなった。そして，その結果として，障害者自立支援法附則3条3項には，次の一文が加えられることとなった。すなわち，「政府は，障害者等の福祉に関する施策の実施の状況，障害者等の経済的な状況等を踏まえ，就労の支援を含めた障害者等の所得の確保に係る施策の在り方について検討を加え，その結果に基づいて必要な措置を講ずる

---

[2] 例えば，自身も盲ろう者である福島智（敬称略，以下同じ）は，社会保障審議会第22回障害部会（2004年12月14日）において，定率負担の導入に強く反対している。福島智「『今後の障害保健福祉施策について（改革のグランドデザイン案）』に関する意見書　生存と魂の自由を──障害者福祉への応益負担導入は，『保釈金』の徴収だ」総合ケア170号（2005年）86-87頁。他方，京極高宣は，自立支援法の利用者負担の考え方について，肯定的な意見を述べている。その理由は，下記の点にある。すなわち，①自立支援法による定率負担の導入は低所得者に対する各種の配慮を伴っていること，②定率負担の導入と引き替えに障害者福祉サービス（特に在宅福祉）の大部分が国の予算措置上の義務的経費にされたこと，そして，③定率負担には財源調達以外の機能（ⅰ需要減少，ⅱ優先順位の変更，ⅲ濫給防止，ⅳスティグマの除去）もあること等である。京極高宣『障害者自立支援法の課題』中央法規（2008年）35-54頁。

なお，自立支援法における応益（定率）負担の導入に関しては，その合憲性を問う訴訟が，71名の原告によって提起されたが，同訴訟は，2010年1月7日，原告団・弁護団と国（厚生労働省）との間で和解が成立し，終了した。和解に際し作成された基本合意文書では，「国（厚生労働省）は，速やかに応益負担（定率負担）制度を廃止し，遅くとも平成25年8月までに，障害者自立支援法を廃止し新たな総合的な福祉法制を実施する。そこにおいては，障害者福祉施策の充実は，憲法等に基づく障害者の基本的人権の行使を支援するものであることを基本とする」ことが確認された。しかし，2012年6月に成立した障害者総合支援法では，応益（定率）負担が廃止されることなく維持され，多くの障害当事者からの批判の対象となっている。

ものとする」という一文である。また，衆議院・参議院厚生労働委員会の附帯決議においても，附則3条3項に規定する検討については，「就労の支援も含め，障害者の生活の安定を図ることを目的とし，社会保障に関する制度全般についての一体的な見直しと併せて，障害者の所得の確保に係る施策の在り方の検討を速やかに開始し，3年以内にその結論を得ること」が確認された。

こうした状況の中で，厚生労働省は，2005年12月，障害者自立支援推進本部を設置し，2007年1月には，同本部の下に，「障害者の所得の確保に係る施策の検討チーム」を設置するに至った。障害者への所得保障の在り方に関する議論は，1986年に障害基礎年金が導入されて以降，あまり活発になされてこなかったが，ここに至り，障害者への所得保障に関する議論及び検討が再開されることとなったのである[3]。

その成果の一部は，2008年12月に，社会保障審議会障害者部会が発表した報告書（「障害者自立支援法施行後3年の見直しについて」）の中に現れている。しかしながら，同報告書は，所得保障の今後の在り方について，十分な結論を出したとは言い難い。というのも，同報告書は，次のように述べるに留まっているからである：

－障害者の所得保障については，障害者の生活の安定を図る観点から，就労支援を含め，幅広い観点に基づく検討が必要である；
－（就労支援を除いた）障害者の所得保障施策としては，年金，手当など直接的な所得保障をはじめとして，様々な措置が講じられており，現行制度の適切な運用に一層努めるとともに，これを引き続き着実に実施していくべきである；
－現行の所得保障施策に関する今後の在り方については，障害基礎年金の

---

[3] 2007年12月に出された与党障害者自立支援に関するプロジェクトチームによる報告書においても，「障害者の所得の確保に係る施策の在り方について，就労の支援を含め，幅広い観点から検討を行う。その際，社会保障制度全般の一体的見直しに関する議論との整合性や財源の確保を図った上で，障害基礎年金の引上げ（例えば2級の額を1級並みに，1級の金額は更に引上げ）や住宅手当の創設についても検討を行う」という方向性が示された。「社保審障害者部会　障害基礎年金引上げ　財源の確保が課題に」年金実務1817号（2008年）26頁。

水準を引き上げるべき（2級の金額を1級並に，1級は更に引き上げる）などの意見が多く出された。この問題については，年金制度の在り方など社会保障制度全般の見直しに関する議論との整合性などが必要であり，これらを踏まえ検討していくべきである；
- 障害者の所得保障については，障害者の稼得能力の低下を補い，あるいは，障害により生じる特別な負担を軽減することによって，障害者の生活の安定を図るものであり，障害者の自立した生活を支えていくために必要不可欠なものである。今後，財源の確保も含めて，検討を深めていくべきである。

このように，2008年の報告書は，障害者への所得保障の在り方について，今後，検討すべき事項を明らかにはしているが，その具体的内容については何ら言及していない。したがって，障害者に対する所得保障の具体的な在り方は，まさに，これから，検討していくべき課題であると言うことができよう[4]。

---

[4] 国立社会保障・人口問題研究所の勝又幸子を中心とする研究チームが，2005年から2007年にかけて，「障害者の所得保障と自立支援政策に関する調査研究（厚生労働科学研究）」を実施し，各年度末に，報告書を提出している。同調査研究は，「生活者および世帯の一員としての障害者の実態を知りたいという問題意識」からなされた「障害者生活実態調査」を中心としている。これまでデータの不足していた地域に居住する障害者の実態を調査した点において重要性を持ち，今後の障害者への所得保障政策を検討する上でのベースとなることが期待されるものである。また，2007年度の報告書には，分担研究者である福島智による「障害者の所得保障と『自立』支援施策をめぐる考察――ベーシック・インカム論の制度的構想に向けて」が収録されている。福島論文は，障害者の「自立」を促進する上での所得保障制度の基本的要件として，次の4点を挙げている。①障害者の生存を成り立たせるために十分な所得の保障であり，さらに自ら選択する価値ある生を成り立たせるための十分な所得の保障であること，②所得を得ることに伴う負担が十分に小さいものであること，③生き方の選択肢の幅と，セルフコントロールの余地が広がること，④当事者を含む人々の納得が得られることの4点である。そして，その上で，留意すべき点として，①就労へと動機付けることに過度に力点が置かれた所得保障制度は，人々の生き方の幅を制約するという側面を有すること，②障害者が所得を得るための物理的・心理的負担は，通常想定されている以上に大きなものであることを指摘している。福島論文が示した以上の点は，いずれも，障害者への所得保障制度を構築するにあたって重要な点である。しかしながら，具体的な制度案については，福島論文は，ベーシック・インカム論の障害者福

なお，2009年夏の民主党への政権交代後，政府は，2010年6月29日の閣議決定（「障害者制度改革の推進のための基本的な方向について[5]」）において，次のことを確認した。すなわち，「障害者が地域において自立した生活を営むために必要な所得保障の在り方について，給付水準と負担の在り方も含め，平成25年常会への法案提出を予定している公的年金制度の抜本的見直しと併せて検討し，平成24年内を目途にその結論を得る」ということである。

そして，その後，2012年2月17日の閣議決定（「社会保障・税一体改革大綱」）において，障害者への所得保障の観点から障害基礎年金について一定の加算を行うことが確認され，同年成立した「年金生活者支援給付金の支給に関する法律（平成27年10月1日施行）」によって，一定の障害基礎年金の受給者には，障害年金生活者支援給付金（1級：6250円，2級：5000円）が支給されることとなった[6]。

これをスタート地点として，「障害者への所得保障の在り方」に関する議論が，今後，さらに活性化することが期待される。この議論に寄与することを目的として，本書では，比較法の観点から，障害者に対する所得保障の在り方を検討することとしたい。すなわち，本書では，外国の法制度を具に調査・検討することで，日本における障害者への所得保障の在り方に対して，一定の示唆を得ることを試みる。

祉政策にとっての有益性を検討するに留まっており，特に言及していない。

5　本閣議決定は，障がい者制度改革推進会議の「障害者制度改革の推進のための基本的な方向（第一次意見）」（平成22年6月7日）を最大限尊重しつつ，障害者権利条約の締結に必要な国内法の整備を始めとする日本の障害者に係る制度の集中的な改革の推進を図るための，基本的な方向を示すものである。

6　当初は，「公的年金制度の財政基盤及び最低保障機能の強化等のための国民年金法等の一部を改正する法律案」の中に，低所得高齢者や障害者等に対する年金額の加算が盛り込まれ，公的年金制度の枠内での最低所得保障機能の強化が目指された。しかし，衆議院での修正により，上記加算は法案から削除されることとなった。そこで，新たに，「年金生活者支援給付金の支給に関する法律」により，福祉的な給付として年金生活者支援給付金を支給する措置が講じられることとなった。

第2節　検討対象

　ところで，「障害者に対する所得保障」の方法と言えば，従来は，社会保障制度による所得保障であった。検討の中心が，障害年金制度であり，これを補う制度として，最低生活保障を目的とする生活保護があった。しかしながら，社会保障制度による所得保障制度を検討するのみでは，「障害者に対する所得保障」の在り方の検討としては，不十分であろう。何故なら，今日では，障害者への就労の機会の付与を通じた所得保障（＝就労所得保障）も，「障害者に対する所得保障」の方法として，重要な意味を持つと考えられるからである。

　実際のところ，現在の社会では，生活に必要な金銭を得る方法として，就労は，非常に重要な位置を占める。ところが，障害者は，その障害ゆえに（時にステレオタイプ的に）就労は困難であると考えられてきた。しかし，障害者を取り巻く環境は，急速に変化しつつある。まず，就労形態が，肉体労働中心から，デスク・ワーク中心に変化した。この変化は，例えば，肉体労働に従事することは困難であった車椅子の身体障害者に，就労の可能性を開いている。また，医療や技術の進歩によって，障害を補う手段（例えば，パソコンによる文字の拡大，文字の音声化等）が発達し，かつて，障害ゆえに行うことが困難であった様々なことが，行い得るものとなりつつある。こうした状況の中で，障害者の就労可能性は，大きく高まっている。そして，さらに，障害者像も，次第に変わりつつある。すなわち，従来，障害者は，一般に就労が困難な人たちとしてカテゴライズされていた。しかし，現在では，障害者は，何らかの配慮があれば就労が可能な人々であるという認識が，共有されつつある。

　そこで，本書では，「障害者に対する所得保障」の方法の中に，就労機会の付与を通じた所得保障（すなわち，就労所得保障）も含めることとしたい（＝広義の所得保障）。障害者への就労機会の付与は，現在の労働環境においては，とりわけ，障害者への「雇用」保障を通じて実現される。したがって，本書では，まず，障害者への「雇用」保障に着目した調査・検討を行いたい。すなわち，障害者雇用政策（具体的には，就労機会の保障方法，障害者への賃

金保障等）について，調査・検討することとする（各章第1節）[7]。障害者に対する「雇用」保障は，「雇用」保障を通じた就労所得の保障の観点からのみならず，障害者のソーシャル・インクルージョン（social inclusion）の観点からも，重要な課題であり，これを調査・検討する価値は高いと言えよう。

その一方で，障害者の中には，依然として就労に困難を抱える者もいる。また，障害に起因する労働能力の低減によって，十分な就労所得を得られない者もいよう。そうした者に対しては，今後も，社会保障制度によって所得を保障していく必要がある。すなわち，社会保障制度による所得保障制度の存在価値は，障害者の就労可能性が高まった現在においても，変わりはないと言える。そこで，続く第2節では，社会保障制度による所得保障（＝狭義の所得保障）について，就労との関係に留意しつつ，調査・検討を行いたい（各章第2節）。

そして，さらに，本書では，障害に起因する特別な費用の保障方法についても，調査・検討を行いたい。障害者には，障害に起因して，特別な費用がかかることがある。例えば，介護サービスに係る費用や補装具の購入費，タクシー代等の交通費が挙げられる。障害者への所得保障の在り方の検討にあたっては，こうした障害に起因する特別な費用も，考慮に入れる必要があると考える。これらの費用によって生活の基本的部分に必要な金銭が削られると，障害者の生活水準は下がってしまうからである。したがって，本書では，障害の結果生じる特別な費用の保障方法についても，検討を加えることとする（各章第3節）。そもそも，「障害者に対する所得保障」の在り方に対する関心が高まった契機は，福祉サービスに係る費用の自己負担の在り方に関する議論の高まりにあった。この点からも，障害の結果生じる特別な費用の保障方法まで含めて，障害者への所得保障について検討することは，重要であると考える。

以上より，本書では，「障害者への所得保障」の在り方を検討するにあたって，①障害者雇用政策（就労機会の保障方法，障害者への賃金保障等），②社会保障制度による所得保障，③障害の結果生じる特別な費用の保障（＝福

---

[7] 障害者自立支援法附則3条3項及び衆議院・参議院附帯決議も，「就労の支援」を含めて，障害者等の所得保障の在り方について検討することとしており，障害者への所得保障を検討するにあたり，「就労」の重要性を指摘している。

祉サービス（等）の利用に係る費用の負担の在り方）について，調査・検討することとしたい。

なお，これら3つの点から調査・検討を行うことは，本書の強みであると考えている。現在，日本には，障害者基本法という障害者施策の方針を示す包括的な法律が存在している。しかし，雇用，所得保障（障害基礎年金・障害厚生年金），福祉（福祉サービスの利用・福祉的就労等）は，それぞれ，障害者雇用促進法，国民年金法及び厚生年金保険法，障害者福祉各法（現在は，障害者総合支援法）と別々の法律によって規定されており，また，これらの法律は，これまで，十分に関連付けられては来なかった。近年になって，ようやく，労働市場における雇用施策と福祉施策（福祉的就労）との間の連携強化が謳われるようになってはきた[8]。しかし，雇用と所得保障，雇用と福祉，所得保障と福祉との間の役割分担，関係付け，相互の連携については，未だ，十分に議論が尽くされているとは言い難い。

本書では，前記①〜③を検討の対象とすることで，これら各々の機能と役割を確認すると同時に，相互の関係性，有機的連携の必要性についても検討することとする。こうした作業によって，「障害者への所得保障」の在り方について，多面的総体的な検討を行うことが可能となろう。そして，この点に，本書の意義を見出したい。

第3節　諸外国の状況

第1節の最後でも述べたように，本書では，前記①〜③の検討を行うにあたって，比較法の手法を採用する。そこで，まず初めに，邦語文献に依拠しつつ，諸外国（アメリカ（1），イギリス（2），ドイツ（3），フランス（4））の状況を概観しておきたい。以下で，上記の国における，障害者雇用政策（就労機会の保障，障害者への賃金保障，福祉的就労等）（A），社会保障制度による所得保障（B），障害に起因する費用の保障（福祉サービス〔等〕の費用負担の在り方）（C）の概要を確認しておくこととする。

---

[8] 例えば，障害者自立支援法（2005年）では，就労支援の抜本的強化の一環として福祉施策と雇用施策との間の連携強化が目指された。

第3節　諸外国の状況

1　アメリカ

(1)　障害者雇用政策[9]

A　就労機会の保障

(a)　通常の労働市場

　アメリカは，障害者の雇用促進策として，差別禁止アプローチを採用している国として有名である。1973年に制定されたリハビリテーション法は，連邦政府に対して障害者の雇用・訓練・昇進などについて積極的差別是正措置をとることを義務付けるとともに，連邦政府と2500ドル（2010年現在，1万ドル）を超える契約を結ぶ民間企業に対しても積極的差別是正措置をとることを義務付けた。そして，連邦政府から財政補助を受ける事業や連邦政府が管理運営する事業において障害を理由に差別することを禁止した。その後，1990年に制定された「差別禁止法（ADA：Americans with Disabilities Act〔障害を持つアメリカ人法〕）」によって，リハビリテーション法の差別禁止アプローチは，連邦政府から金銭的な助成を受けていない民間企業[10]にも拡張され，現在に至っている。

　ADAは，適用対象事業体は，適格性を有する者に対して，障害を理由として，就職応募手続，労働者の採用，昇進又は解雇，労働者の報酬，職業訓練その他の雇用条件及び特典に関して，差別をしてはならない旨を規定している。これは，すなわち，①「障害」を持つ者であって，かつ，②適格性を有する者に対し，③「差別」してはならないということである。①の「障

9　アメリカの障害者雇用政策については，長谷川珠子・寺島彰「第3章アメリカ」『欧米の障害者雇用法制及び施策の現状（資料シリーズNo. 58）』高齢・障害者雇用支援機構障害者職業総合センター（2011年）113-138頁，長谷川珠子「米国：『福祉的就労』分野における労働保護法の現状」『福祉的就労分野における労働法適用に関する研究会──国際的動向を踏まえた福祉と雇用の積極的融合へ』日本障害者リハビリテーション協会（2009年）61-68頁，長谷川珠子「アメリカにおける障害者雇用の実態と2008年ADA改正法」福祉労働121号（2008年）32-42頁，櫻庭涼子「アメリカ」『障害者雇用法制に関する比較法的研究』財団法人労働問題リサーチセンター・財団法人日本ILO協会（2009年）88-130頁を参照した。

10　ただし，ADAの適用を受ける「使用者」は，州際通商に影響を与える産業に従事し，当年あるいは前年に週20時間以上働く15人以上の従業員を雇用する使用者である。

害」には，「主要な生活活動を実質的に制約する」身体的・精神的損傷を現実に持つ場合や，損傷を持つと「みなされる」場合，損傷を持っていた過去の「経歴」がある場合とが含まれている。そして，②の「適格性を有する」者とは，その雇用上の職務の「本質的機能」を「合理的配慮」によって，あるいは，「合意的配慮」がなくても遂行できる者を言うとされている。③の「差別」には，広範な内容の行為が含まれるが，特に，合理的配慮を供与しないことそのものや，合理的配慮が必要であることを理由として不利益な取扱いをなすことも，差別の一類型とされている。

ところで，ADAは，障害を理由とする差別禁止を定める立法として，世界的にも注目されるものであったが，訴訟における原告の勝訴率は高くないことが明らかにされており（2006年における原告の勝訴率は2.8％であったとされている），経済学的分析においても，ADAの障害者の雇用促進機能は必ずしも高くないことが指摘されている。その原因の1つには，「障害」の定義が連邦最高裁判例により縮小解釈された結果，ADAの適用対象となる障害者が，非常に限定されてしまったことがある。また，ADAで救済されるのは，使用者が「合理的配慮」措置を講じることによって職務の本質的機能を遂行することができる労働者のみで，障害の程度の重い者は保護の対象から除外されてしまうことも，原因として挙げられる。このうち，「障害」の定義に起因する問題については，2008年のADA改正によって，障害概念は，広範に解すべきであることが確認されている。今後は，改正ADAの下での裁判例の蓄積が待たれることになろう。

(b) 就労支援等

障害者の雇用促進のための財政的支援は，1973年リハビリテーション法に基づいて実施されている。例えば，雇用を実質的に妨げる身体的・精神的損傷を有しており，就職・就労継続などのために職業リハビリテーションを必要とする者が，その能力や関心，選択に応じて就労に向けて準備し就職することを支援するために，州は，連邦の財政的支援を受けて，職業紹介や訓練などの各種サービス[11]を実施することとなっている。また，州は，同じく連

---

11 サービスには，カウンセリング・指導，サービスの紹介，職の開拓や職業紹介の支援，職業その他の訓練，身体的・精神的損傷の診断・治療，通訳者サービス，聴覚・視覚障害を持つ者の移動支援，サービスを受けるための交通費支援などが含まれる

邦の財政的支援の下，最重度の障害を持つ者が，一般の職場で就労できるように，ジョブコーチと呼ばれる専門家を職場に派遣するサービスも実施することとなっている。

この他，アメリカでは，障害者の雇用促進を目的とする税制優遇措置（建築・交通障壁除去所得控除，アクセス税額控除，就労機会税額控除）も設けられている。また，1971年のジャビッツ・ワグナー・オデイ法[12]により，政府には，障害者のために設立された非営利組織から物品やサービスを購入することが義務付けられている。

B　賃金保障

最低賃金を始めとする賃金に関しては，連邦法である「公正労働基準法（FLSA：Fair Labor Standard Act）」に定めがある。ただし，連邦法であるFLSAが適用される労働者は，以下の者に限定されている。すなわち，①通商[13]に従事する労働者，②通商のための商品の生産に従事する労働者，又は，③通商もしくは通商のための商品の生産に従事する企業に雇用されている労働者である。したがって，極めて小規模な範囲でのみ物の売買や運搬等を行うような企業にはFLSAの適用はなく，各州の州法が適用される。また，各州には，連邦法であるFLSAよりも厳しい規制を含む州法を独自に制定することが認められている。州法の方がより高い最低賃金を設定している場合には，使用者は，州法を遵守しなければならない。

FLSAでは，最低賃金規定の適用除外となる者，及び，最低賃金を下回る賃金を支払っても良いとされる者が定められている。障害者[14]に関しては，FLSA14条（c）で，次のように定められている。すなわち，年齢，身体的もしくは精神的障害（deficiency），又は，負傷（injury）によって稼得能力又は生

（カリフォルニア州の例）。

12　同法は，1938年に視覚障害者に雇用機会を提供するために制定されたワグナー・オデイ法の適用対象者を重度障害者に拡大したものである。

13　「通商（commerce)」とは，州際通商及び外国との通商を意味し，「通商に従事する」とは，州境を越えて物の売買や運搬，通信などを行う場合を言う。

14　障害者の他，常勤の学生（full-time student），10代の労働者，チップでの収入を得ている労働者，及び，職業訓練中の学生が，最低賃金の減額対象とされている。

産能力が損なわれている個人に対しては，雇用機会の低下を防ぐ必要性がある限度において，最低賃金を下回る賃金を支払うことが許される。この規定によって，稼得能力又は生産能力が減退している障害者には，賃金の減額が認められることになる。「雇用機会の低下を防ぐ必要性」を賃金減額の正当化理由としている点が，注目される。

　州法でも，多くの州が，最低賃金の適用除外規定を置いている。しかし，近年，いくつかの州で，最低賃金の適用除外規定を廃止する動きがある。例えば，アリゾナ州では，2007年1月に適用除外規定が廃止されている。ただし，アリゾナ州においても，年齢，身体的もしくは精神的障害，又は，負傷によって，稼得能力が低下している研修生（learner）及び見習工（apprentice）を含む「未成年者」に対しては，最低賃金以下の賃金を支払うことが認められている。

(2) 社会保障制度による所得保障[15]

　社会保障制度による所得保障の制度としては，①社会保障障害年金（Social Security Disability Insurance），及び，②公的扶助（補足的保障所得：SSI〔Supplemental Security Income〕）が存在している。

A 社会保障障害年金

　社会保障障害年金は，民間企業の使用者，被用者，一定額以上の年収の自営業者を強制適用者とした社会保険制度から支給されるものである。社会保険であることから，障害年金を受給するためには，一定の拠出要件を満たし

15　アメリカの所得保障制度については，前掲・長谷川論文（2009年）61-68頁，百瀬優「欧米諸国における障害給付改革──障害年金を中心に」大原社会問題研究雑誌570号（2006年）24-32頁，百瀬優「アメリカ障害年金の形成過程と現状──日本法への示唆を求めて」勝又幸子（編）『障害者の自立支援と「合理的配慮」に関する研究──諸外国の実態と制度に学ぶ障害者自立支援法の可能性』（厚生労働科学研究費補助金障害保健福祉総合研究事業平成20年度総括研究報告書）（2009年）107-147頁，百瀬優「アメリカにおける障害者に対する所得保障の歴史と現状（下）障害年金，公的扶助，就労支援」立教経済学研究63巻2号（2009年）55-59頁，野田博也「アメリカの補足的保障所得（SSI）の展開──就労自活が困難な人々に対する扶助の在り方をめぐって」海外社会保障研究160号（2007年）130-135頁を参照した。

ておかなければならない。すなわち，①21歳から障害の状態に至った年までの間に一定の拠出記録を有すること，かつ，②障害の状態となる直前の40四半期で20四半期以上の拠出記録を有することである[16]。2006年の時点で，20～64歳人口の78.3％が障害年金を受給できるだけの拠出記録を有している。

　障害年金を受給するためには，上記の拠出要件に加え，障害要件も満たしている必要がある。この障害要件は，純粋に医学的なものではなく，障害の状態が経済的損失に繋がっていなければならないとするものである。

　障害認定の過程は，次の5段階に分けられる。まず，①実質的な稼働活動の実施が判断される。これにより，基準よりも多くの収入[17]がある場合には，障害とは認められない[18]。次に，②機能障害が深刻であるか否か，すなわち，医学的に確定可能であり，かつ，死に至るか，又は，1年以上継続する機能障害を有するかどうかの判断が行われる。そして，機能障害が深刻であると認定された場合には，③機能障害がリストに掲載されている機能障害と合致しているかどうかが判断される。これが合致していると判断されると，④申請者が過去に従事していた仕事を遂行できるか否かが判断され，それを遂行できない場合には，最終的に，⑤申請者が他の仕事をできるかどうかが判断される。そして，他の仕事もできないと認定されると，障害要件が満たされ，障害年金が支給されることになる。障害年金は，障害を理由として「就労できない場合」に支給される点に特徴がある。

　障害年金の支給額は，21歳から障害が発生した時点までの所得の平均額に基づいて計算される。アメリカの障害年金は，就労時の収入に応じた所得比

16　障害の状態に至った年齢が31歳未満の場合は，条件が緩和される。
17　2005年の数字で，月額830ドル。視覚障害者の場合は，1380ドル。
18　社会保障障害年金には，受給者が，労働を開始するのを手助けする仕組みが用意されている。すなわち，受給者が，給付の削減なしに，労働能力を試すことができる試行労働期間（TWP：Trial Work Period）と呼ばれる期間が導入されている。受給者が，月額590ドル（2005年）以上の稼得活動を開始した場合，9か月間は，TWPとして，その間，障害年金を受給し続けることができる。そして，TWP終了後，障害に関する再審査が行われ，そこで，実質的稼得活動に従事できると判断されると，3か月の猶予期間を経て，障害年金の支給が停止される。なお，年金受給者及び後述のSSI受給者は，それぞれの制度が財源を負担する就労チケットプログラムにより，無料で職業リハビリテーションを利用することもできる。

例給付が存在するのみで，最低保障額等は設けられていない。

B 公 的 扶 助

　他方，20～64歳人口のうちで障害年金を受給できるだけの拠出記録を有しない者は，障害の状態になっても，障害年金を受給できない（20～64歳人口の21.7％）。また，障害年金が，所得比例給付であるため，僅少な障害年金しか受給できない者もいる。これらの者は，事前の拠出を必要としない公的扶助給付（補足的保障所得：SSI）を受給することになる。SSIは，所得・資産調査を前提として，高齢者及び障害者に現金給付を行う制度であり，その財源は，所得税などの一般歳入で，連邦が100％負担している。

　SSIには，「高齢」，「視覚障害」，「障害」の3つのカテゴリーが存在し，障害年金同様，「就労による自活が難しい」とみなされた者に支給される。3つのカテゴリーのうち「視覚障害」は，医学的診断により，矯正後の視力が良い方で0.1以下，又は，視野20度以下であることが確認された者が対象となる。また，「障害」については，①身体的・精神的な機能障害（impairment）があること，②その機能障害が12か月以上存続するか，又は，死亡につながっていること（期間要件），③実質的有償活動によって一定以上の勤労所得を得ることができないこと（能力要件）の3つの要件を満たす者が対象とされる。

　給付水準は，単身者は貧困線の7.5割，2人世帯は9割に設定されており，2005年の数値では，単身者で579ドル，2人世帯で869ドルとなっている。

(3) 福祉サービス（等）の利用に係る費用の負担

　福祉サービスに関しては，カリフォルニア州アラメダ郡の例が紹介されているので[19]，それを確認したい。カリフォルニア州アラメダ郡では，在宅生活を支援する制度として，パーソナル・アシスタント・サービス（IHSS：In-Home Supportive Services）が設けられている。

　IHSSは，在宅の高齢者や障害者に対して，日常生活の介護と家事サービ

---

[19] 稲垣典子「第8節アメリカ合衆国（カリフォルニア州アラメダ郡）」『障害者の福祉サービスの利用の仕組みに係る国際比較に関する調査研究事業報告書』日本障害者リハビリテーション協会（2009年）340-354頁。

スを提供するものである。サービスの提供の対象となるのは、在宅介護を受ければ安全に家で暮らすことができるが、そうでなければ高度看護施設に入所せざるを得ないと認定された者である。

このIHSSを利用するためには、公的扶助であるメディケイド（Medicaid）[20]及び補足的保障所得（SSI）の受給資格を持っていることが必要である。それ以外の者は、IHSSの支給対象外となる。公的扶助の受給資格を持つことを要件とする点で、IHSSは、低所得者を対象とする制度であるという性格を有していると言える。

IHSSの対象となった者は、毎月、最長283時間（1日9時間）分までの在宅介護サービスを受けることができる。その際、利用者負担は課せられないこととなっており、サービスに係る費用は、公的負担とされる。

2 イギリス

(1) 障害者雇用政策[21]

A 就労機会の保障

(a) 通常の労働市場

イギリスは、アメリカ同様、差別禁止原則による障害者雇用政策を採用している国である。イギリスでも、かつては、雇用義務（率）制度が存在していた。しかし、雇用義務（率）制度は、雇用の量的又は質的な改善につながらなかったことから[22]、1995年に障害者差別禁止法（DDA：Disability Discri-

---

20 子供のいる低所得世帯、妊婦、障害者等を対象とする公的医療扶助制度。
21 イギリスの障害者雇用政策については、長谷川聡・小川喜道「第4章イギリス」『欧米の障害者雇用法制及び施策の現状（資料シリーズNo.58）』高齢・障害者雇用支援機構障害者職業総合センター（2011年）144-170頁、岩永昌晃「第4章第2節 イギリス」『障害者雇用法制に関する比較法的研究』労働問題リサーチセンター・日本ILO協会（2009年）131-149頁、長谷川聡「イギリス障害者差別禁止法の差別概念の特徴」季刊労働法225号（2009年）49-57頁、鈴木隆「イギリスの障害者差別禁止法と障害者雇用・労働政策」福祉労働121号（2008年）53-62頁、寺島彰「イギリス：『福祉的就労』分野における労働保護法の現状」『福祉的就労分野における労働法適用に関する研究会――国際的動向を踏まえた福祉と雇用の積極的融合へ』日本障害者リハビリテーション協会（2009年）69-78頁を参照した。
22 イギリスの雇用義務（率）制度は、機能不全に陥っていたことが指摘されている。

mination Act）が制定された際に廃止されることとなった。ただし，イギリスのDDAは，雇用義務（率）制度の存在を否定するものではなかったとされる。というのも，DDAは，障害の内容や障害の労働能力への影響を問題とすることなく，無制限に障害者を優遇することを認めているからである。したがって，仮に雇用義務（率）制度が廃止されていなくても，DDAの下で，同制度が，非障害者に対する差別に該当するとされる恐れはなかったと考えられている。

1995年に制定されたDDAは，その後，2010年4月に，他の差別禁止法[23]と共に，平等法（Equality Act）に統合されることとなった。現在，イギリスにおける障害を理由とする差別の禁止は，平等法によって規定されている。

現行法である平等法は，使用者が，募集・採用段階[24]，及び，採用後の労働条件，昇進，教育訓練等の諸利益，解雇やその他の不利益において，障害を理由に差別することを違法としている。平等法が違法とする差別には，①直接差別，②間接差別，③障害に起因する差別，④合理的調整義務を履行しないことが含まれる。①直接差別は，障害を理由に，障害者を他の条件が同じ又は実質的に異ならない非障害者よりも不利に扱うことを指し，②間接差別は，規定，基準又は慣行が，障害者と非障害者とを比較して，障害者を不利な立場に置く，又は，置くであろう場合（すなわち，規定，基準又は慣行が

その理由としては，①訴追手続きが複雑で罰則が利用されず，強制力に乏しかったこと，②当局が適用除外制度の利用を簡単に許可していたため，使用者の6割近くは，雇用率を満たしていないが，許可を受けて障害者以外の者を雇用していたこと，③ジョブセンター（公共職業紹介機関）に登録する障害者が少なかったこと等が挙げられている。また，イギリスの雇用義務（率）制度には，①使用者が，その能力を考慮することなく，障害者を低位のポストに就けることが多かったこと，②雇用率達成のために障害の程度が低い障害者が選ばれることが多かったこと，③採用後の労働条件やキャリア展開といった問題には，あまり有効でなかったという欠点もあった。そして，イギリスの雇用義務（率）制度は，そもそも，大陸ヨーロッパが採用していた雇用義務（率）制度とは異なり，納付金制度を伴わないものであった点にも，留意が必要である。

23　2010年平等法は，障害者差別禁止法（DDA），性差別禁止法，人種関係法等9つの主な差別禁止法，及び，その他の約100の諸法を統合するものであった。

24　ただし，イギリスの平等法は，差別を理由として，使用者に採用や再雇用を強制することまでは予定していない。

障害に関して差別的である場合）に成立するとされる。他方，③障害に起因する差別は，障害が原因で生じたある事柄を理由に，障害者をその理由が当てはまらない者よりも不利益に取り扱った場合で，かつ，この取扱いが正当化されない場合に成立するとされるものである[25]。そして，④合理的調整義務を履行しないことも，障害を理由とする差別に該当するとされる。したがって，使用者は，規定，基準もしくは慣行，又は，施設の物理的特徴が，障害者を非障害者と比較して実質的に不利にする場合には，その不利な立場を回避するために講じる必要があると合理的に考えられる措置を講じなければならないし，また，障害者が，補助的支援の提供がなければ，非障害者と比較して実質的に不利な立場に置かれる場合には，補助的支援を提供するために必要と合理的に考えられる措置を講じなければならない。

ところで，イギリスのDDAに対しては，DDAは，積極的差別是正的性質を帯びるものであるとの指摘がある（この指摘は，現在の平等法にも当てはまろう）。すなわち，DDAは，障害を理由とする差別を禁止する一方で，障害者を非障害者よりも有利に扱うことを許容する片面的差別禁止を採用しており，また，一見差別中立的な取扱いの合理性を問うアプローチを中心に据えることで，使用者に対し，障害者が被る不利益を積極的に是正する義務を課しているとの指摘がなされている。積極的差別是正的性質は，とりわけ，DDAが採用した証明ルールにも表れているとされる。例えば，上記③及び④の類型では，差別の一応の証明を容易に認め，使用者側が，障害者が被る不利益の合理性や調整措置の合理性を説明しなければならないとされている。こうした証明ルールによって，DDA（及び，これを承継した平等法）では，差別を争う門戸が閉ざされないような仕組みが採用されている。

(b) 就労支援等

以上のように，イギリスでは，差別禁止アプローチを採用した障害者雇用政策が実施されているが，その一方で，通常の労働市場での就労が困難な障害者に対しては，以下のような施策が講じられている。

25　例えば，障害により病気休暇を取得した障害者に対し，病気休暇を取得したことを理由として解雇を行った場合に，障害に起因する差別が成立することになる。

まず，イギリスでは，1944年のリハビリテーション法によって，保護工場 (sheltered workshop) への公的資金の投入が認められている。この制度を利用して，1946年には，政府により，非営利会社のレンプロイ社が設立され[26]，現在，多くの障害者（生産性が一般労働者の30-80％にとどまる障害者）が，レンプロイ社によって雇用されている[27]。レンプロイ社は，障害者にとって重要な働く場となっている。

次に，イギリスでは，数多くの就労支援制度が設けられている。①ワークステップ（支援付雇用）(Workstep)，②仕事へのアクセス支援，③職業準備，④ジョブ・イントロダクション制度，⑤障害者のためのニューディール，⑥仕事への道等である。①は，重度障害者のための一般雇用への移行促進プログラムで，障害者は，このプログラムを利用して，補助を受けながら一般企業で働くことができる。②は，障害者の就労を阻むものの除去を目的とするもので，支援ワーカー[28]の配置，通勤，福祉機器の配置・設備改造等に係る費用に対する支援が提供される。③は，6～12週間の職業訓練プログラムで，他の就労支援プログラムで支援しきれなかった重度障害者を対象として提供されるものである。④は，障害者を新たに雇用する民間事業主に対して支給される助成金制度である。事業主は，26週以上雇用を継続することを条件として，障害者を雇用した最初の6週間（場合によっては13週間まで），金銭的支援を受けることができる[29]。⑤は，社会給付の受給者を対象とする就労促進プログラムである。就労希望者の能力やスキルを分析し，適した職業を紹

26　2008年現在，54事業所が存在する。レンプロイ社が展開する事業には，自動車部品の加工，電化製品のリサイクル，家具製造，医療機器・福祉用具の製造，日用品・化粧品の製造，企業のアウトソーシング等がある。

27　2007-2008年に，レンプロイ社の直営事業所で雇用された障害者の数は，3504人であった。レンプロイ社が提供する援助付き雇用（レンプロイ社から一般事業所への派遣，一般事業主が雇用する障害者への支援の2種類がある）の利用者は，6472人に及ぶ。

28　例えば，聴覚障害者のための手話通訳者，視覚障害者のための朗読者，その他，障害のある労働者が働くために必要な補助者。

29　なお，①ワークステップ，③職業準備，④ジョブ・イントロダクション制度は，2010年10月より，ワーク・チョイスと呼ばれる「専門職による障害者雇用プログラム」に統合されている。

介するとともに，応募書類や履歴書の作成支援・アドバイス，面接試験の準備の支援，必要な職業訓練のコーディネイト，就労してから最初の半年間のサポートや雇用主との調整等を支援内容としている。最後の⑥も，⑤と同様，社会給付の受給者を対象とする就労促進プログラムである。対象者は，就労アドバイザーの面接を受けた後，月に１度の面接を５回受け，将来設計についての支援を受け，就労への障害を乗り越える方法を検討する。一定の条件を満たすプログラム対象者が就職した場合には，就職奨励金が，52週に渡って支給される。

　この他，数多くの障害者の就労先となっているソーシャル・ファームと呼ばれる企業も，存在している。イギリスでは，「社会的な目的を持ったビジネスで，事業で得られた利益は，株主や事業主の利益を最大限に増やすためにではなく，主にその社会的な目的のために，ビジネス又はコミュニティに再投資される企業」のことをソーシャル・エンタープライズと言うが，ソーシャル・ファームも，その１つの形態とされている。ソーシャル・ファームには，原則的には，行政からの財政支援はないが，金融機関からの優先的な融資や公的機関からの受注などの支援があるとされている。また，ソーシャル・ファームは，一定の条件の下，税制上の優遇を受けることもできる。ソーシャル・ファームは，1997年には，わずか５か所であったが，2010年には，約180のソーシャル・ファームが存在するに至っている。

B　賃金保障

　イギリスでは，通常の労働市場で働く障害者には，最低賃金の適用がある[30]。また，保護工場（sheltered workshop）で働く労働者[31]についても，最低

30　最低賃金の適用除外者は，①囚人，②無報酬労働による罰金免除者，③分益漁師（share fisherman），③慈善団体又はそれによって設立された宗教的な信条の実践又は促進を目的とする団体のすべて又は何人かのメンバーが共同して生活する共同体での雇用，及び，④慈善団体，任意団体等に雇われるボランタリー労働者とされている。この他，イギリスでは，若年者を対象として，一般的最低賃金額を下回る例外的最低賃金額を設定することが可能とされている。小宮文人「イギリスの全国最低賃金とわが国への示唆」季刊労働法217号（2007年）102頁。

31　保護雇用の対象となる障害者は，「障害の種類や程度により，一時的に，又は，長期にわたって，保護雇用以外の仕事に就くことや，自営をすることができない登録さ

賃金が適用されている。保護工場で働く労働者については、最賃保障のために、国から賃金補填がなされている。

(2) 社会保障制度による所得保障[32]

他方、就労が困難な障害者に対しては、手当制度が設けられている。イギリスでは、従来、就労可能な障害者と就労が困難な障害者とが、明確に分離されていたが、ブレア元首相以降の労働党政権の改革によって、現在では、雇用と手当とを結びつける取組みがなされている。

障害者が支給対象となる手当として、「雇用及び生活支援手当（ESA：Employment and support allowance）」がある。これは、疾病や障害のために労働能力が制限される者に支払われる新しい給付金で、2008年10月に、従来の就労不能給付（IB：Incapacity Benefit）[33]及び所得補助（IS：Income Support）（＝公的扶助）に代わって導入された。導入の目的は、障害者の就労インセンティブを削がない手当制度を構築することにあった。

ESAの支給対象は、疾病又は障害がある16歳以上年金受給開始年齢未満の者で、失業中である、就労中だが法定疾病給与の支給を受けられない、又は、法定疾病給与の支給が終了した等に該当する者である。ESAには、拠出に基づくもの（contribution-based）と、拠出に基づかない、所得に関連するもの（income-related）とがある。前者は、国民保険の保険料拠出要件を満たす場合

　　れた障害者」である（障害者〔雇用〕法15条）。具体的には、同じ仕事をしている一般労働者の30％から80％の作業能力を持つ障害者が対象となる。作業能力が30％に達しない障害者は、雇用対象ではないと見なされ、手当制度の対象となる。

[32] イギリスの所得保障制度については、前掲・寺島論文（2009年）69-78頁、菊地英明「イギリスにおける低所得者対策——所得保障と就労支援」海外社会保障研究169号（2009年）29-38頁、国京則幸「イギリスの雇用及び支援手当（Employment and Support Allowance）について」『欧米諸国における障害年金を中心とした障害者に係る所得保障制度に関する研究（厚生労働科学研究費補助金政策科学総合研究事業〔政策科学推進研究事業〕平成22年度総括・分担研究報告書）』（2011年）137-156頁を参照した。

[33] IBは、国民保険から支給される給付で、使用者から支払われる法定疾病給与の支給期間が終了した者、あるいは、法定疾病給与の支給要件を満たさない者に支給されるものであった。支給対象者は、16歳以上年金受給開始年齢未満の、国民保険拠出者で、働くことのできない者であった。

に支給される。他方，後者は，国民保険の保険料拠出要件を満たさず，十分な収入を持たない場合で，預貯金が1万6000ポンド未満の場合に支給される。配偶者がいる場合には，配偶者の週の労働時間が24時間未満であることも要件に加わる[34]。

支給開始から13週間は，受給者の就労能力が評価される「評価フェーズ（Assessment Phase）」とされるが，14週目以降は，「メイン・フェーズ（Main Phase）」と呼ばれる段階に移行し，就労可能性が比較的高いと判断された「就労関連活動グループ」と就労に困難を抱えた「支援グループ」とで異なる処遇が行われる[35]。

週当たりの基本支給額は，評価フェーズにある25歳未満の者が，50.95ポンド，25歳以上の者が64.30ポンドである。そして，メイン・フェーズと呼ばれる段階で，就労関連活動グループに分類された者は，89.80ポンド，支援グループに分類された者は，95.15ポンドとなっている（2010年3月現在）。新設されたイギリスの手当制度は，就労との結びつきの強い制度となっている点に特徴があると言える。

(3) 福祉サービス（等）の利用に係る費用の負担[36]

イギリスでは，障害者への福祉サービスの提供は，地方自治体の社会サービス部によって行われている。同部が提供しているサービスのうち，コミュニティアラームシステム（緊急通報），家屋改修，デイセンターの利用，ショートステイの利用，ボランティアによる交通手段の利用，在宅介護，ケアホームの利用，食事の宅配サービスについては，利用者負担がある。しかし，これ以外のサービスについては，利用者負担は存しない。

利用者負担額の決定に際しては，収入と貯蓄額に関する情報が収集され，

---

[34] http://www.direct.gov.uk/en/DisabledPeople/FinancialSupport/esa/DG_171891

[35] 就労関連活動グループに分類された者は，働くことが期待され，就労に向けたサポートが提供される。他方，支援グループに分類された者は，働くことは期待されず，希望する場合に，任意で働くことができる。http://www.direct.gov.uk/en/DisabledPeople/FinancialSupport/esa/DG_171894

[36] 下記の記述にあたり，ヘンダーソン直子「第7節 イギリス」『障害者の福祉サービスの利用の仕組みに係る国際比較に関する調査研究事業報告書』日本障害者リハビリテーション協会（2009年）270-308頁を参照した。

所得・資産調査が実施される。貯蓄額が2万2250ポンド以上ある者は，介護に関連するサービスは，すべて自費で賄わなければならない。

具体的な利用者負担額は，以下の通りである（ドーセット・カウンティカウンシルの場合[37]）：

① コミュニティアラームシステム（緊急通報）

週あたり3.95ポンド。ただし，資産調査によりこの費用を支払う能力がないと判断された場合，自治体から補助金が出される。

② 家屋改修

貯蓄額が2万2250ポンド未満の場合は，補助が受けられる。1000～3万ポンドの改修に対しては，障害者施設補助金（DFG）によって補助が行われる。改修費が3万ポンドを超える場合は，家屋改修エージェンシーの介入によってチャリティー団体等からの援助が探索される。

③ デイセンター

デイセンター内での食事と交通費（自分で交通手段を確保できない場合）につき，利用者負担が発生する。食事費用は，食事内容により異なる（メインとデザート：3.25ポンド，プレーンビスケット：0.20ポンド）。交通費は片道2.50ポンドであるが，自由になる金銭が少ない者への配慮がある。

④ ショートステイ

貯蓄額が2万2250ポンド未満の場合は，週当たり130ポンドを負担金として支払う。貯蓄額が2万2250ポンドを超える場合には，全額自己負担となる。

⑤ ボランティアによる交通サポート

1マイルにつき0.25～0.35ポンド。ただし，利用は往復50マイルを超えないものとされる。

⑥ 在宅介護

介護者を雇用する場合，1時間あたり10～12ポンドがかかるが，貯蓄額が2万2250ポンドを超える場合，全額利用者負担となる。貯蓄が2万

---

[37] 具体的に提供される福祉サービスについては，自治体に決定権が与えられている。そのため，サービス内容は，自治体によって異なっている。

2250ポンド未満の場合，所得・資産調査の結果，自由になる金銭がいくらあるかによって利用者負担額が決められる[38]。

収入と貯蓄額によって，利用者負担額が変わる点に，イギリスの制度の特徴を見て取ることができる。

なお，この他に，イギリスには，生活上の介護又は移動支援が必要な成人又は児童に対して支給される手当として，障害生活手当（Disability living allowance）がある。身辺などの介護度は3段階，移動の困難度は2段階に分けられており，それぞれについて，支給額が決まっている。この手当の受給にあたって，資産調査はなされない。

3 ドイツ

(1) 障害者雇用政策[39]

A 就労機会の保障

(a) 通常の労働市場

ドイツでは，使用者に対し，重度障害者[40]の雇用を一定の割合で義務づけ

---

38 例えば，収入合計（国民年金や就労所得等の合計）が164.26ポンドあり，支出合計（収入最低保障や住民税等の合計）が170.28ポンドの場合，支出が収入を超えるので，自由になる金額は0ポンドとみなされる。利用者の収入が支出を超えていれば，その差額が在宅介護を雇い入れる費用に充てられることなる。

39 ドイツの障害者雇用政策については，高橋賢司・福島豪「第1章 ドイツ」『欧米の障害者雇用法制及び施策の現状（資料シリーズNo.58）』高齢・障害者雇用支援機構障害者職業総合センター（2011年）39-69頁，渡邊絹子「ドイツ：障害者の就労と労働・社会保障法」『福祉的就労分野における労働法適用に関する研究会——国際的動向を踏まえた福祉と雇用の積極的融合へ』日本障害者リハビリテーション協会（2009年）92-102頁，小西啓文「ドイツの障害者雇用の現状と検討課題——日本法への示唆」労働法律旬報1696号（2009年）22-31頁，福島豪「ドイツ法における障害のある人の雇用平等」賃金と社会保障1492号（2009年）4-23頁を参照した。

40 ドイツでは，障害の程度は，最重度を100として，その間を10刻みにした数値によって表わされる。障害の程度が50以上ある者が，重度障害者（Schwerbehinderte）と定義される。また，障害の程度が30以上50未満の者であって，その障害のために重度障害者と同等の扱いがなければ，適切な職場（就労ポスト）を得る，あるいは，保持することができない者は，「同等扱いの障害者」と規定されている。重度障害者及び同等扱いの障害者には，社会法典第9編第2部「重度障害者の参画に関する特別規定（重度障害者法）」が適用される。

る雇用義務（率）制度を中心とした保護雇用政策が展開されてきた。

　ドイツにおける雇用義務（率）制度は，20以上の労働ポストを有する民間の使用者及び公的機関を対象とするものである。これに当てはまる使用者は，重度障害者を就労ポストの少なくとも5％雇用しなければならない。また，特に，重度障害を有する女性に配慮しなければならないとされている。割当雇用制度が有効に機能するように，雇用率を達成していない使用者には，負担調整金（Ausgleichsabgabe）が課されることとなっている。この負担調整金には，使用者に重度障害者を雇用するよう促す機能と，雇用義務を履行する使用者と履行しない使用者との間で負担を調整するという機能があるとされる。負担調整金の額は，雇用率の達成度に応じて段階的に設定されており，年平均雇用率が3％以上5％未満の場合は，充足されていない就労ポストごとに月額105ユーロ，2％以上3％未満の場合は月額180ユーロ，2％未満の場合は月額260ユーロとなっている（2010年1月現在）。

　この他に，ドイツでは，①ポスト充足に際しての使用者の審査義務，②能力と知識に適した就労請求権等，③解雇制限手続，④重度障害者代表制度といった制度も整えられており，障害者に対する就労機会の付与に寄与している。まず，①は，使用者に対し，空いている労働ポストが，重度障害者（特に，労働局に失業又は求職の届出をしている重度障害者）を配置し得るポストであるか否かを審査する義務を課すものである。これは，使用者に採用義務を課すものではないが，雇用義務の履行を達成するという目的の追求に寄与するものということができる。次に，②は，重度障害者が使用者に対して有する請求権である。ドイツでは，様々な請求権が法定されており，重度障害者には，その能力及び知識を可能な限り完全に活用して発展することができるような雇用を求める請求権や，事業所内の職業訓練の際に優先的な考慮を求める請求権，事業所外の職業訓練措置への参加を軽減することを求める請求権，障害に適した施設及び労働場所の整備を求める請求権，必要な技術的援助による労働ポストの装備を求める請求権が認められている。障害者に対する使用者の合理的配慮（ドイツでは，「適切な措置」という）に関する規定に規範的意味が与えられていないドイツでは，これらの重度障害者の障害に適した条件の供与を求める請求権が，合理的配慮の提供の場面で重要な役割を果たすと考えられている。③は，障害者に関し，特別な解雇制限を設けるも

のである。ドイツでは，解雇制限法によって社会的に正当化されない解雇からの保護が規定されているが，障害者の場合には，これに特別解雇制限手続による保護が加わる。すなわち，重度障害者を解雇する場合には，使用者は事前に統合局の同意を得なければならないとされている。重度障害者にはより厚い解雇からの保護が規定されているといえる。最後に，④は，5人以上の重度障害者が常時雇用されている事業所又は公的機関では，重度障害者代表が選出されなければならないとするものである。重度障害者代表の任務は，事業所及び公的機関への重度障害者の統合（編入）を促進し，これらの場における重度障害者の利益を代表し，重度障害者の側に立って助言し，援助することにある。重度障害者代表は，使用者と統合協定を締結する役割や，重度障害者のための法令や労働協約等の実施状況や使用者の雇用義務の履行状況を監視する役割等も果たしている。

　ドイツでは，以上のような雇用義務（率）制度やその他の制度によって，重度障害者を保護する施策が展開されてきた。しかし，近年になって，障害を理由とする不利益取扱いを禁止する差別禁止によるアプローチも見られるようになった。まず，1994年に，ドイツ憲法である基本法3条3項2文に，障害を理由とする差別禁止規定[41]が加えられた。そして，2001年には，雇用の場における障害を理由とする不利益取扱いを禁止する社会法典第9編81条2項[42]が施行され，2006年には，2000年以降に相次いで採択された差別禁止に関するEC指令を国内法化するために，一般平等取扱法（「一般均等待遇法」とも訳される）が制定された。こうした立法の動きにより，現在では，ドイツにおいても，雇用の入口から労働関係の終了まで，職業生活の全般にわたる障害を理由とする不利益取扱いが禁止されることとなっている。

(b)　就労支援等

　他方，一般の労働市場での就労が難しい障害者に対しては，「障害者のための作業所」が設けられている。これは，社会法典第9編136条に定められ

---

[41]　基本法3条3項には，「何人も，その性別，門地，人種，言語，出身地及び血統，信仰又は宗教的もしくは政治的意見のために，差別され，又は，優遇されてはならない。何人も，その障害を理由として差別されてはならない」と定められている。

[42]　社会法典第9編81条2項では，「使用者は，重度障害のある被用者を，その障害を理由として不利益に取り扱ってはならない」とされている。

た障害者の労働生活への参加及び編入のための施設である。障害者に対して，適切な職業訓練，及び，能力にあった労働報酬を得られる就労の機会を提供すると同時に，適切な措置によって，障害者の一般労働市場への移行促進を図ることを目的としている。

障害者のための作業所には，職業訓練のための作業所と労働のための作業所の2種類があり，また，両方の機能を備えたものもある。作業所には，専門委員会が設けられ，同委員会が，個々の障害者について，作業所での就労を継続するか，一般労働市場への移行を進めるか，他の職業訓練を行うか，同じ訓練を継続するか等の決定を行うこととなっている。

B 賃金保障

賃金に関しては，同一価値労働同一賃金の原則の下，障害のある労働者にも，原則として，他の労働者と同一の賃金決定原則が適用されることとなっている。したがって，障害のある労働者は，その労働能力に減退が見られる場合には，出来高払賃金では，賃金の減額を甘受しなければならない一方で，時間給においては，障害を理由としてその労働能力に減退が見られても，完全な賃金を受け取ることができる。

他方，いわゆる福祉的就労の場（障害者のための作業所）で働く障害者については，次のような制度が用意されている。まず，障害者のための作業所において職業教育領域での活動に従事する者に対しては，報酬は支払われない。その代わりとして，職業訓練手当が支給される。金額は，1年目が月額62ユーロ，2年目が月額73ユーロである（2010年1月現在）。他方，労働領域での活動に従事している者には，業績に応じた適切な報酬が支払われることとなっている。この報酬額が月額325ユーロに満たない場合には，26ユーロを限度として，雇用促進手当が支給される（労働報酬が月額299ユーロより多い場合には，労働促進手当は，325ユーロとの差額分だけ支給される）（最低保障額は，73ユーロ）（2010年1月現在）。雇用促進手当の趣旨は，賃金補助を行うことによって，障害者の低額の賃金を引き上げることにあるが，その背景には，作業所の賃金支払能力が必ずしも十分ではないことがある。

(2) 社会保障制度による所得保障[43]

社会保障制度による所得保障の制度としては，①稼得能力の減退を理由とする年金（公的年金保険制度），及び，②基礎保障給付の制度がある。

A 稼得能力の減退を理由とする年金

障害者の所得を保障する制度として，ドイツでは，公的年金保険制度における「稼得能力の減退を理由とする年金」（2001年障害年金改革法により導入）が，重要な役割を担っている。この「稼得能力の減退を理由とする年金」は，障害等による健康上の理由によって稼得能力が減退したために，働いて報酬を得ることが困難になったことを理由として支給されるものである。「障害がある」ことを理由として支給される給付ではないことに特徴がある[44]。

「稼得能力の減退を理由とする年金」を受給するためには，次の要件を満たしていなければならない。すなわち，①公的年金に加入していること，②通常老齢年金の支給開始年齢までに保険事故（稼得能力の減退）[45]が発生していること，③待機期間と呼ばれる保険加入期間が一定の長さ以上あること，④保険事故が発生する前の直近5年間のうち3年間，義務保険料（強制保険

---

[43] ドイツの所得保障制度については，前掲・渡邊論文（2009年）92-102頁，福島豪「ドイツ障害年金の法的構造――障害年金による失業保障」社会保障法学会編『次世代育成を支える社会保障（社会保障法第23号）』法律文化社（2008年）75-89頁，福島豪「ドイツ障害年金の法的構造（1）――障害保障と失業保障の交錯」大阪市立大学法学雑誌53巻1号（2006年）87-104頁，福島豪「ドイツ障害年金の法的構造（3）――障害保障と失業保障の交錯」大阪市立大学法学雑誌53巻3号（2007年）633-655頁を参照した。

[44] 「稼得能力の減退を理由とする年金」は，障害保障の役割のみならず，失業保障の役割も果たしている。

[45] 「稼得能力の減退」とは，被保険者が，疾病及び障害に基づく健康侵害状態にあることを理由として，長期間（6か月）にわたって，一定時間しか稼得活動に従事することができないことを言う。「部分的稼得能力の減退」と「稼得不能（完全な稼得能力の減退）」の2段階がある。前者は，一般的労働市場の通常の条件の下で少なくとも1日6時間稼得活動に従事することが長期にわたってできないこと，後者は，1日3時間稼得活動に従事することが長期にわたってできないことを指す。ただし，前者の場合にも，年金申請から1年以内に残された能力に適した職場を供給されない場合は，「稼得不能（完全な稼得能力の減退）」と認められる。

料）を納付していることである。

　ドイツの公的年金制度は、被用者を中心とした制度となっている。したがって、自営業者等のように加入が義務付けられていない者[46]も存在し、加入義務のない彼らは、公的年金制度から年金を受け取ることはできない[47]。また、年金請求権を得るには、稼得能力の減退という保険事故が発生する前に、一定の保険加入期間が必要で（一般的には、5年）、さらに、保険事故発生前の5年間のうちに義務保険料（強制保険料）を3年間納付していることも必要とされる。ただし、公的年金制度に加入する以前や一般的待機期間の条件を満たす前に、既に稼得不能であった障害者については、それ以降、その状態が継続してある場合に限り、20年の待機期間を充足することによって稼得不能年金の請求権を取得できるとされている。

　年金の支給額は、納付していた保険料額や保険料納付期間に応じて決まる。若くして稼得能力の減退が生じた被保険者については、保険加入期間が短くなり、十分な年金額を得られなくなる可能性があることから、期間の加算がなされることとなっている。また、部分的稼得不能の場合の年金額は、稼得不能の場合の年金額の半分となる。なお、年金額は、年金受給期間中に一定限度額以上の他の報酬（追加報酬）がある場合には、減額、又は、支給を停止される。

B　基礎保障給付

　上記の「稼得能力の減退を理由とする年金」を受給できない者や、受給できたとしても、わずかな年金しか受給できない者に対しては、「老齢及び稼

---

[46] 加入義務のない者は、公的年金保険に任意加入できるが、稼得能力の減退を理由とする年金は、次の受給要件を課しているため、年金の請求権を得ることはできない。すなわち、保険事故が発生する前の直近5年間のうち3年間の義務保険料（強制保険料）の納付を要するという要件である。義務保険料（強制保険料）は、公的年金に強制加入している者が支払う保険料である。そのため、義務保険料（強制保険料）を納付することのない任意加入者（任意被保険者）は、稼得能力の減退を理由とする年金を受給することができない。

[47] これは、ドイツの障害年金制度が、稼得活動に従事して所得を稼ぐ者が保険事故に遭遇した場合に、その者の所得の喪失を補塡する賃金代替給付としての性格を有することに由来する。

得能力減退の場合の基礎保障」が用意されている。これは，少額の老齢年金しか受給できない高齢者等の生活困窮状態を考慮して創設された制度であったが，現在は，社会法典第12編に編入され，社会扶助と統合されている。

基礎保障給付は，国内に通常の居所を有し，かつ，65歳以上の者，又は，18歳以上で稼得不能状態にあり，その回復が見込めない者に対し，申請に基づき支給される。基礎保障給付の支給額は，月額359ユーロ（2009年）である。基礎保障給付における稼得不能状態とは，上記年金の場合の稼得不能と同じ状態を指し，上記年金における部分的稼得能力の減退の状態にある者は，稼得能力がある者に分類され，失業給付Ⅱ（求職者に対する基礎保障給付）の支給対象となる。

(3) 福祉サービス（等）の利用に係る費用の負担[48]

ドイツでは，公的介護保険の枠内で，障害者への福祉サービスの提供がなされることとなっている。ただし，公的介護保険から給付が受けられない場合には[49]，「障害のある人のリハビリテーションと参加」（社会法典第9編）からの給付（以下，参加給付と言う）[50]や，社会扶助（介護扶助・障害者のため

---

48 下記の記述にあたり，曽我部かおり「第3節 ドイツ」『障害者の福祉サービスの利用の仕組みに係る国際比較に関する調査研究事業報告書』日本障害者リハビリテーション協会（2009年）64-81頁，福島豪「ドイツにおけるリハビリテーション法——障害のある人の社会参加のための法」大阪市立大学法学雑誌55巻2号（2008年）554-586頁を参照した。

49 ドイツの公的介護保険制度は，一定以上の所得を持つ者や重度障害者等の加入を免除している。彼らは，任意で公的介護保険に加入するか，あるいは，民間の介護保険に加入することになる。また，公的介護保険から給付を受けるには，加入後2年以上を経ていなければならない。

50 参加給付には，次のようなものがある：①医学的リハビリテーション給付（医科・歯科治療，医薬品，理学療法，補装具の提供等），②労働生活参加給付（職業保持・獲得支援，職業訓練等），③生活保障給付（①及び②を補完する生計維持のための給付），④共同生活参加給付（実践的知識・能力獲得支援，コミュニケーション支援，コミュニティ・文化生活参加支援等）。これらの参加給付は，給付主体となっている複数の機関から，現物給付・サービス給付又は金銭給付の形で提供される。なお，参加給付は，「個人予算」の形で受け取ることも可能である（2008年1月1日より実施）。「個人予算」とは，複数の給付機関から提供される様々なサービスを「個人予算」と

の統合扶助[51]〔＝付加的扶助[52]〕）（社会法典第12編）等が，補完的に提供される。

公的介護保険から給付を受ける場合，その支給に所得制限は課せられていない。また，サービスの利用に際する利用者負担も存在していない。しかし，サービスごとに介護度に応じた支給限度額が定められているため，この限度額を超える部分は，利用者の自己負担となる。また，施設におけるホテルコスト（食費・家賃）についても，利用者本人の負担とされている。公的介護保険からの支給上限（月額）は，以下の通りである（2010年1月1日現在）：

① ホームヘルプ（現物給付）；

介護度1：440ユーロ，介護度2：1040ユーロ，介護度3：1510ユーロ（特に重度の場合1918ユーロ）；

② ホームヘルプ（現金給付）[53]

介護度1：225ユーロ，介護度2：430ユーロ，介護度3：685ユーロ

③ ショートステイ；

介護度1：1510ユーロ，介護度2：1510ユーロ，介護度3：1510ユーロ

④ 介助補助道具費用補助；

必要経費として，月額31ユーロ

⑤ 住居環境改良資金；

考慮の上，妥当な措置に対し，2557ユーロ

他方，公的介護保険を補完する参加給付の支給には，所得・資産要件が課されている[54]。また，社会扶助〔介護扶助，障害者のための統合扶助〔＝付加的扶助〕）の支給にも，所得・資産要件が付いている。ただし，付加的扶助の支給要件は，生活扶助等の一般扶助の支給要件と比較すると，大幅に緩和さ

して現金又はバウチャーの形で受け取る制度のことを指す。

51　障害者のための統合扶助は，参加給付の一部として提供される。

52　介助扶助や障害者のための統合扶助は，一般扶助（生活扶助，高齢者扶助等）とは区別された付加的扶助に含まれる。

53　要介護者の介護ニーズが，私的な介護者により満たされる場合，現物給付の代わりに現金給付，又は，ミックス給付（現物給付と現金給付とを同時に受ける）を選択することができる。私的な介護者は，家族に限定されず，要介護者により必要であると指名されれば誰でもよい。現金給付は，要介護者本人に支払われ，その上で，介護者へ謝礼として支払われることになる。

54　支給要件は，給付主体により異なる。

れており，低所得者への対策とは区別されている。

4　フランス

(1)　障害者雇用政策
A　就労機会の保障
(a)　通常の労働市場

　障害者への就労機会の保障に関して，フランスは，ドイツと同様に，差別禁止原則と雇用義務（率）制度とを並存させている。あまり知られていないが，フランスでは，1990年という早い段階で，障害を理由とする差別禁止原則が労働法典に規定され，その後，2005年の法改正により，差別禁止原則にアメリカ法にいう「合理的配慮」（フランスでは，「適切な措置」という）概念が導入され（2000年EC指令の国内法化），障害を理由とする差別禁止法制が整えられた。1990年代を通じて，障害を理由とする差別禁止に対する関心は強くなかったが，EU法の影響を受けて，2000年以降は，これに対する社会的関心が高まり，近年では，障害を理由とする差別に関する訴訟も，次第に，増えつつある。

　他方，フランスは，伝統的には，雇用義務（率）制度によって，障害者の雇用促進を図ってきた。使用者に課せられている障害者の雇用率は6％であり，高い水準に設定されている。しかし，その一方で，雇用義務の履行方法には，多様な選択肢が設けられている。例えば，使用者は，①保護セクターへの仕事の発注，②障害者の研修生での受入れ，③障害者の雇用促進のための労働協約の締結によって，雇用義務を履行することが可能である。そして，こうした履行方法によっても，なお，雇用率を満たしていない場合に初めて，使用者に対し，④納付金の支払いが課せられることとなっている。なお，フランスでは，2005年法改正によって，納付金額の引上げ等が実施され，雇用義務のさらなる強化が図られた。こうした措置によって，使用者の負う障害者の雇用義務は，現在，いっそう重いものとなっている。

(b)　福祉的就労

　通常の企業で働くことが困難な障害者のためには，①適応企業（Entreprise adaptée）や，②労働支援機関・サービス（ESAT：Etablissements ou services et d'aide par le travail）での就労が，用意されている。

①の適応企業は，正確には，通常の労働市場に属する企業であるが，障害者を数多く雇用する企業であることから，様々な公的助成が提供されることとなっている。

他方，②のESATは，社会福祉・家族法典の定める医療・社会福祉機関で，職業活動を提供すると同時に，医療福祉的・教育的支援の提供も行っている。ESATでの就労は，保護された環境下での就労と位置づけられるものであり，ESATは，労働能力の低減した障害者にとって，非常に重要な就労の場となっている。

B 賃金保障

賃金に関しては，まず，一般の企業で働く障害者には，最低賃金の保障がある。そして，適応企業で働いている障害者にも，最低賃金が保障されている。ただし，生産性の低減した障害者に対する最低賃金の保障は，使用者に一定の負担を課すことになることから，そうした障害者を雇用する使用者には，最低賃金保障を目的とする助成金が支給されることとなっている。

他方，ESATで働く障害者は，その労働能力に応じて，法定最低賃金（SMIC）の55％から110％が保障されることとなっている。ESATで働く障害者の多くは，後述の成人障害者手当（AAH：Allocation aux adultes handicapés）も受給していることから，ESATでの収入とAAHとによって生活を保障されることとなる。

(2) 社会保障制度による所得保障

社会保障制度による所得保障の制度としては，①疾病保険から支給される拠出制給付の障害年金，及び，②家族手当金庫から支給される無拠出制の給付である成人障害者手当（AAH）がある。

A 障害年金

まず，一定の支給要件を満たす者には，疾病保険から拠出制の障害年金が支給される。支給要件は，①疾病保険の被保険者であること，②私傷病の結果，労働・稼得能力が3分の2以上減退していること，③労働の停止又は障害の確認があった月の初日の時点で12か月以上の被保険者期間があること，

④労働の停止又は障害の確認の前の12か月（又は365日）に800時間の労働時間（見なし労働時間を含む）がある，又は，法定最低賃金（SMIC〔時間当たり〕）の2030倍に当たる賃金に課せられる保険料を納付していることである。フランスの障害年金は，「労働・稼得能力の減退」を保障リスクとしていることが分かる。

　障害年金の額は，従前の平均年収，及び，就労が可能か否か，第3者による介護を必要とするか否かによって異なっている。すなわち，就労が可能な者には，賃金の高かった10年の平均年収の30％，就労が不可能な者には，同平均年収の50％が支給される。そして，第3者の介護を必要とする者には，第3者介護加算として，さらに，40％が支給されることとなっている。働くことができない者には，より厚い給付が支給され，介護費用がかかる者には，さらに厚い給付がなされることとなっている。

B　成人障害者手当（AAH）

　他方，上記の障害年金の支給要件を満たさない者には，国が行う最低所得保障として無拠出制の成人障害者手当（AAH）が支給される。AAHは，他の給付の支給がない場合や，他に収入を持たない場合に（あるいは，他の給付や収入の合計額がAAHの給付額に満たない場合に），補足的に支給される。

　支給対象者は，①障害率80％以上の重度障害者，及び，②障害率50～80％の者で，1年以上にわたり雇用に就くことができていない者である。これらの者が，AAHの12か月分を超える他の収入を有していない場合に，AAHが支給される。2012年9月現在の支給額は，満額で776.59ユーロである。

　これに加えて，就労をしていない障害者に対しては，AAHを補足する手当として，所得補足手当（就労できない者が対象）又は自立生活加算（就労できる者が対象）が支給される。前者の支給額は，179.31ユーロ（2012年9月），後者の支給額は104.77ユーロ（2012年9月）であり，とりわけ，AAHと所得補足手当の合計額（955.90ユーロ）は，働くことのできない障害者への最低所得保障として重要な意味を有している。

(3) 福祉サービス（等）の利用に係る費用の負担

福祉サービスの利用に係る費用を保障する給付としては，障害補償給付（PCH：Prestation de compensation du handicap）が設けられている。PCHは，2005年法により創設された新しい給付であり，生活の基本的活動（行為）の1つを行うことが極めて困難である者，基本的活動（行為）の少なくとも2つを行うことに重大な困難がある者に支給される。PCHの支給には，所得制限が課せられておらず，これが，PCHの重要な特徴となっている。

PCHには，①人的支援，②技術的支援，③住宅・交通に対する支援，④特別・例外的負担，⑤動物による支援の5種類があり，これらが，障害者の選択により，金銭給付又は現物給付で支給される。

なお，PCHの支給には，ドイツの場合と同様に，支給上限が設定されている。収入が一定額以下（2万4259.88ユーロ〔2008年1月〕）の者は，この支給上限の範囲内であれば，自己負担なしでサービスを利用できる。しかし，収入が基準を超える者には，20％の自己負担が課せられる。ただし，収入認定にあたっては，本人の就労所得や障害年金，成人障害者手当等が，収入の計算から外されることとなっている。この結果として，多くの障害者が，支給上限の範囲内ではあるが，自己負担0％でサービスの利用ができることとなっている。

5 諸外国の制度の特徴・分析

以上，アメリカ，イギリス，ドイツ，及び，フランスの制度を簡潔に確認した。以下で，各国における制度の特徴を整理・分析しておく。

(1) 障害者雇用政策
A 就労機会の保障

まず，通常の労働市場における就労機会の保障方法として，アメリカ・イギリスは，差別禁止原則によるアプローチを採用している。これに対し，ドイツ・フランスは，差別禁止原則と雇用義務（率）制度を並存させている。ドイツ・フランスは，伝統的に，雇用義務（率）制度を採用してきたが，2000年以降，EUの差別政策の影響を受けて，差別禁止に関する制度を整備することとなった。

ここで注目されるのは，障害者差別禁止法（DDA）の制定に際し，雇用義務（率）制度を廃止したイギリスである。しかし，イギリスにおける雇用義務（率）制度の廃止をどう評価するのかに関しては，注意が必要である。まず，イギリスの雇用義務（率）制度は，納付金制度を伴わないものであったという点において，ドイツやフランスの雇用義務（率）制度とは異なっていた。また，イギリスの雇用義務（率）制度は，廃止される直前，機能不全に陥っていたことも指摘されている。したがって，イギリスが差別禁止原則の導入に際して雇用義務（率）制度を廃止したことを過大に捉えるべきではなかろう。加えて，DDAによって，確かに，雇用義務（率）制度は廃止されたが，DDAは，障害者を優遇することを認めている法律であり，雇用義務（率）制度の存在を否定するものではないことも指摘されている。したがって，雇用義務（率）制度によるアプローチが，差別禁止原則によるアプローチと抵触するために，前者が廃止されたと言うことはできないであろう。

実際，イギリスのような背景・事情を持たないドイツ・フランスは，かねてより採用してきた雇用義務（率）制度を残しつつ，差別禁止に関する立法も整えるという道を選んでいる。これは，政策的な選択肢として，差別禁止原則によるアプローチと雇用義務（率）制度によるアプローチとを並存させることが可能であることを示していると言えよう。

B　賃金保障

通常の労働市場で働く障害者の賃金に関しては，アメリカでは，最低賃金の適用除外が認められているのに対し（一部の州では，適用除外は認められていない），イギリス，ドイツ，フランスでは，最低賃金の保障がなされている。

他方，福祉的就労に従事する者について見ると，まず，イギリスでは，保護工場（shelterd workshop）で働く者にも最低賃金の適用があり，そのために国から賃金補填がなされる制度が整えられている。次に，ドイツでは，職業教育領域の活動に従事する者には，報酬は支払われず，代わりに，職業訓練手当（1年目：月額62ユーロ，2年目：月額73ユーロ）が支払われることとなっている。その一方で，労働領域の活動に従事している者には，報酬が支払われ，この報酬が月額325ユーロに満たない場合には，26ユーロを上限と

する雇用促進手当が支給されることとなっている（最低保障額73ユーロ）。そして，フランスでは，適応企業で働く障害者については，最低賃金が保障され，ESATで働く障害者には，法定最低賃金（SMIC）の55％～110％されることとなっている。適応企業及びESATの使用者には，その負担を勘案して，賃金保障のための助成金が支給される。

アメリカには，賃金補塡制度は存在していないが，イギリス・ドイツ・フランスでは，福祉的就労の場で働く障害者の賃金保障のために，何らかの公的な助成がなされている。

(2) 社会保障制度による所得保障

次に，社会保障制度による所得保障について確認すると，まず，アメリカ・ドイツ・フランスでは，保険料の拠出を前提とする障害年金の制度（社会保険）と，事前の拠出を前提としない給付制度（公的扶助）とが存在している。これらの国における拠出を前提とする障害年金は，「労働・稼得能力の喪失又は減退」を保険リスクとしている点で，共通している。また，障害年金の支給額は，従前の所得に比例するものとなっている。その一方で，これらの国では，障害年金の支給要件を満たさない者のために，無拠出制の給付制度も設けられている。無拠出制の給付が，補足的に支給されることで，障害者への最低所得保障がなされている。その支給月額は，アメリカで579ドル（単身者），ドイツで359ユーロ，フランスで776.59ユーロとなっている。

これらの国に対して，イギリスでは，2008年10月より，従来の就労不能給付（IB）（社会保険）＋所得補助（IS）（公的扶助）の制度に代えて，雇用及び生活支援手当（ESA）を支給する制度が導入されている。新しく導入されたESAにも，拠出型と無拠出型とがあり，無拠出型の場合には，ミーンズテストが課されるが，支給額が，拠出型と無拠出型では異ならず，共に定額である点に特徴がある。他方，ESAでは，就労可能性が高いと判断された者と就労に困難を抱えた者とで異なる処遇がなされることとなっている。これは，同手当の導入の目的が，障害者の就労インセンティブを削がない手当制度を構築することにあったことに由来する。そして，就労可能性が高いと判断された者には，週89.80ポンド，就労に困難を抱えた者には，週95.15ポンドの支給がなされることになっている。

(3) 福祉サービス（等）の利用に係る費用の負担

　福祉サービス（等）の費用負担に関しては，各国において，次のような特徴が見られる。

　まず，アメリカ（カリフォルニア州アラメダ郡）では，低所得者を対象として，IHSSという制度が設けられており，在宅介護サービスが提供されている。IHSSの対象者は，低所得層に限られているが，対象となれば，自己負担なしでサービスを利用できる。

　イギリスでは，貯蓄が一定額以上ある者は，介護に関するサービスをすべて自費で賄わなければならない（高所得層の排除）。他方，貯蓄が基準額未満の者には，公的サービスが提供されるが，その場合には，「自由になる金額」に応じた自己負担が課せられる。「自由になる金額」によって自己負担額が決まる点は，イギリスの特徴と言えよう。

　ドイツでは，公的介護保険の枠内で，介護サービス等の福祉サービスの提供が行われている。公的介護保険では，サービスの利用に，所得制限は課せられておらず，また，サービスの利用に際する利用者負担もない。ただし，介護保険からの支給には上限が設定されているため，その上限を超える部分については，利用者が負担しなければならない。なお，ドイツでは，公的介護保険によりカバーがなされない場合には（高所得層や重度障害者の公的介護保険への加入は任意となっている），参加給付や社会扶助が補完的に支給されることとなっている。この場合，支給には，所得・収入要件が課せられる。

　フランスでは，障害補償給付（PCH）制度が導入されている。PCHの支給に，所得制限はない（高所得層を排除しない）が，収入に応じて異なる自己負担率が設定されている。すなわち，収入が一定額未満の者の自己負担率は，0％であるのに対し，収入が一定額以上の者の自己負担率は，20％とされている。しかし，この場合の収入には，本人の就労所得や障害年金，成人障害者手当等は含まれていない。そのため，結果として，多くの障害者が，自己負担率0％でサービスの利用ができることとなっている。ただし，PCHの支給にも，上限が設定されている。したがって，この上限を超える部分については，利用者が負担しなければならない。

第4節　比較対象国の選定

　以上，各国の制度の特徴を確認してきたが，本書では，フランスを比較対象国として取り上げたい。フランスを選択する理由は，以下の点にある。
　まず，フランスは，通常の労働市場における就労機会の保障方法として，差別禁止原則によるアプローチと雇用義務（率）制度によるアプローチとを並存させている。障害者に対する権利保障の観点から見ると，差別禁止原則の導入の必要性は高いと考えられる。また，2006年に採択された障害者権利条約の批准のためにも，差別禁止原則の雇用分野への導入は避けられないように思われる。しかしながら，例えば，アメリカでは，障害を理由とする雇用差別禁止を定めるADAによる障害者雇用の促進機能は，必ずしも高くないことが指摘されている。こうした事情に鑑みると，既に，雇用義務（率）制度が存在している日本では，ドイツやフランスのように，両アプローチを並存させる体制を整えることが，望ましいように思われる。
　並存体制を採用している国としては，フランスの他にドイツもあるが，ドイツに関しては，既に，活発な研究がなされている（前掲・福島論文〔2009年〕，小西論文〔2009年〕等）。しかしながら，フランスに関しては，とりわけ，2005年法改正以降の法制度に関する研究が少ない。2005年の障害者関連政策の大改正は，比較的最近に行われた先進国における法改正として注目されるものであり，これを対象として研究を行う意義は高いと言うことができよう。
　賃金保障に関しても，フランスの制度は注目に値する。まず，通常の企業や適応企業で働く障害者には，公的な助成によって最低賃金が保障されている。そして，福祉的就労の場で働く障害者にも，保障報酬制度によって，法定最低賃金（SMIC）の55％〜110％が保障されている。福祉的就労の場で働く障害者は，少なくとも最低賃金の55％（＝月額約600ユーロ〔2009年〕）を就労所得として得ることができるわけである。この水準は，ドイツの作業所（福祉的就労）における最低保障額が，月額73ユーロであるのと比較して高いものである。
　次に，社会保障制度による所得保障に関しては，アメリカ・ドイツ・フランスで，同じような体制が採用されている。すなわち，保険料の拠出を前提

第4節　比較対象国の選定

とする障害年金制度（社会保険）と事前の拠出を前提としない給付制度（公的扶助）とを並存させる体制である。後者は，前者の給付がなされない場合に，補足的に支給されることとなっている。したがって，フランスが，特に，特徴ある制度を構築しているとはいい難い。しかし，無拠出制の給付の支給月額を見ると，アメリカで579ドル（単身者），ドイツで359ユーロ，フランスで776.59ユーロとなっている。ここでも，フランスの所得保障水準は，非常に高くなっており，注目される。さらに，フランスでは，働くことのできない障害者には，これに加えて，179.31ユーロの所得補足手当も支給される。こうした高水準の所得保障が，いかなる論理の下で提供されているのかを調査することには，十分な意義があろう。

最後に，2005年法によって新たに創設された障害補償給付（PCH）も注目される。PCHは，障害の結果生じる特別な費用（＝福祉サービスの利用費や各種補装具の購入費等）を保障するための給付であるが，その創設は，2005年法改正の目玉でもあった。PCHの特徴の１つに，その支給に所得制限が課せられていないことがある（普遍的給付）。これは，アメリカが，低所得層を支給の対象としているのと大きく異なっている。また，イギリスやドイツ[55]が，高所得層を給付の対象外としているのとも異なる。障害の結果生じる特別な負担は，その所得の多寡にかかわらず生じることに鑑みると，支給に所得制限を設けていないフランスの制度は，注目に値する。また，PCHの支給に際しては，収入に応じて異なる自己負担率が設けられているが，収入が一定額未満の者の負担率は，０％とされている。さらに，その収入の認定にあたっては，本人の就労所得や障害年金，成人障害者手当（AAH）等が収入から外されている。こうした制度が，どのような考え方に基づいて導入されたのかを考察することは，日本における福祉サービスの費用負担の在り方を考える上でも，非常に重要であると言えよう。

以上より，本書では，比較対象国としてフランスを選定し，日本とフランスの法制度の比較分析・検討を行うこととしたい。以下では，まず，第１章で，日本の障害者雇用政策（第１節），社会保障制度による所得保障（第２

55　高所得層は，公的介護保険への加入が任意とされている。また，所得・資産要件が課せられている参加給付や社会扶助の支給もないこととなる。

節），障害の結果生じる特別な費用の保障（第3節）について調査・検討し，次いで，第2章で，フランスの障害者雇用政策（第1節），社会保障制度による所得保障（第2節），障害の結果生じる特別な費用の保障（第3節）について考察する。そして，最後に，第3章で日仏の比較・分析を行い，日本の法政策・法制度に対する示唆を得ることを試みることとしたい。

第1章　日　本

　第1章では，日本における障害者雇用政策（第1節），社会保障制度による障害者への所得保障制度（第2節），及び，障害に起因する費用の保障方法（＝福祉サービス〔等〕の費用負担の仕組み）（第3節）について，その沿革を簡潔に振り返った上で，現行制度の確認を行い，現在の日本の法制度の特徴を明らかにする。その上で，日本の法制度が抱えている問題点を浮き彫りにし，日仏比較・分析のための準備を行いたい。

第1節　障害者雇用政策

　第1節では，日本の障害者雇用政策を調査・分析し，日本における障害者への就労機会の保障，及び，就労所得の保障方法について確認を行う。まず，日本の障害者雇用政策の発展過程（沿革）を確認し，次いで，現行制度の整理を行う。

1　沿　革

　日本の障害者雇用政策は，第2次世界大戦後，傷痍軍人のみを優先的に扱っていた従来の諸施策をすべての国民に拡大することから始まった。1947年には，職業安定法が制定され，職業指導や職業紹介，職業補導（指導）等が，傷痍軍人を含む身体障害者に広く適用されることとなった。また，1949年には，身体障害者の福祉の向上を図ることを目的として身体障害者福祉法が制定され，これ以降，身体障害者福祉法と職業安定法とが一体となって，障害者の雇用対策を総合的に実施する体制が確立されることとなった。そして，1960年に制定された身体障害者雇用促進法によって，日本の障害者雇用政策は，本格的にスタートすることとなる。
　他方，一般雇用での就労が困難な障害者に対しては，障害者福祉各法に基づき，福祉的就労の場が提供されてきた。福祉的就労の場は，障害者の就労

の場として，労働市場における雇用と並んで重要なものである。

以下では，まず，（身体）障害者雇用促進法の展開過程の確認により，日本の通常の労働市場における障害者雇用政策の展開を追っていきたい（(1)）。次いで，福祉的就労について，その法制度（障害者福祉各法）の展開過程を確認していくこととする（(2)）。

(1) 障害者雇用促進法（通常の労働市場）[56]

A 身体障害者雇用促進法の制定（1960年）

日本の障害者雇用政策は，1960年の身体障害者雇用促進法の制定により，本格的にスタートした。同法が制定された背景には，①国際労働機関（ILO）において，身体障害者[57]の職業更生に関する勧告（1955年，第99号）が採択され，先進諸国で障害者雇用に関する法律が制定されていく中で，日本においても，障害者雇用関係の立法措置が求められるようになったこと[58]や，②当時，多くの身体障害者が，失業又は不完全就労の状態に置かれていたことがあった。

---

[56] 以下，(1)Dまでの記述は，主として，征矢紀臣『障害者雇用対策の理論と解説』労務行政研究所（1998年），及び，手塚直樹『日本の障害者雇用――その歴史・現状・課題』光生館（2000年）からの引用による。両書からの引用については，特に明記しない。

[57] ILO99号勧告が出された1955年頃から身体障害者雇用促進法が制定された1960年頃までは，知的障害者等の精神的な障害を有する者も身体に障害がある者（社会的な障害を受けている者に対する意味）と考えられており，「身体障害者」には知的障害者等も含まれるものと観念されていた（ILO99号勧告の邦訳では，「身体障害者」という用語が使用されているが，それに対応する英語版で使われている用語は，単にdisabled personである）。こうした事情もあり，1960年の身体障害者雇用促進法では，法が対象とする身体障害者が有すべき身体上の欠陥の範囲を定めた別表5号に「前各号に掲げるもののほか，就職に著しい困難があると認められる労働省令で定める身体上の欠陥」が規定され，労働省令によって知的障害者も法の対象とする道が開かれた。しかしながら，労働省令によって，知的障害者を身体障害の範囲に含めることは，結局，行われなかった。そして，1960年に身体障害者福祉法とは別個に精神薄弱者福祉法（現・知的障害者福祉法）が制定されて以降，一般的に「身体障害者」という語には知的障害者は含まれないものと解されるのが通常となった。

[58] 田口晶子「障害者雇用の現状と法制度」季刊労働法225号（2009年）6頁。

こうした背景の中で制定された身体障害者雇用促進法は，身体障害者の雇用促進を図る手段として，「努力目標」としての身体障害者雇用率[59]を導入した。これは，身体障害者の雇用率を設定し，民間企業は，その率に達するように身体障害者を雇用するよう「努めなければならない」とするものである。1960年法が採用した手段は，「努力義務」という緩やかな手法であったが，一定の雇用率を設定し，国の責任において身体障害者の雇用を進めていくという内容を持った点において1960年の法制定は重要である。

B 雇用義務（率）制度の成立（1976年）

「努力目標」としての雇用義務（率）制度は，1976年になり，大きく改正されることになる。1976年の法改正の背景には，①1960年代以降の高度経済成長に支えられた積極的雇用政策の中で，障害者の雇用促進のための雇用義務の強化と雇用助成措置の拡大の必要性が指摘されるようになったこと，そして，②1973年のオイルショック以降，経済成長と人手不足を背景に伸びた障害者の雇用改善がもはや期待できない状況となり，これまでとは違った抜本的な障害者雇用対策の強化が求められることとなったことがある。

こうした背景の下で行われた1976年改正では，それまで努力義務であった民間企業での身体障害者の雇用が，身体障害者納付金制度[60]を伴う雇用義務へと変更された[61]。そして，同時に，障害者の雇用が進まない企業については，その企業名の公表を行うという制裁（公表制度）も導入され，企業に対する障害者雇用義務は，強化されることとなった。これらの制度によって，

---

[59] 雇用率は，当初，施行規則によって，官公庁：現業機関1.4％，非現業機関1.5％，民間事業所：現場的事業所1.1％，事務的事業所1.3％と定められた。

[60] 不足1人につき，月額3万円の納付金の支払いが義務付けられた。また，同時に，雇用率の算定にあたって重度障害者を1人雇用したことをもって2人雇用したこととみなすダブルカウント制度も導入された。

[61] このとき，雇用率は，重度障害者の加算分（ダブルカウント）も考慮して，官公庁：現業機関1.8％，非現業機関1.9％，民間企業：1.5％に設定された。なお，雇用率については，身体障害者雇用促進法14条2項（当時）において，「身体障害者雇用率は，労働者……の総数から……除外率を乗じて得た数……を控除した数に対する身体障害者である労働者……の総数の割合を基準として設定するものとし，少なくとも5年ごとに，当該割合の推移を勘案して政令で定める」こととされた。

企業は，積極的に障害者の雇用を進めなければならないこととなった。

C　障害者雇用促進法の制定（1987年）

次いで，1987年の法改正では，法律名が，「障害者の雇用の促進等に関する法律」に改められた。それまでの雇用促進法は，主として身体障害者を対象としてきたが[62]，1987年法改正以降，法の適用対象は，「身体障害者」から身体障害者に限定されない「障害者」へと拡大されることとなった[63]。

1987年の法改正の背景には，国際的な動きの強い影響があった。1981年の「国際障害者年」，1983年から始まった「国連障害者の10年」，ILO159号条約等である。中でも，ILO159号条約の影響は大きいものであった。ILO159号条約は，「すべての種類の障害者が，雇用され，地域社会に統合されるようにするため」の新しい国際基準として位置付けられるものである[64]。政府は，

62　知的障害者については，一部適用があったにとどまる。注57参照。

63　1987年法改正により，障害者に関しては，「身体又は精神に障害があるため，長期にわたり，職業生活に相当の制限を受け，又は職業生活を営むことが著しく困難な者」という定義が置かれた（2条1項〔当時〕）。ただし，精神障害者も法の適用対象とされたのか否かは，はっきりしない。というのも，1987年法改正後の障害者雇用促進法は，精神障害者の定義を置いていないからである（身体障害者〔2項〕，重度身体障害者〔3項〕，精神薄弱者〔4項〕の定義があるのみ）。精神障害者の定義は，2002年法改正で明らかにされる（2条6項〔当時〕：精神障害者　障害者のうち，精神障害がある者であって厚生労働省令で定めるものをいう）。また，「身体障害者雇用促進法の一部を改正する法律案提案理由説明」においても，「精神薄弱者（知的障害者）」に関する言及はあるものの，精神障害者に関する言及は特にない。しかしながら，他方で，厚生省（編）『厚生白書　国連・障害者の十年──皆が参加する「ぬくもりのある福祉社会」の創造（平成4年版）』は，1987年の法改正について，「対象範囲が精神薄弱者，精神障害者を含むすべての障害者に拡大される」と解説している（12頁）。また，前掲・征矢書（1998年）も，1987年法改正について，「法の対象となる者の範囲を身体障害者から知的障害者，精神障害者を含むすべての障害者に拡大」と解説している（218-219頁）。

64　ILO159号条約1条は，「障害者」について，「正当に認定された身体的又は精神的障害（physical or mental impairment）のため，適当な職業に就き，これを継続し及びその職業において向上する見通しが相当に減少している者をいう」と定義した上で，本条約が，「すべての種類の障害者（all categories of disabled persons）について適用される」ことを明確にしている。

この条約の批准のために，国内法を整備する必要があった[65]。そして，こうした国際的な影響の中で，1987年の法改正の過程では，「ノーマライゼーション」や「インテグレーション」，「地域社会での統合」，「障害者団体の参加と貢献」といった障害者雇用の基本となる理念や考え方が，認識されることにもなった。

このような中で行われた1987年改正の重要な点は，①法律名が「身体障害者雇用促進法」から「障害者の雇用の促進等に関する法律」に改正され，法の対象が身体障害者以外にも拡張されたこと，②知的障害者が雇用率制度の対象とされ，雇用率への算入が可能となったこと（ただし，算入が可能となったにとどまる）[66]，③職業リハビリテーションが初めて法律の中に位置付けられたことにある。なお，1986年が雇用率の見直しの年であったことから，1987年には，政令によって，民間企業の雇用率は従来の1.5％から1.6％に，官公庁（現業）の雇用率は1.8％から1.9％に，官公庁（非現業）の雇用率は1.9％から2.0％に改められることも行われた[67]。

D　知的障害者の雇用義務制度の創設と地域支援体制の推進（1997年）

次の大きな法改正は，1997年に実施された。1997年改正では，知的障害者が，ついに雇用義務の対象とされることとなり，企業は，身体障害者と同様に知的障害者を雇用しなければならないこととなった。

知的障害者の雇用は，1987年改正で知的障害者が雇用率算入の対象となり，

65　1987年法改正によって，ILO159号条約の要請を概ね満たしたと考えた政府は，1992年に，同条約を批准した。

66　知的障害者を雇用義務の対象とするか否かは，1976年法改正のときにも問題となった。しかし，1976年法改正の段階では，時期尚早との判断から，知的障害者を雇用義務の対象とすることは見送られた。その理由は，知的障害者については，「雇用に適するかどうかの判定基準・判定方法等が，十分に確立しているとは言い難いこと」，「適職の範囲は，拡大されつつあるとはいうものの，身体障害者以上に限定されていること（適職の開発が進んでいないこと）」，「社会生活指導の面で特別の配慮を必要とすること」等にあった。

67　このときの雇用率は，1986年度に実施された「身体障害者就業実態調査」及び「身体障害者の雇用に伴う特別費用に関する実態調査」の調査結果に基づいて改訂された。したがって，知的障害者の就労実態は反映されていない。

1992年改正で重度知的障害者のダブルカウントが可能になったことを受けて，身体障害者を上回る勢いで中小企業を中心に増加していた。こうした中で，1997年の法改正時には，知的障害者に対する職場の指導・援助の理解も進み，1976年あるいは1987年の改正時には，時期尚早として退けられた知的障害者の雇用義務の導入が，可能な段階に達していると認識されるに至った。また，身体障害者のみを雇用義務の対象とすることに，矛盾も生じていた。すなわち，法定雇用率は身体障害者のみを算定の基準として1.6％と定められているため，身体障害者の実際の雇用数が，知的障害者の雇用によって縮小してしまうという問題が生じていたのである。そのため，「知的障害者をきちんと位置づけた法改正を行って，身体障害者が不利な状況にならないようにすべきである」という要請が，身体障害者団体からもなされていた。こうした状況の中で，1997年，ついに，知的障害者の雇用義務化が実現されることとなった。

これに伴い，1997年改正では，まず，「身体障害者雇用率」が「障害者雇用率」に改正されることとなった。そして，法定雇用率も，政令によって，民間企業の場合で1.6％から1.8％に引き上げられた（特殊法人：2.1％，国・地方公共団体：2.1％，特定の教育委員会：2.0％）[68]。

E　経済環境・職場環境の変化，就職を希望する障害者の増加への対応（2002年）

次いで，2002年の法改正では，「経済環境・職場環境の変化，就職を希望する障害者の増加に対応し，障害者の職場の拡大を図る」ことを目的として，①障害者雇用率の算定方法の見直し，②障害者に対する総合的支援の充実，③精神障害者の雇用促進のための措置が実施された[69]。

まず，①「障害者雇用率の算定方法の見直し」によって，関連する子会社を含めた企業グループでの特例子会社制度[70]の利用が可能となった。特例子

68　知的障害者が雇用率の算定の基礎に加えられたことから，雇用率は，労働者の総数から除外率を乗じて得た数を控除した数に対する身体障害者又は知的障害者である労働者の割合を基準として設定することとされた。

69　舘暁夫「『障害者雇用促進法』の改正について」ノーマライゼーション255号（2002年）49-51頁。

70　特例子会社制度は，1976年の局長通達により定められ，1987年の法改正により法律

会社制度については，障害者の隔離を促し，ノーマライゼーションの原則に反するという意見がある一方で，重度障害者（特に知的障害者）の雇用の場の創出に寄与する部分が大きかった。そのため，この実績を評価して，近年の企業形態の変化に対応する形で，企業グループ全体での実雇用率の算定を可能とすることが行われた。

さらに，①によって，「除外率制度」（障害者が就業するのが困難であると認められる職種について，一定割合の常用労働者を雇用率の算定から除外する制度）が原則廃止とされ，廃止に向けて段階的に縮小されることとなった。これにより，雇用率の計算から外されるのは，「国民の生命の保護や公共の安全と秩序の維持を職務とし，その遂行のためには職員個人による強制力の行使等が必要であるような職員」（例えば，警察官，海上保安官，消防吏員，入国警備官等）に限定されることとなった。除外率制度の原則廃止の背景には，技術革新や職場環境の整備等が進む中で，障害者にとって困難と考えられていた職種でも障害者の就業可能性が高まってきたこと，障害者の欠格条項の見直しが進められている中で除外率の存在は不合理であると考えられたこと等があった。

次に，②障害者に対する総合的支援の充実のために，障害者就業・生活支援センターにおける支援事業や，職場適応援助者（ジョブコーチ）事業等が創設されることとなった。前者は，障害者就業・生活支援センターが，就職を希望している障害者や在職中の障害者に対して，ハローワークや地域障害者職業センター，福祉事務所や障害福祉サービス事業者等の関係機関と連携しつつ，日常生活面も含めて，就職にあたっての支援や仕事の継続のための支援を行うものであり，後者は，知的障害者や精神障害者等の職場適応を容易にするために，職場にジョブコーチを派遣し，きめ細かな人的支援を行うものである。こうした事業を通じて，障害者に対する総合的な支援を行うことが目指されることとなった。

さらに，③精神障害者の雇用促進に関しては，精神障害者の定義規定を2条6号に挿入すること，及び，精神障害者の特性を踏まえた支援を行う職場

上規定されていた。事業主が障害者雇用に特別の配慮をした子会社を持つ場合，一定の要件のもと子会社の労働者も親会社の労働者と合算して実雇用率を算定できる。

適応援助者事業等の創設がなされた（ただし，「精神障害者の法定雇用率適用」は，時期尚早との判断により見送られた）。ここで漸く，精神障害者の雇用促進策が図られるようになったと言える。

F 障害者雇用政策の充実・強化（2005年）

続く2005年改正では，「障害者雇用政策を充実・強化させること」を目的として，以下の改正が行われた[71]。

まず，2002年改正時に見送られた「精神障害者（精神障害者保健福祉手帳の所持者）の雇用率への算入」が実現された[72]。これにより，納付金や調整金，報奨金の算定において，精神障害者は，他の身体障害者や知的障害者と同様の扱いを受けることとなった。しかし，事業主は，精神障害者を雇用する義務までは負っていない。知的障害者の場合と同様に，まず，精神障害者を雇用率の計算に入れることとし，段階を踏んだ上で，雇用義務の対象とするものと思われる。

次に，「在宅就業障害者支援制度」が創設された。これは，自宅等で就業する障害者を支援するために，企業が在宅就業障害者に仕事を発注することを奨励する制度であり，在宅就業障害者に仕事を発注した事業主に対して，障害者雇用納付金制度から，企業規模に応じて特例調整金または特例報奨金を支給するというものである（事業主が，在宅就業支援団体を介して在宅就業障害者に仕事を発注する場合にも，特例調整金・特例奨励金は支給される）。障害者の中には，通勤等の身体的な負担や健康上の理由等から事業所での勤務に耐えられない者も多い。それゆえ，障害者の在宅就業を支援する制度の導入は，障害者に多様な働き方の選択肢を与えるものとして，また，障害者の仕事を通じての自己実現や職業的な自立を支援するものとして，非常に大きな意味を持つものであった[73]。

---

71 http：//www.mhlw.go.jp/bunya/koyou/shougaisha01/index.html
72 雇用率の算定にあたっては，企業内における精神障害者の把握が必要であるが，その過程で，本人の意に反した執拗な追及や，手帳取得の強要が行われてはならない。その防止のために，プライバシーに配慮した障害者の把握・確認のあり方について，企業向けのガイドライン（「プライバシーに配慮した障害者の把握・確認ガイドライン」）が作成されている。

さらに，2005年の法改正では，障害者雇用政策と障害者福祉施策との有機的な連携のための諸手段も，講じられることとなった。例えば，地域障害者就労支援事業（ハローワークが福祉施設等と連携して就労支援を行う事業）や，企業ノウハウを活用した福祉施設における就労支援が実施されることとなった。ジョブコーチ助成金制度の創設や，障害者就業・生活支援センター事業の拡充，社会福祉法人等を活用した多様な委託訓練の実施も，その一環として行われたものである。

G 意欲・能力に応じた障害者の雇用機会の拡大（2008年）

2008年の法改正では，「意欲・能力に応じた障害者の雇用機会の拡大」を目指して，①中小企業への雇用納付金制度の適用拡大，②短時間労働に対応した雇用率制度の見直しが行われた[74]。

まず，①中小企業における障害者雇用の促進のために，雇用納付金制度の対象となる企業範囲の拡大が行われた（従来の常用雇用数301人以上の事業主から，常用雇用労働者数101人以上の事業主に拡大[75]）。障害者の就労意欲が高まっているにもかかわらず，地域の身近な雇用の場である中小企業での障害者雇用が低下傾向にあったことが，同改正の背景として挙げられる（なお，新たに負担を課されることとなった中小企業への配慮から，同時に，中小企業が，事業協同組合等を活用して，共同で障害者を雇用する仕組みも導入されている）。

さらに，②週の労働時間が20時間以上30時間未満の短時間労働者についても，雇用率に算入することとする改正が行われた[76]。短時間労働に対する障害者のニーズが相当程度あるにもかかわらず，従来，雇用義務の対象となる

---

73 加來賢一・古賀雅士「障害者に係る福祉サービスと就労支援の新たな枠組み――障害者自立支援法案／障害者の雇用の促進等に関する法律の一部を改正する法律案」立法と調査248号（2005年）26頁。

74 http：//www.mhlw.go.jp/bunya/koyou/shougaisha04/index.html

75 常用雇用労働者が201人以上300人以下の事業主については2010年7月から，101人以上200人以下の事業主については，2015年4月から適用される。

76 従来より，20時間以上30時間未満で働く重度身体障害者，重度知的障害者については1カウント（1992年法改正），精神障害者については，0.5カウント（2005年改正）で計算される措置が採られていたが，重度でない身体障害者及び知的障害者についても，0.5カウントとして計算されることとなった点が新しい。

のは，週30時間以上の常用雇用労働者のみであった。これが，企業の短時間労働者の受入れに対するインセンティブを阻害していたことから，2008年法改正では，週20時間以上30時間未満の短時間労働者も，0.5カウントとして雇用率の算定に加えることとされた。

この他，2008年の法改正では，企業グループ算定特例（特例子会社がない場合であっても企業グループ全体で雇用率を算定できる制度）の創設等も行われたところである。

H 近年の動き

さらに，近年では，2006年に国連総会で採択された障害者権利条約の批准のために，雇用分野における障害を理由とする差別禁止規定を導入しようとする動きが見られる。民主党政権下の2010年11月，政府は，内閣府に置かれた障がい者制度改革推進会議の下に差別禁止部会を設置し，障害者差別禁止法の制定を具体的に検討し始めた。そして，2012年9月には，同部会によって，法の制定に向けた，「『障害を理由とする差別の禁止に関する法制』についての差別禁止部会の意見」がとりまとめられた。同意見の中には，もちろん，雇用分野における障害を理由とする差別禁止も含まれている[77]。また，2012年8月に公表された「労働・雇用分野における障害者権利条約への対応の在り方に関する研究会報告書」でも，障害者雇用義務（率）制度を残しつつ，障害を理由とする差別の禁止及び合理的配慮の提供等の実効性を担保できるように，障害者雇用促進法を改正していくことが提言されている[78]。

さらに，雇用義務（率）制度に関しては，2012年5月，厚生労働省労働政策審議会による答申を踏まえて，法定雇用率が引き上げられることが決まった[79]。これにより，2013年4月1日以降，民間企業の法定雇用率は，1.8%

---

[77] 障害を理由とする差別禁止原則の導入は，2013年4月に閣議決定の上，国会に提出された「障害を理由とする差別の解消の推進に関する法律案」によって実現される見込みである。同法律案の内容は，部会意見の内容と比較すると，後退を否めないが，障害を理由とする差別禁止の法制化の第一歩として重要である。

[78] 2013年4月，労働・雇用分野における障害者に対する差別を禁止し，事業主に合理的配慮の提供を義務付けることを内容とする障害者雇用促進法の改正法案が国会に提出されている。

[79] http://www.mhlw.go.jp/stf/houdou/2r9852000002b4qy.html

から2.0％に、国・地方公共団体等の法定雇用率は、2.1％から2.3％に、都道府県等の教育委員会の法定雇用率は、2.0％から2.2％に引き上げられた。そして、この変更に伴って、障害者を雇用しなければならない事業主の範囲も、従業員数56人以上から50人以上に拡大することとなった。

I 小　括

　日本の障害者雇用政策は、1960年、身体障害者の雇用についての「努力義務」を定めた身体障害者雇用促進法の制定によって本格的にスタートした後、次第に、強化されていった。

　1976年には、納付金制度を伴う身体障害者の雇用義務が導入され、障害者の雇用の確保について、実効性が担保されることとなった。そして、雇用義務（率）制度は、順次、その適用対象を拡大していった。1987年には、身体障害者に加えて、知的障害者が、雇用率に算入されることとなり、1997年には、知的障害者も雇用義務の対象となった。そして、2005年には、精神障害者の雇用率への算入が可能となり、2018年には、精神障害者の雇用義務化が予定されている[80]。また、2008年法改正では、雇用率の算定に加えることのできる短時間労働者の範囲の拡大も行われている。こうした拡大によって、企業の短時間労働者の受入れに対するインセンティブが高まることが期待されている。

　2008年の法改正では、納付金制度の対象となる企業規模の拡張も行われている。同改正により、納付金制度の対象となる企業は、従来の常用雇用労働者数が301人以上の事業主から101人以上の事業主となった。また、2013年4

---

[80] 2013年3月14日、労働政策審議会障害者雇用分科会は、精神障害者の雇用を義務付ける必要があるとする意見書をまとめた。これを受けて、同月21日、厚生労働省は、2018年4月から精神障害者の雇用を義務付ける方針を決め、2013年4月、同内容を盛り込んだ障害者雇用促進法の改正案を第183回国会に提出した。なお、2012年8月に公表された「障害者雇用制度における障害者の範囲等の在り方に関する研究会報告書」においても、「精神障害者に対する企業の理解の進展や……支援策の充実など、精神障害者の雇用環境は改善され、雇用義務化に向けた条件整備は着実に進展してきたと考えられることから、精神障害者を雇用義務の対象とすることが適切である」ことが示されていた。

月からは，法定雇用率の引上げに伴って，雇用義務（率）制度の対象となる事業主の範囲も，従来の従業員数56人以上から50人以上に拡大することとなっている。

身体障害者の雇用努力義務からスタートした日本の障害者雇用政策は，身体障害者について納付金制度を伴う雇用義務を導入した後，次第に，その適用の対象なる障害者の範囲（障害の種類，労働時間）や，企業規模を拡大して，現在に至っていることを確認することができる。

そして，日本の障害者雇用政策は，現在，これまで積み重ねてきた障害者雇用義務（率）制度を残しつつ，新たに，障害を理由とする差別禁止原則を導入する段階に来ている。今後は，既に存在する雇用義務（率）制度と障害を理由とする差別禁止原則とをどのような形で関係付けるのかが重要な検討課題となろう。

(2) 福祉的就労

次に，福祉的就労の戦後から現在までの展開過程を確認したい。障害者の中には，通常の労働市場での雇用が困難な者も存在している。そうした障害者に対しては，福祉的就労の場が提供されてきた。

A 障害者福祉各法による授産施設等の制定

(a) 身体障害者福祉法[81]

前述のように，戦後の障害者雇用政策は，それまで，傷痍軍人のみを優先的に扱っていた諸施策をすべての国民に拡大することから始まった。そうした中で，1949年には，身体障害者福祉法が，身体障害者の福祉の向上を図ることを目的として制定され，国は身体障害者更生援護施設の1つとして身体障害者収容授産施設を設置しなければならないこととなった（法5条1項，27条〔当時〕）。

この収容授産施設[82]は，「身体障害者で雇用されることの困難なもの又は

---

[81] 石原由理子「障害者授産施設の歴史」児島美都子編『障害者雇用制度の確立をめざして』法律文化社（1982年）34-43頁を参照。

[82] 収容授産施設については，通知によって，①生業指導及び生活指導を主たる事業としなければならないこと，②生業指導員及び生活指導員を置かなければならないこと，

生活に困窮するもの等を収容し，必要な訓練を行い，且つ，職業を与え，自活させる施設」として位置づけられるものであった（法31条〔当時〕）。この施設が，以降，身体障害者に対して，いわゆる福祉的就労の場を提供していくことになる（1967年法改正で，通所制度も導入される）。

そして，1972年には，「身体障害者福祉工場の設置及び運営について」と題する通知[83]によって，福祉工場が設置されることとなる。福祉工場は，「重度の身体障害者で作業能力はあるが，職場の設備・構造，通勤時の交通事情等のため一般企業に雇用されることの困難な者に職場を与え，生活指導と，健康管理のもとに健全な社会生活を営ませることを目的とするもの」である。授産施設と異なるのは，福祉工場の利用者は，法人の従業員として雇用される労働者であり，労働法の適用を受けるという点である[84]。

(b)　知的障害者福祉法[85]

知的障害者に対する国の施策は，1960年の精神薄弱者福祉法（1999年4月より知的障害者福祉法に改名[86]）によって整えられた。それ以前にも，児童福祉法による精神薄弱児施設の発展は見られていた。しかし，成人の知的障害者については法の整備が遅れていたことから，知的障害者についての総合的

---

③医務室，生業指導室をもうけ，これに必要な器械器具を整備しなければならないこと，④収容者の定員は20人以上でなければならないこと等が定められた（「身体障害者更生援護施設の基準について」1950年8月30日社乙発第139号社会局長通知（1954年5月21日発社第74号による改正版）。なお，改正前の通知については，原典を確認することはできなかった）。

83　「身体障害者福祉工場の設置及び運営について」1972年7月22日社更第128号。

84　福祉施設設置の背景には，授産施設が，1951年の通達（「授産事業に対する労働基準法等の適用除外について」1951年11月26日社乙発第170号）（170号通知は，1951年10月25日基収第3821号厚生省社会局長あて労働省労働基準局長回答を内容とする）により，労働基準法等の適用除外の対象とされていたことがある。なお，1951年通知は，「授産施設，小規模作業所等において作業に従事する障害者に対する労働基準法9条の適用について」（2007年5月17日基発0517002号）によって置き換えられている。

85　前掲・石原論文（1982年）44-50頁を参照。

86　「精神薄弱」の用語については，好ましからざる障害感を表わす不快語として，あるいは，実態を的確に表現しえない不適切語として問題とされていた。そこで，「精神薄弱の用語の整理のための関係法律の一部を改正する法律」（1999年4月施行）によって，「精神薄弱」に代わって「知的障害」が使用されることとなった。

な立法を行うことが求められるようになり，1960年，精神薄弱者福祉法が制定されるに至った。

1960年の精神薄弱者福祉法では，速やかに各県に最低1か所は公共施設を設けるという方針の下，保護施設・更生施設・授産施設の3つの性格を兼ね備えた更生援護施設が設置されることとなった。そして，その後，1964年に，「精神薄弱者収容授産施設の設置及び運営について」と題する通知[87]によって，知的障害者を対象とする収容授産施設の設置が可能となった。同通知では，精神薄弱者収容授産施設は，「精神薄弱者で雇用されることの困難なもの等を入所させ，必要な訓練を行い，かつ，職業を与え，自活させることを目的とするものである」ことが示された（1967年法改正で法定化：18条3項[88]〔当時〕)。

さらに，1985年には，知的障害者を対象とする福祉工場が設置されることとなった[89]。これは，「精神薄弱者であって，作業能力はあるものの，対人関係，健康管理等の事由により，一般企業に就職できないでいる者を雇用し，生活指導，健康管理等に配慮した環境の下で社会的自立を促進する」ことを目的とするもので，身体障害者福祉工場と同様，労働法の適用があるとされた[90]。

(c) 精神保健福祉法

精神障害者に関する施策は，明治33年（1900年）の精神病者監護法によって精神障害者の保護に関する規定が置かれたことに端を発している。大正8年（1919年）には，精神病院法が制定され，精神疾患に対する公共の責任として公的精神病院を設置する考え方が明らかにされた。そして，戦後の1950年には，上記の2つの法律を引き継ぐ形で精神衛生法が制定され，数度の改正を経つつ，同法に基づく精神保健行政が展開されていった。その後，精神

---

[87] 「精神薄弱者収容授産施設の設置及び運営について」1964年5月27日社発第279号。

[88] 18条3項（当時）で，「精神薄弱者授産施設は，18歳以上の精神薄弱者であって，雇用されることが困難なものを入所させて，自活に必要な訓練を行うとともに，職業を与えて自活させることを目的とする施設とする」旨が定められた。

[89] 「精神薄弱者福祉工場の設置及び運営について」1985年5月21日発児第104号。

[90] 村上和光・松原義弘「障害をもつ人々の福祉的就労に関する法制の現状と課題」金沢大学教育学部紀要46号（1997年）135頁。

第1節　障害者雇用政策

保健行政は，1987年に，大きな転換を図られることとなる。精神障害者の人権に配慮した適正な医療及び保護の確保[91]と精神障害者の社会復帰の促進を図る観点から，精神衛生法が改正され，法律の名称も，精神保健法に改められることとなったのである。そして，1995年には，さらなる福祉施策の充実を図ることを目的として[92]，精神保健法が改正され，法律名は「精神保健及び精神障害者福祉に関する法律」（以下，精神保健福祉法と言う）に改められて現在に至っている[93]。

　精神障害者の授産施設に関する規定は，精神保健行政の転換が図られた1987年の精神保健法によって導入された。精神保健法において，同施設は，「雇用されることが困難な精神障害者が自活することができるように，低額な料金で必要な訓練を行い，及び職業を与えることにより，その者の社会復帰の促進を図ること」を目的とする施設であることが規定された（50条の2〔当時〕）[94]。そして，精神障害者福祉工場については，1995年の精神保健福祉法の改正によって，その設置が規定されることとなった。精神障害者福祉工

---

[91] 背景には，宇都宮病院事件（医師や看護師等の医療従事者が不足する中で，無資格者による診療やレントゲン撮影が横行し，また，看護助手らの暴力によって患者が死亡するに至った事件）等の精神病院の不祥事があった。精神保健福祉研究会（監修）『三訂　精神保健福祉法詳解』中央法規出版（2007年）13頁。

[92] 精神障害者に対しては，従来，保健医療対策の枠組みの中で施策が行われており，福祉的側面が脆弱であった。しかし，1983年に始まる国連障害者の10年等を契機として，障害者施策全般の進展が見られる中で，精神障害者についても，徐々に，精神疾患を有する患者であるとともに，日常生活や社会生活上の支障を有する障害者であるという捉え方が広がり，福祉施策の必要性が認識されるようになった。前掲・精神保健福祉研究会（監修）書20-21頁。

[93] 前掲・精神保健福祉研究会（監修）書3-49頁。

[94] なお，身体障害者授産施設を含む身体障害者更生援護施設については，国は「設置しなければならない」（身体障害者福祉法27条1項〔2005年法改正前〕）と定められており，国に設置が義務付けられているのに対して，知的障害者授産施設を含む知的障害者援護施設及び精神障害者授産施設を含む精神障害者社会復帰施設については，都道府県・市町村は，「設置することができる」（知的障害者福祉法19条1項2項，精神保健福祉法50条1項2項〔2005年法改正前〕）となっており，国や地方自治体に設置義務が課されていなかった。そのため，特に，精神障害者の授産施設は，整備が遅れたことが指摘されている。前掲・村上・松原論文（1997年）141頁。

場は，通知ではなく法令に根拠がある点において，身体障害者福祉工場及び知的障害者福祉工場とは異なっている。精神障害者福祉工場は，精神保健福祉法において，「通常の事業所に雇用されることが困難な精神障害者を雇用し，及び社会生活への適応のために必要は指導を行うことにより，その者の社会復帰の促進及び社会経済活動への参加の促進を図ることを目的とする施設」であるとされている（50条の2〔当時〕）。この精神障害者福祉工場にも，他の福祉工場と同様，労働法の適用がある[95]。

(d) 法外施設の発展

以上のように，障害者福祉各法に基づいた施設が設置される一方で，一般雇用の場や，授産施設での就労が困難な障害者，及び，授産施設の不足により授産施設に入所できない障害者のための受け皿として，小規模作業所も創設されていった。この小規模作業所は，障害者やその家族，ボランティア等によって自主的に設立されてきたもので，法律に根拠を有しない法外施設である[96]。1950年代から設置され始め，70年代以降，特に，授産施設の不足を補うものとして急速に増加していった[97]。

小規模作業所は，無認可の法外施設ではあるが，一定の要件を満たせば，国庫補助や地方自治体による補助金が支給されることとなっていた。例えば，国による小規模作業所への補助事業は，次の3つの通知によって実施された。すなわち，①「知的障害者通所援護事業等助成費の国庫補助について」（1979年4月11日児発第67号）（添付別紙「知的障害者通所援護事業助成費補助金交付要綱」），②「在宅重度障害者通所援護事業について」（1987年8月6日社更第185号）（添付別紙「在宅重度障害者通所援護事業実施要項」），③「精神障害者小規模作業所運営事業等助成費の国庫補助について」（1990年8月27日健医発第200号）（添付別紙「精神障害者小規模作業所運営事業等助成費補助金交付要項」）である。これら通知によって支給される補助金は，社会福祉法人全日本手をつなぐ育成会（知的障害者），社会福祉法人日本身体障害者団体連合会（身体障害者），社会福祉法人全国精神障害者家族会連合会（精神障害者）（現

---

95 「精神障害者社会復帰施設の設置及び運営について」1988年2月17日健医発第143号。
96 前掲・村上・松原論文（1997年）134頁。
97 青山大介「障害のある人の福祉的就労の現状と課題」中央大学大学院研究年報31号（2001年）407頁。

在は解散）を通じて，それぞれの会に加盟する小規模作業所へと交付される仕組みとなっていた。

B 障害者自立支援法（2005年）

2005年法改正前までの授産施設は，上述のように，障害種別ごとの縦割りの法律で定められていた。しかし，これは，制度を非常に複雑にさせるというデメリットを有していた。そこで，2005年に制定された障害者自立支援法は，障害種別を超えた共通の新たな障害福祉サービス体系の構築を目指す中で，従来の授産施設等についても機能に着目した再編成を行い，3障害（身体，知的，精神）共通の事業体系を構築することとした[98]。

事業体系の整理に際しては，「障害者がもっと働ける社会の実現」という障害者自立支援法の目的も考慮された[99]。この就労支援強化の方針は，2004年10月に厚生労働省障害保健福祉部が発表した「今後の障害保健福祉施策について（改革のグランドデザイン案）」でも，示されていたことであるが，このような就労支援強化の方針が採用された背景には，従前，働きたいと考えている障害者に対する就労の場を確保する支援が十分でなかったことがある。以上のような背景のもと法の整備が行われ，福祉的就労の場は，2005年法によって，①就労移行支援，②就労継続支援（A型），③就労継続支援（B型）の3つに再編成されることとなった。そして，働く意欲と能力のある障害者が企業等で働けるよう，福祉の側から支援を行っていくことが確認された。

---

[98] なお，これより以前にも，障害の種別を超えて授産施設間の相互利用を可能にする措置は取られていた（「授産施設の相互利用制度について」1993年6月30日社援更第200の1号，「身体障害者，知的障害者及び精神障害者に係る授産施設の相互利用制度について」2000年11月15日障第845号等による）が，実際に利用可能な施設は少なく，受入れ設備も十分ではなかったことが指摘されている。前掲・青山論文（2001年）410頁。

[99] 障害者自立支援法は，他に，①障害者福祉サービスの「一元化」，②地域の限られた社会資源を活用できるようにするための「規制緩和」，③公平なサービス利用のための「手続きや基準の透明化，明確化」，④増大する福祉サービス等の費用を皆で負担し支え合う仕組みの強化を目的とした。http：//www.mhlw.go.jp/topics/2005/02/tp0214-1a.html

C　成長力底上げ戦略（基本構想）(2007年)

　2007年2月に取りまとめられた「成長力底上げ戦略（基本構想）」[100]では，2007年度を初年度とする「『福祉から雇用へ』推進5か年計画」を策定し，実施していくことが決められた。その目的は，「福祉から雇用へ」という基本的考え方を踏まえ，公的扶助（福祉）を受けている人等について，セイフティネットを確保しつつ，可能な限り就労による自立・生活の向上を図ることにある。この中で，障害者についても，就労移行に関する5年後の具体的な目標を設定し，福祉（就労支援）及び雇用（受入促進）の両面にわたる総合的な取組みを進めることで，福祉的就労から一般雇用への移行を推進することが確認された。

　加えて，同戦略では，「『福祉から雇用へ』推進5か年計画」の一環として，「工賃倍増5か年計画」によって福祉的就労の底上げを行っていくことも確認された。民間企業の有するノウハウや技術を積極的に活用すること，工賃水準の確保につながるよう企業からの発注を奨励する仕組みを拡大すること等の方針が示され，それらが，具体的に実施されている（発注促進税制〔後述〕は，その1つと言えよう）[101]。

100　「成長力底上げ戦略（基本構想）」は，①職業能力形成の機会に恵まれない人，②経済的自立（就労）を目指していながら，その機会に恵まれない人，③生産性を向上させ賃金の底上げを目指していながら，その機会に恵まれない中小企業を対象とするものである。障害者は，主として②に該当する。

101　この他，国や地方公共団体等に優先的に「障害者就労施設」から物品等を調達するよう努力義務を課すこと等を盛り込んだ障害者優先調達推進法（「国等による障害者就労施設等からの物品等の調達の推進等に関する法律」）が，2012年6月に公布され，2013年4月より施行されている。なお，身体障害者福祉法25条には，国や地方自治体の授産施設からの優先購入の規定があるが，この規定は，実際には，様々な抜け道が用意されており，その機能を果たしていないことが指摘されていた。前掲・青山論文（2001年）408頁。丸山一郎『障害者施策の発展──身体障害者福祉法の半世紀』中央法規出版（1998年）215頁。
〔参考〕身体障害者福祉法25条1項：身体障害者の援護を目的とする社会福祉法人で厚生労働大臣の指定するものは，その援護する身体障害者の製作した政令で定める物品について，国又は地方公共団体の行政機関に対し，購買を求めることができる。2項：国又は地方公共団体の行政機関は，前項の規定により当該物品の購買を求められた場合において，適当と認められる価格により，且つ，自らの指定する期限内に購買

D 小　括

　福祉的就労は，障害者福祉各法によって規定され，展開されてきた。1949年には身体障害者福祉法，1960年には精神薄弱者福祉法（現・知的障害者福祉法）が制定され，障害者が訓練を行いながら，職業活動に従事する授産施設が設置されることとなった。また，精神障害者についても，1987年の精神保健法によって授産施設に関する規定が設けられた。そして，その一方で，授産施設とは異なり労働法の適用がある福祉工場も，各障害者について，順次，設けられていった。

　しかしながら，こうした障害種別に縦割りの法体系は，制度を非常に複雑なものとした。そこで，2005年の障害者自立支援法は，障害種別を超えた共通の新たな障害福祉サービス体系を目指す中で，従来の授産施設等についても機能に着目した再編成を行い，3障害（身体，知的，精神）に共通の事業体系を構築することとした。これにより，現在，福祉的就労の場は，①就労移行支援，②就労継続支援（A型），③就労継続支援（B型）の3つに再編成されるに至っている。

2　現　行　制　度

　それでは，次に，現行制度の確認を行っていこう。
　まず，障害者に通常の労働市場での就労機会の保障を行っている障害者雇用促進法の内容を確認し（(1)），次いで，通常の労働市場における雇用が困難な障害者に対して，福祉的就労の場を提供している障害者総合支援法[102]の内容を確認する（(2)）。そして，その後，通常の労働市場で働く障害者，

　　することができるときは，自らの用に供する範囲において，その求に応じなければならない。但し，前項の社会福祉法人からその必要とする数量を購買することができないときは，この限りでない。3項：国の行政機関が，前2項の規定により当該物品を購買するときは，第1項の社会福祉法人の受注，納入等を円滑ならしめることを目的とする社会福祉法人で厚生労働大臣の指定するものを通じて行うことができる。4項：社会保障審議会は，この条に規定する業務の運営について必要があると認めるときは，国又は地方公共団体の機関に対し，勧告をすることができる。
[102]　2005年の障害者自立支援法は，2012年6月に成立した「地域社会における共生の実現に向けて新たな障害保健福祉施策を講ずるための関係法律の整備に関する法律」により，2013年4月から，障害者総合支援法となった。

及び，福祉的就労の場で働く障害者に対する就労所得保障（賃金保障）が，どのように実現されているのか（あるいは，実現されていないのか）の確認を行いたい。

(1) 就労機会の保障：通常の労働市場（障害者雇用促進法[103]）

障害者雇用促進法の目的は，障害者の職業生活における自立の促進，及び，障害者の職業の安定を図ることにある（障害者雇用促進法1条）。同法は，以上の目的を果たすための手段として，①身体障害者又は知的障害者を対象とする雇用義務（率）制度，及び，②職業リハビリテーションの実施等を定めている。

A 雇用義務（率）制度

障害者雇用促進法は，障害者が，経済社会を構成する労働者の一員として，職業生活においてその能力を発揮する機会を与えられるように（3条），すべての事業主に対して，社会連帯の理念に基づき，①障害者である労働者が有為な職業人として自立しようとする努力に対して協力する責務，及び，②障害者の能力を正当に評価し，適当な雇用の場を与えるとともに適正な雇用管理を行うことにより障害者の雇用の安定を図るよう努力する義務を課している（5条）。

特に，身体障害者又は知的障害者の雇用については，「すべての事業主は，……社会連帯の理念に基づき，（彼らに）適当な雇用の場を与える共同の責務を有するものであつて，進んで身体障害者又は知的障害者の雇入れに努めなければならない」（37条）と規定しており，これが，雇用義務の根拠となっている。

(a) 雇 用 率

以上の雇用義務に実効性を持たせるために設けられているのが，雇用率制度である。常用労働者数が一定数以上の事業主は，障害者の雇用促進を図るために，一定の雇用率に達する人数の身体障害者又は知的障害者を雇用しな

---

[103] 以下の記述については，法令の他，前掲・田口論文（2009年）7-16頁，成田史子「第2章第2節第2款 現行の障害者雇用促進法の内容」『障害者雇用に関する比較法研究』労働問題リサーチセンター（2009年）28-38頁を参照した。

表 1　重度障害者，短時間労働者のカウント方法

障害の種類	障害の程度	週所定労働時間30時間以上	同20時間以上30時間未満
身体障害者	重度	1人を2人として算定	1人を1人として算定
	重度以外	1人を1人として算定	1人を0.5人として算定＊
知的障害者	重度	1人を2人として算定	1人を1人として算定
	重度以外	1人を1人として算定	1人を0.5人として算定＊
精神障害者		1人を1人として算定	1人を0.5人として算定

＊2010年7月以降

ければならないことが定められている（43条1項）。

　2013年4月より，雇用率は，一般の民間企業については2.0％[104]，国，地方公共団体及び特殊法人等については2.3％，都道府県等の教育委員会については2.2％となっている。これらの数値は，身体障害者及び知的障害者に対し，一般労働者と同じ水準の常用労働者となり得る機会を与えるために，労働者（失業中の者を含む）の総数に占める身体障害者・知的障害者である労働者（失業中の者を含む）の総数の割合を基準として決定されている（5年ごとに見直し）（43条2項）。

　(b)　雇用率の算定

　雇用義務の対象となるのは，身体障害者及び知的障害者である。しかし，雇用率の算定に際しては，精神障害者（精神障害者福祉手帳所持者）も計算に入れることができる（71条）。

　重度身体障害者及び知的障害者を雇用した場合には，1人を2人として算定するダブルカウントが認められている（43条4項，施令10条）。また，週の所定労働時間が20時間以上30時間未満の短時間労働者についても，2010年7月以降は算入が可能となり，0.5としてカウントされている（43条3項，施行規則6条）。

　(c)　算定特例

　雇用義務（法定雇用率＝2.0％）は，事業主（企業）ごとに義務付けられている。したがって，雇用率の算定も，事業主（企業）ごとに行われるのが原

104　常用労働者数50名以上の事業主が，雇用義務をの対象となる。

則である。しかし，障害者の雇用の促進及び安定を図ることを目的として，いくつかの算定特例が認められている。

1つめが，特例子会社制度である。これは，事業主が障害者の雇用に特別の配慮をした子会社を設立し，一定の要件を満たす場合には，特例として，その子会社に雇用されている労働者を親会社に雇用されているものとみなして，実雇用率を算定するというものである（44条）[105]。

2つめが，2009年4月から施行された企業グループ算定特例である。これは，特例子会社が設立されていない場合であっても，グループ企業の場合には，一定の要件を満たせば，グループ全体で実雇用率を算定することができるとするものである（45条の2）。

さらに，3つめとして，事業協同組合等算定特例も認められている。これも，2009年4月から施行された特例で，中小企業が，事業協同組合等を活用して協同事業を行う場合に，一定の要件を満たせば，事業協同組合等とその組合員である中小企業とで，実雇用率を通算することを可能にしている（45条の3）。

(d) 納付金制度

雇用義務を確かなものとするために，雇用率未達成の事業主[106]に対しては，納付金の支払いが義務付けられている（53条）。従来，納付金の支払いが義務付けられていたのは，常用雇用労働者が301人以上の事業主であった

---

[105] 特例子会社制度に対しては，ノーマライゼーションの原則に反する等の批判がないわけではないが，次のようなメリットがあると考えられている。まず，事業主にとってのメリットとしては，①障害の特性に配慮した仕事の確保・職場環境の整備が容易となり，障害者の能力を十分に引き出すことができる，②職場定着率が高まり，生産性の向上が期待できる，③障害者の受入れにあたっての設備投資を集中化できる，④親会社と異なる労働条件の設定が可能となり，弾力的な雇用管理が可能となるといったことが挙げられている。また，障害者にとってのメリットとしては，①雇用機会の拡大が図られる，②障害者に配慮された職場環境の中で，個々人の能力を発揮する機会が確保されるといったことが挙げられる。2012年6月1日現在，特例子会社の認定を受けている企業は349社あり，1万7743.5人の障害者が雇用されている（「平成24年障害者雇用状況の集計結果」）。

[106] 法定雇用率達成企業の割合は，2012年6月1日現在，46.8％である（前掲・「平成24年 障害者雇用状況の集計結果」）。

表2　2012年6月1日現在の雇用率達成状況

主体（法定雇用率）	実雇用率	障害者数
国（2.1％）	2.31％（前年比＋0.07）	7105.0人
都道府県（2.1％）	2.43％（前年比＋0.04）	7882.0人
市町村（2.1％）	2.25％（前年比＋0.02）	2万3730.5人
都道府県等教育委員会（2.0％）	1.88％（前年比＋0.11）	1万2677.5人
独立行政法人等（2.1％）	2.13％（前年比＋0.05）	7647.0人
民間企業（56人以上規模）（1.8％） ・1000人以上規模企業 ・500〜999人規模企業 ・300〜499人規模企業 ・100〜299人規模企業 ・56〜99人規模企業	1.69％（前年比＋0.04） ・1.90％ ・1.70％ ・1.63％ ・1.44％ ・1.39％	38万2363.5人＊

＊　身体障害者：29万1013.5人、知的障害者：7万4743.0人、精神障害者：1万6607.0人
出典：「平成24年 障害者雇用状況の集計結果」

が、2008年の法改正により、納付金の支払いが課せられる事業主の規模は、常用雇用労働者数101人以上の事業主に拡大された（常用雇用従業員数201人以上の事業主については2010年7月から、101人以上の事業主については2015年4月から適用される）。この適用範囲の拡大の目的は、中小企業における障害者雇用の促進を図ることにあった。

　納付金の額は、不足する雇用すべき障害者1人につき、月額5万円である（施行令17条)[107]。

　他方、この納付金を財源として、雇用率を超えて障害者を雇用する納付金支払義務のある事業主に対しては、その経済的な負担を軽減し、障害者の雇用に伴う経済的負担の調整を図るために、雇用調整金が支給される（49・50条）。雇用調整金の額は、雇用義務を超えて雇用する障害者1人につき、2万7000円である（施行令15条）。さらに、納付金支払義務のない事業主で、その支給を受けるために必要な障害者数（4％又は6人）を超えて雇用している事業主には、超えた障害者1人につき2万1000円の報奨金が支給される（附則4条2・3項、施行規則3条3項）。

---

[107] 中小企業について制度の新規適用から5年間は月額4万円。

(e) 雇用率達成指導

常用労働者数から除外率により除外すべき労働者を控除した数が50人以上の事業主は，毎年1回，障害者雇用状況を公共職業安定所に報告しなければならないことになっている（43条7項）。そして，障害者雇用率が未達成である事業主に対しては，身体障害者又は知的障害者の雇入れに関する計画（以下，「雇入れ計画」と言う）の作成が，厚生労働大臣により命ぜられることがある（46条1項）。作成された雇入れ計画が，法令の意図するところから見て著しく不適当な場合には，厚生労働大臣は，雇入れ計画を作成した事業主に対して，その変更を勧告することができ（46条5項），特に必要がある場合には，その適正な実施に関して勧告することもできることになっている（46条6項）。

さらに，雇入れ計画を策定した事業主が，正当な理由なく，計画の変更勧告や適正実施に関する勧告に従わないときには，厚生労働大臣は，その旨を公表することもできる（47条)[108]。公表という社会的制裁を含む以上のような方法によって，障害者の雇用促進が図られるようになっている。

(f) 事業主に対する助成等

この他，障害者雇用納付金制度では，納付金を財源として，様々な助成制度が用意されている。在宅就業の障害者や在宅就業支援団体への仕事の発注を奨励することを目的とする特例調整金・報奨金（74条の2，附則4条2・4項）を始めとして，事業主の経済的負担を軽減し，障害者の雇用促進や雇用継続を図ることを目的とする以下のような助成金が存在する。障害者作業施設設置等助成金（49条1項2号），障害者福祉施設設置等助成金（同項3号），障害者介助等助成金（同項4号），職場適応援助者助成金（同項4の2号），重度障害者等通勤対策助成金（同項5号），重度障害者多数雇用事業所施設設

---

[108] 2007年度には，「雇入れ計画作成命令」が692社に対し発出され，雇入れ計画の「適正実施勧告」が143社に対して実施された。雇入れ計画を実施中の企業は，2007年度末現在，2099社に及ぶ。さらに，企業名の公表については，1991年度に4社，2003年度に1社，2004年度に1社，2005年度に2社，2006年度に2社，2007年度に3社の企業名が公表されている。「公的機関，民間企業の障害者雇用は着実に進展（平成20年6月1日現在の障害者の雇用状況について）」10頁。

置等助成金（同項6号），障害者能力開発助成金（同項7号）等である[109]。

B 職業リハビリテーション

(a) 職業リハビリテーションの原則

もう1つの柱である職業リハビリテーションは，障害者に対して職業指導，職業訓練，職業紹介等を行い，障害者の職業生活における自立を図るものである（2条7項）。職業リハビリテーションの措置は，障害者各人の障害の種類及び程度並びに希望，適性，職業経験等の条件に応じ，総合的かつ効果的に実施されると同時に，必要に応じ，医学的リハビリテーション及び社会的リハビリテーションの措置との適切な連携の下に実施されるものとされている（8条）。

(b) 職業リハビリテーションの実施機関

職業リハビリテーションの実施機関としては，公共職業安定所（ハローワーク），障害者職業センター，及び，障害者就業・生活支援センターが存在している。それぞれについて，以下で確認していく。

(i) 公共職業安定所（9～18条）

まず，公共職業安定所では，障害者の雇用を促進するために，就職を希望する求職登録障害者に対して，適性検査や職業指導などが実施される。そして，事業主に対しては，雇入れ，配転，作業補助具，作業設備又は環境その他の障害者の雇用に関する技術的事項について，助言や指導が提供されることとなっている。さらに，公共職業安定所では，障害者の求職に関する情報の収集，事業主に対する情報の提供，障害者の雇入れに関する勧奨等も行われる。公共職業安定所は，国の機関であり，サービスは無料で提供される。

(ii) 障害者職業センター（19～26条）

次に，障害者職業センターでは，専門的な職業リハビリテーションが提供される。障害者職業総合センター，広域障害者職業センター，地域障害者職業センターの3つが存在し，各センターには，職業リハビリテーションの専門家として，障害者職業カウンセラーが配置されている。これらの場所で提

---

[109] 詳細は，独立行政法人高齢・障害・求職者雇用支援機構のホームページ（http://www.jeed.or.jp/）を参照。

供されるサービスは，すべて無料である。

まず，障害者職業総合センター（全国に1か所）は，障害者職業センターの中核的機関として，職業リハビリテーションに関する調査・研究，情報の収集・提供，専門家の養成・研修等を行うと同時に，広域障害者職業センターや地域障害者職業センターに対する指導・助言等を行っている。

次に，広域障害者職業センター（全国に2か所）は，障害の特性に合わせ，訓練生ごとの個別の訓練カリキュラムに沿って訓練を提供している。隣接する医療機関等とも連携して，広範囲の地域にわたり，障害者に対して，職業評価，職業指導等の職業リハビリテーションを系統的に提供している。

そして，地域障害者職業センター（全国に47か所，支所5か所）は，都道府県における職業リハビリテーションの中核として，公共職業安定所等の関係機関と連携しつつ，障害者に対して，職業評価，職業指導，職業準備訓練，職場適応援助等の職業リハビリテーションを，個々の障害に応じて実施している。また，同センターは，事業主に対する助言や支援も行っている。

(iii) 障害者就業・生活支援センター（27～33条）

最後に，障害者職業・生活支援センターは，職業生活における自立を図るために就業面及び日常・社会生活面の双方の支援を必要とする障害者に対して，就業面・生活面の支援を一体的に提供するものである。就業面の支援としては，就職への準備支援や職場定着に向けた支援や，事業主への雇用管理についての助言等が行われ，関係機関との連絡調整も図られる。また，生活面での支援としては，生活習慣の形成や，健康管理，金銭管理等に関する助言，住居や年金，余暇活動に関する助言等が行われる。

C 小　括

以上，①雇用義務（率）制度，及び，②職業リハビリテーションの内容を確認してきた。日本における障害者雇用政策は，この2つを中心に展開されている。

雇用義務（率）制度は，常用労働者数50名以上の事業主に対して，雇用率に達する人数の身体障害者又は知的障害者の雇用を義務付けるものである。雇用率は，一般の民間企業については2.0％に設定されている（2013年4月現在）。雇用率を達成することができなかった事業主には，納付金の支払いが

義務付けられており（ただし，常用雇用労働者が101人以上の事業主のみ），また，雇用率未達成で，障害者の雇入れ計画に関する厚生労働大臣の勧告に従わない事業主については，その旨が公表される社会的制裁も用意されている。こうした納付金や社会的制裁の制度によって，事業主に対して，障害者雇用に対するインセンティブが与えられていると言える。しかしながら，他方で，雇用率の算定に際して重度障害者をダブルカウントする制度や，算定特例制度（例えば，特例子会社制度）等，障害者を雇う事業主の側に配慮する制度も設けられている。これらの制度は，使用者側の負担を軽減する側面と，使用者側に障害者を雇用しやすい環境を提供する側面とを合わせ持っている。この他，雇用率を超えて障害者を雇用した事業主に対しては，納付金を財源として調整金や報奨金が支払われることにもなっている。こうした制度を通じて，障害者の雇用に伴い事業主の側に生じる経済的負担の調整が図られることとなっている。

　もう1つの柱である職業リハビリテーションは，公共職業安定所，障害者職業センター，障害者就業・生活センターによって提供されている。職業指導，職業訓練，職業紹介等を内容とし，これらを通じて，障害者の職業生活における自立が図られている。

(2) **就労機会の保障：福祉的就労（障害者総合支援法）**
　次に，福祉的就労に関する現行制度を確認する[110]。福祉的就労の場は，通常の労働市場での就労が困難な障害者にとって，日中活動の場，仕事仲間との交流の場として，また，心身機能の低下の防止，一般雇用へ向けた職業訓練の場として，重要な意味を持っている。

　福祉的就労は，2005年の障害者自立支援法によって，抜本的に改正された。障害者自立支援法は，2013年4月より，障害者総合支援法へと名称が変わったが，福祉的就労に関して定めている，自立支援給付の中の「訓練等給付」の部分については，変更はない。以下では，障害者総合支援法が定める「訓練等給付」について確認していきたい。具体的には，①就労移行支援，②就

110　以下の記述は，基本的に，障害者福祉研究会編『逐条解説 障害者自立支援法』中央法規（2007年）456-459頁による。

労継続支援（A型），③就労継続支援（B型）の3つを見ていく[111]。

A　就労移行支援

まず，就労移行支援は，一般就労を希望し，知識・能力の向上，実習，職探し等を通じて，適性にあった職場への就労等が見込まれる者（65歳未満）を対象とするものである。職業訓練機能をより明確に打ち出したもので，文字通り，一般就労への移行を目指す[112]。

具体的な利用者像としては，①養護学校を卒業したが，就労に必要な体力や準備が不足しているため，これらを身につけたいと考えている者，②体力や適性などの理由で離職したが，再度，訓練を受けて，適性にあった職場で働きたいと考えている者，③施設を退所し，就労したいが，必要な体力や職業能力等が不足しているため，これらを身につけたいと考えている者等が列挙されている。

就労移行支援の利用者は，24か月以内を標準期間として，就労に必要な知識及び能力の向上のために必要な訓練を受けることができる。提供されるサービスには，例えば，一般就労への移行に向けた事業所内や企業での作業や実習，適性にあった職場探し，就職後の職場定着支援等がある。通所によるサービス利用が原則であるが，個別支援計画に基づき，職場訪問等の施設外のサービスを組み合わせることもある（最大180日）。

就労移行支援を展開する事業には，介護給付費等単位数表で定められた報酬単価に応じて，報酬が支払われる。報酬単価は，利用定員数により異なるが，例えば，定員が21人以上40人以下の場合の報酬単価は，742単位である（2012年4月施行版）。地域により1単位の単価は異なるが，概ね10を掛ければ1日の報酬となる。なお，就労移行支援については，一般就労へ移行した後の定着率に応じて報酬の評価上乗せがあり，これが，一般雇用への移行を

---

[111] 従来の福祉工場は，概ね，②の就労継続支援A型，授産施設は，③の就労継続支援B型へと再編されている。①の就労移行支援については，従来より，一般就労への移行に重点をおいたサービスを提供していた施設が就労移行支援に転換したとされている。

[112] 2005年の障害者自立支援法では，特に，就労移行支援を前面に出した事業が創設されたことが，注目された。

促進する機能を果たしている。

なお、就労移行支援の利用者は、原則として、上記報酬単価の1割を自己負担することとなっている（就労継続支援〔A・B型〕も同じ）[113]。

B 就労継続支援（A型）

就労継続支援には、A型とB型とがある。A型は、一般に雇用型と呼ばれ、原則として、労働法の適用がある。他方、B型は、非雇用型と呼ばれ、労働法の適用がない[114]。

---

113 訓練等給付として提供される就労移行支援及び就労継続支援の利用には、原則として、1割の利用者負担が課せられる。低所得者には負担軽減策等が用意されているものの（負担軽減措置の詳細については、第3節を参照）、これに関しては、「働きに来て、お金を払うのはおかしい」等の批判が、多くの障害当事者・障害者団体からなされた。とりわけ、授産施設等では、「月額工賃の1万円を得るのに、利用料と昼食代を合わせて2万5000円を支払わなければならなくなった」という工賃と利用料の逆転現象も発生したことが指摘されている。朝日雅也「障害者の就労の現状と所得保障」国民生活研究46巻3号（2006年）46-47頁。また、就労移行支援の場合に利用料が発生することについては、障害者雇用促進法に基づく職業リハビリテーションが無料で提供されていることとの比較で、問題がないか、検討の余地もある（職業能力開発促進法に基づく職業訓練では、訓練が無料で提供されるだけでなく、訓練手当も支給される〔職業能力開発促進法23条1項2号〕）。なお、福祉的就労の場で生じる利用料の問題に関しては、2009年3月に国際労働機関（ILO）が出した報告書の結論が注目される。このILO報告書は、全国福祉保育労働組合が、2007年8月、日本の障害者雇用政策は職業リハビリテーション及び雇用（障害者）条約（ILO159号条約）に違反しているとして行ったILOへの申立てに対する回答を示すものである（報告書の邦語訳は、http：//fukuho-e. net/fukuho. org/ILOJ. pdfで入手できる）。ILO報告書は、日本の障害者雇用政策について「条約違反」とまでは明言はしていない。しかし、ILO報告書は、特に、職業リハビリテーションの目的で就労継続支援事業B型を利用している障害者の利用料支払義務について、利用料の減額に対する日本政府の取組みに注目しつつも、懸念を示し、職業リハビリテーション・サービスの無料提供を提言するILO99号勧告に鑑み、障害者が、就労継続支援の利用を阻止・排除されることがないよう、また、一般雇用への参入ができるよう、あらゆる取組みが実施されることを希望する旨を述べている（77・79段落）。

114 A型利用者（雇用有）については、労働基準法上の労働者であることから、雇用するにあたっては、労働基準関係法令を遵守することとされている。他方、労基法上の労働者ではないとされるA型利用者（雇用無）及びB型利用者については、①欠席、

まず、就労継続支援A型は、一般就労は困難であるが、生産活動に係る知識や能力の向上を図ることにより、労働契約に基づく就労が可能な者が対象となる。具体的には、①就労移行支援事業を利用したが、企業等の雇用に結びつかなかった者、②特別支援学校を卒業して就職活動を行ったが、企業等の雇用に結びつかなかった者、③企業等での就労経験はあるが、現在は雇用関係にない者、さらには、④施設を退所して就労を希望するが、一般就労するには必要な体力や職業経験が不足している者等が対象となる。

A型事業所では、原則として、通所によって、労働契約に基づく就労の機会の提供、及び、一般就労に必要な知識や能力が高まった者に対する支援が行われる。A型事業所そのものが、雇用の場となる点に特徴がある。

A型事業所で労働契約に基づいて働いている者[115]には、労働基準法や最低賃金法等の労働法の適用がある。しかし、賃金については、最低賃金法7条において、「精神又は身体の障害により著しく労働能力の低い者」には最低賃金の減額が認められているため、最低賃金に満たない額で働く障害者も存在する。しかし、労働契約に基づくものであることから、労働契約に基づかないB型よりも高い水準の賃金が支払われている（賃金水準については、後述）。

A型の報酬単価は、例えば、利用者に対する人員の配置が7.5：1以上で、利用定員が21人以上40人以下の場合については、522単位と設定されている（2012年4月施行版）。また、1級の障害基礎年金を受給している利用者を一定割合以上受け入れている場合には、加算もある。なお、A型事業所は、障害者雇用納付金制度に基づく報奨金等の受理が可能とされている。

　作業時間、作業量等が自由であること、②作業量が予約された日に完成されなかった場合にも、工賃の減額、作業員の割当の停止、資格はく奪等の制裁を課さないこと、③生産活動において実施する支援は、作業に対する技術的指導に限られ、指揮監督に関するものは行わないこと、④利用者の技能に応じて工賃の差別が設けられないこと、とされている。「就労継続支援事業利用者の労働者性に関する留意事項について」2006年10月2日障障発第1002003号。

115　A型事業所では、利用定員の半数かつ9人未満の範囲内で労働契約によらない者の利用が可能とされている。

C　就労継続支援（B型）

次に，就労継続支援B型は，一般就労が困難であり，かつ，雇用契約に基づく就労も困難である者が対象となる。B型では，労働契約が締結されない点が，A型とは異なる。B型の具体的な利用者像としては，①就労移行支援事業を利用したが，必要な体力や職業能力の不足等により，就労に結びつかなかった者，②年齢や体力などの理由で一般就労の場から離れたが，生産活動を続けたい者，③施設を退所するが，50歳に達しており就労は困難な者等が挙げられている。

就労継続支援B型で提供されるサービスには，事業所内における就労機会や生産活動の機会の付与や，一般就労に向けた支援の実施等がある。雇用契約を締結していないことから，B型で就労する障害者には，労働法の適用はなく，労基法の意味での賃金の支払いは無いが，工賃の支払いがある。

B型の報酬単価は，例えば，利用者に対する人員の配置が7.5：1以上で，定員が21人以上40人以下の場合については，522単位となっている（2012年4月施行版）[116]。就労継続支援B型では，目標工賃水準を達成した場合に，報酬の上乗せがなされることとなっており，これが，工賃引上げのためのインセンティブを与えている。また，A型と同様，1級の障害基礎年金を受給している利用者を一定割合以上受け入れている場合には，加算が認められる。

D　小　括

福祉的就労に関しては，2005年の障害者自立支援法によって，その事業体系が，大きく変更された。現在は，①一般就労への移行を目指す就労移行支援，②一般就労は困難であるが，雇用契約に基づく就労が可能な者が対象となる就労継続支援A型，そして，③一般就労が困難で，かつ，雇用契約に基づく就労も困難な者が対象となる就労継続支援B型によって，一般雇用へ向けた職業訓練や職業活動の提供が行われている。

重要な特徴としては，A型では，労働法の適用があるのに対して，B型で

---

[116] 自立支援費の報酬単価は，就労移行支援の方が，就労継続支援よりも高く設定されている。ここに「福祉から雇用へ」という色合いを見ることもできるという指摘もある。朝日雅也「障害者自立支援法の影響」総合リハビリテーション36巻6号（2008年）528頁。

は，労働法の適用がない点が挙げられよう。ただし，労働法の適用があるA型でも，賃金に関しては，最低賃金法7条が，労働能力の低い障害者の賃金減額を認めていることから，最低賃金に満たない額で働く障害者も存在している。

各事業を展開する事業者には，介護給付費等単位数表で定められた報酬単価に応じて，報酬が支払われることとなっている。利用者たる障害者は，原則として，その1割を自己負担分として負担することになる。なお，報酬単価について見ると，就労移行支援事業では，一般就労へ移行した後の定着率に応じた上乗せが，就労支援B型では，目標工賃を達成した場合に上乗せがある。こうした報酬単価の決め方によって，一般雇用への移行や工賃引上げに対するインセンティブが事業者に与えられることとなっている。

(3) 賃金保障

それでは，障害者に就労の機会が提供されたとして，その就労所得の水準は，どのようになっているのであろうか。次に，働く障害者への賃金保障について確認したい。

A 通常の労働市場

まず，通常の労働市場で働く障害者には，当然，労働法の適用がある。したがって，原則として，障害者にも最低賃金が適用され，結果として，通常の労働市場で働いている障害者については，一定の所得水準を得ていることが確認されている[117]。

しかしながら，最低賃金法は，一定の場合に最低賃金を減額することを認めている（減額特例）。すなわち，最低賃金法7条1項は，厚生労働省令で

---

[117] 身体障害者については，週の労働時間が30時間以上の者は，月額26万7000円，20時間以上30時間未満の者は11万8000円，20時間未満の者は6万1000円を支払われている（平均25万円）。知的障害者については，それぞれ，月額12万5000円，8万円，4万9000円を支払われている（平均12万円）。精神障害者については，それぞれ，月額16万3000円，8万9000円，3万7000円を支払われている（平均15万1000円）。「平成15年度障害者雇用実態調査——精神障害者の雇用には，労働時間や生活面での配慮が必要（概況）」8・11・13頁。

第1節　障害者雇用政策

表3　最賃の適用除外（改正前）許可状況

		平成17年			平成18年		
		申請	許可		申請	許可	
		件数（件）	件数（件）	人員（人）	件数（件）	件数（件）	人員（人）
最賃法（旧）8条1項	精神の障害	3,465	3,377	3,377	3,582	3,492	3,492
	身体の障害	219	213	213	274	263	263

出典：厚生労働省ホームページ（http://www.mhlw.go.jp/shingi/2008/01/dl/s0128-9e.pdf）

定めるところにより都道府県労働局長の許可を受けたときには、使用者は、精神又は身体の障害により著しく労働能力の低い者について、最低賃金額から当該最低賃金額に労働能力その他の事情を考慮して厚生労働省令で定める率を乗じて得た額を減額した額を支払って良い旨を定めている。最低賃金法改正前の最賃適用除外の許可状況を示すものではあるが[118]、許可件数は、表3の通りである。

B　福祉的就労

他方、福祉的就労の場については、A型事業所で働く障害者には、労働法の適用があるものの、B型事業所で働いている障害者の多くには、労働法の適用がない。2007年5月17日付け通知「授産施設、小規模作業所等において作業に従事する障害者に対する労働基準法第9条の適用について」[119]において、「小規模作業所等で訓練等の計画が策定され、それに基づいて作業に従事する障害者」には、労働者性がないとされているからである。また、計画が策定されない場合にも、労働者性を認められるためには、①所定の作業時間内であっても受注量の増加等に応じて能率を上げるための作業が強制されていること、②作業時間の延長や作業日以外の日における作業指示があること、③欠勤、遅刻・早退に対する工賃の減額制裁があること、④作業量の割

118　2007年の最低賃金法改正により、最低賃金の適用除外許可規定は廃止され、減額特例許可規定が新設された（2008年7月施行）。

119　「授産施設、小規模作業所等において作業に従事する障害者に対する労働基準法第9条の適用について」2007年5月17日基発第0517002号。

表4 福祉的就労の場における平均工賃（月額）（2006年）

施設種別	平均工賃（賃金）
就労継続支援A型事業所	10万1117円
就労継続支援B型事業所	1万1875円
福祉工場	11万8460円
入所・通所授産施設	1万2766円
小規模通所授産施設	9274円
全施設の平均工賃（賃金）	1万5257円
工賃倍増5か年計画の対象施設*の平均賃金	1万2222円

* 就労継続支援B型事業所，入所・通所授産施設，小規模通所授産施設
出典：厚生労働省ホームページ（http://www.mhlw.go.jp/houdou/2007/10/h1031-4.html）

当，作業時間の指定，作業の遂行に関する指揮命令違反に対する工賃の減額や作業品割当の停止等の制裁があること，のいずれかに該当することが必要であるとされている。したがって，福祉的就労の場（B型）で働いている障害者には，労働法の適用がないというのが実情である[120]。

---

[120] この点，福祉的就労の場で働く障害者への労働法の適用を求める見解がある。この見解は，障害者権利条約（2006年）が，その27条1項(a)において，「あらゆる形態の雇用に係るすべての事項（募集，採用及び雇用の条件，雇用の継続，昇進並びに安全かつ健康的な作業条件を含む。）に関し，障害を理由とする差別を禁止すること」と規定したことから，とりわけ，力を得ることとなった。条約の解釈は各国政府に任されているが，仮に，福祉的就労があらゆる形態の雇用の中に含まれると解釈するのであれば，福祉的就労の場で働く障害者にも，労働法の適用を認めなければならないという結論になろう。これに関して，松井亮輔は，その論文において，①あらゆる形態の雇用の中には保護雇用が含まれる，②日本の授産施設等は，保護雇用の代表的な施設とされてきたシェルタード・ワークショップに該当する，したがって，③授産施設等での福祉的就労はあらゆる形態の雇用に含まれるとの解釈を提示している。また，松井論文では，授産施設等は，現実には訓練の場というよりは，就労の場となっているのであるから，その利用者の労働者性が認められても良いとの見解も示されている（松井亮輔「国際的動向からみた日本の『障害者就労支援』──『就労継続支援』の現状と課題を中心に」月刊福祉91巻5号〔2008年〕30-32頁）。しかし，福祉的就労はあらゆる形態の雇用の中には含まれないと解釈することも可能であり，この点をどのように考えるのかは，1つの検討課題といえる。なお，上記の注113で示したILO報

そして，福祉的就労の場（B型）で働く障害者の工賃は，労働法の適用がないこととも関連して，非常に低い水準に抑えられている（表4を参照）。労働法の適用がある就労継続支援A型事業所及び福祉工場で働く障害者の賃金の水準は，月額平均10万円を超えているが，労働法の適用のない就労継続支援B型及び授産施設では，障害者に支払われる工賃は，月額平均約1万2000円と非常に低い数値となっている。

こうした状況を打開するために，2007年以降，「工賃倍増5か年計画(2007～2011年度)」が実施され，福祉的就労の底上げが目指された。この工賃倍増計画では，民間企業等の技術やノウハウ等[121]を活用し，官民一体となって，非雇用の形態で働く障害者の工賃（賃金）を引き上げる取組みが推進されている。

加えて，2008年度からは，5年間の時限的措置として，「発注促進税制」もスタートしている。これは，障害者の働く場に対する発注額を前年度より増加させた企業および個人事業主に対し，一定の条件のもとで，減価償却資産の割増償却を認め，結果として，法人税や所得税を軽減するものである。これをきっかけとして，企業から福祉的就労の場（就労継続支援事業所等）への発注が増えること，及び，発注の増大が工賃（賃金）水準の改善につながることが期待されている[122]。

3 まとめ

以上，日本の障害者雇用政策について，沿革及び現行制度を確認してきた。以下で，日本の障害者雇用政策の特徴を，就労機会の保障方法（(1)）と賃金保障（(2)）の観点からまとめておきたい。

告書（2009年3月）は，福祉的就労に携わる障害者への労働法の適用に関して，「授産施設における障害者が行う作業を，妥当な範囲で，労働法の範囲内に収めることは極めて重要であろう」と結論づけている（75段落）。「妥当な範囲」をどのように解釈するかが，問題となろう。

121 例えば，経営コンサルタントや企業OBの受入れによる経営改善，企業経営感覚（視点）の醸成，一般企業と協力して行う魅力的な商品の開発，市場開拓等が行われている。

122 http://www.mhlw.go.jp/bunya/shougaihoken/zeisei/dl/zeisei_080513a.pdf この他，2013年4月より，障害者優先調達推進法も施行されている。注101を参照。

(1) 就労機会の保障

まず，就労機会の保障について見ると，日本の障害者雇用政策では，障害者雇用促進法が定める雇用義務（率）制度が，中心的な役割を担っていると言える。通常の労働市場における就労機会（雇用機会）の保障は，雇用義務（率）制度を通じて行われていると言って良かろう。常用労働者数50名以上の事業主に対しては，雇用率に達する人数の身体障害者又は知的障害者の雇用が義務付けられており，また，常用労働者数201名以上の雇用率未達成の事業主に対しては，納付金の支払いが課せられている（2015年4月以降は，常用労働者数101人以上の事業主が，納付金支払いの対象となる）。企業に対し障害者雇用へのインセンティブを与える制度が，整えられていると言える。ただし，企業の障害者雇用に対する負担に配慮を示す制度が整えられているのも，日本の特徴である（例えば，重度障害者のダブルカウント制度や，特例子会社制度等の算定特例）。

ところで，日本には，これまで，差別禁止規定は存在していなかった[123]。すなわち，障害者の雇用促進に関しては，雇用義務（率）制度を中心とするアプローチ（労働市場政策アプローチと呼ばれることがある）が採られており，差別禁止原則に基づくアプローチ（差別禁止アプローチ）は採られていなかった[124]。しかしながら，現在，2006年12月に国連総会で採択された障害

---

[123] ただし，障害を理由とする差別が，全く法的に保護されていなかったわけではない。障害者を差別して扱う行為は，その区別が合理性を欠くと考えられる場合には，憲法14条1項（法の下の平等）に違反するとする説（山田省三「障害者雇用の法理──その基礎理論的課題」季刊労働法225号〔2009年〕28頁）や，使用者が，障害者を障害者であるという事実のみによって差別することは，憲法22条1項（職業選択の自由）の侵害になるとする説（私人間の場合は，民法90条〔公序良俗〕に反することになる）も存在している（前掲・田口論文〔2009年〕7頁）。ただし，採用段階においては，使用者の側にも，採用の自由が広く認められており（三菱樹脂事件最大判昭和48年12月12日民集27巻11号1536頁），障害者の持つ職業選択の自由と衝突することになる。この他，既に雇用されている障害者や，雇用の途中で障害を負った者については，解雇権濫用法理（労働契約法16条）や配転法理による保護もある。さらに，宣言的ではあるが，障害者基本法4条1項は，「何人も，障害者に対して，障害を理由として，差別することその他の権利利益を侵害する行為をしてはならない」との定めを置いている。

[124] 障害を理由とする雇用（等）差別禁止原則の導入は，かねてより，多くの障害者団

者権利条約の影響を受けて，障害を理由とする差別禁止原則がまさに導入されようとしている（障害者差別解消法案，障害者雇用促進法改正法案）[125]。特に，障害者雇用促進法改正法案には，事業主の合理的配慮提供義務も盛り込まれている。こうした法改正により，これまで，雇用義務（率）制度を中心に展開されてきた日本の障害者雇用政策は，新たな局面を迎えることになろう。

　他方，通常の労働市場で働くことが困難な障害者に対しては，福祉的就労の場が提供されている。障害者総合支援法によって，現在，福祉的就労の場は，①一般就労への移行を目指す就労移行支援，②一般就労は困難であるが，雇用契約に基づく就労が可能な者が対象となる就労継続支援A型，及び，③一般就労が困難で，かつ，雇用契約に基づく就労も困難な者が対象となる就労継続支援B型に分類されている。これら福祉的就労の場が，通常の労働市場で働くことが困難な障害者に対し，就労の機会を提供する役割を担っている。2005年の障害者自立支援法によって確立されたこの事業体系は，特に，障害者の福祉的就労から一般雇用への移行にも重点を置いている点が注目される。

(2) 賃金保障

　賃金保障について確認すると，まず，通常の労働市場で働く障害者には，労働法の適用がある。最低賃金法の適用もあり，通常の労働市場で働く障害者については，一定の所得水準が確保されている（実際，週30時間以上働く身体障害者の平均月収は，26万を超えている）。しかしながら，最低賃金法は，最低賃金の減額特例の制度も設けている（最賃法7条1項）。これは，都道府県労働局長の許可を得た使用者に対して，労働能力の低減した障害者について，最低賃金を下回る額を支払うことを許すものである。したがって，障害者の

　　体や日本弁護士会によって，強く要求されてきた。日本弁護士連合会による障害者差別禁止法の制定を求める活動は，日本弁護士連合会人権擁護委員会（編）『障害のある人の人権と差別禁止法』明石書店（2002年）に詳しい。

125　なお，日本は，障害者権利条約の採択よりも前の2001年8月31日の段階で，国際人権（社会権）規約委員会から，障害者の差別を禁止する法律を制定するよう勧告を受けている。同勧告の邦語訳は，前掲・日本弁護士連合会人権擁護委員会（編）書（2002年）422-433頁に掲載されている。

中には，最低賃金を保障されずに働いている者もいる。なお，日本では，最低賃金を保障するために，何らかの形で賃金補塡を行う制度は，整えられていない。

次に，福祉的就労の場に目を転じると，雇用型と呼ばれるA型で就労する障害者には，労働法の適用があり（最低賃金の取扱いは，通常の労働市場で働く障害者と同じ），ここで働く障害者にも，一定の所得水準が保障されている（月額10万円以上）。しかし，非雇用型と呼ばれるB型で就労する障害者の多くは，労働法の適用から外されており，その工賃（賃金）水準は非常に低く抑えられている（月額平均1万2000円）。B型で就労する障害者の多くは，第2節で取り上げる障害年金を受給しており，工賃のみで，その生活費を賄うわけではない。しかし，この低水準は問題視されており，現在，工賃引上げのための取組みがなされているところである（工賃倍増5か年計画，発注促進税制）。

第2節　社会保障制度による所得保障

第2節では，障害者に対する社会保障制度による所得保障（＝狭義の所得保障）を確認していく。障害者の中には，その障害ゆえに，自らの労働による収入を得られないか，あるいは，それを著しく制限されている者もいる。こうした障害者に対しては，社会保障制度によってその生活保障を行っていくことが求められる。実際，障害者基本法15条でも，「国及び地方公共団体は，障害者の自立及び生活の安定に資するため，年金，手当等の制度に関し必要な施策を講じなければならない」と定められているところである。障害者を対象とする所得保障制度を整備することは，政府にとっての重要な政策課題の1つであると言うことができよう[126]。

現在の日本では，障害者への所得保障は，主として，①障害年金制度，②特別障害者手当制度，③生活保護制度を通じて実現されていると言える。以下では，その沿革を確認した上で，それぞれについて現行制度を確認してい

---

[126] 山田耕造「障害のある人の所得保障制度の現状と課題」ノーマライゼーション23巻6号（2003年）9頁も同旨。

きたい。

　なお，①の障害年金に関しては，障害の原因が私傷病にある場合には，国民年金法や厚生年金保険法に基づく障害年金が支給されるが，その原因が労災である場合には，労働者災害補償保険法に基づく労災年金が支給されることとなっている。労災保険も，政府が補償を行うという点では社会保障制度の1つとみることができるが，もともとは，使用者の災害補償責任の責任保険という性格をもっており，一般の社会保障制度と性格を異にする。したがって，本書では，前者の私傷病を原因とする障害に対し支給される障害年金についてのみ，検討の対象として取り上げることとする。

1　沿　革

(1) 障害者を対象とする所得保障制度の誕生

　障害者に対する公的所得保障制度については，戦前にその萌芽を見出すことができる。まず初めに，1939年に制定された船員保険法において，3年以上被保険者であった者が廃疾（障害）の状態になったときに，養老年金と同額の廃疾年金を支給する旨の規定が設けられた[127]。続く1941年の労働者年金保険法[128]でも，廃疾（障害）を保険事故とし，廃疾（障害）前5年間に3年以上の被保険者期間がある者が，被保険者期間中の傷病により一定の廃疾の状態になったときに，養老年金と同額の廃疾年金，又は，平均標準報酬月額の7か月分の廃疾病手当金を支給する旨の規定が定められた[129]。そして，

---

[127] 吉原健二『わが国の公的年金制度──その生い立ちと歩み』中央法規出版（2004年）15-17頁。

[128] 労働者年金保険法制定の背景には，日本の資本主義発展の必然的過程として，労働者を保護して労働力の合理的保全を図ることが，総資本的な立場から要請されるに至り，工場法の制定，健康保険制度，船員保険制度の創設の段階を経て，陸上労働者に対しても長期保険による保護を行う必要性が認められるに至ったことがあるが，他方で，同法は，戦時政策的色彩を強く有するものでもあった。すなわち，同法制定の直接の背景には，戦時下において，労働力の増強確保を図る必要性，及び，同法による国民購買力の抑制・強制貯蓄的機能への期待があった。『厚生年金保険法解説（改訂版）』法研（2002年）1-2頁。

[129] 厚生省保険局厚生年金保険課（編）『厚生年金保険法解説（第2版）』社会保険法規研究会（1955年）9頁。

1944年，労働者年金保険法の名称が厚生年金保険法に改められた際には，廃疾年金，廃疾病手当金の名称が，それぞれ，障害年金，障害手当金に改められ，給付の改善もなされることとなった[130]。

(2) 生活保護法の制定，厚生年金保険法の発展

終戦直後の1946年には，GHQ（連合国総司令部）の指導を受けて，（旧）生活保護法が制定され，1950年には，憲法との関係を明確にする形で旧法を改正した（新）生活保護法が制定された。以降，生活保護が，日本における最後のセイフティネットとして，生活困窮に陥った国民に「最低生活」を保障していくこととなった。

他方，戦前より存在した厚生年金保険法は，1947年の労働者災害補償保険法制定に伴い，そのカバーする範囲を修正されることとなった。すなわち，従来，厚生年金保険法でカバーされていた業務上の事由に伴う障害給付等は，労働者災害補償保険法に移管されることとなった。そして，厚生年金保険法が提供する障害年金については，改めて，障害の程度によって2等級に区分すること，1級年金の額は平均標準報酬月額の5か月分，2級年金の額は4か月分，障害手当金は10か月分とすること，受給資格期間は，業務上外を問わず6か月とすること等が定められた[131]。

その後，厚生年金保険法では，インフレに合わせて，順次，障害年金額を引き上げる改正が続いた。そして，1954年の法改正において，障害給付は，障害の程度に応じて，1級，2級並びに3級の障害年金，及び，障害手当金とすること，1級の年金額は老齢年金相当額に1万2000円を加えた額，2級の年金額は老齢年金相当額，3級の年金額は老齢年金相当額の70％，障害手当金の額は老齢年金相当額の140％相当額とすることが定められるに至った[132]。

(3) 国民皆年金の成立（1959年）

こうして，第2次世界大戦後に，厚生年金保険制度が整えられていく一方

---

130 前掲・『厚生年金保険法解説（改訂版）』（2002年）4-6頁。
131 前掲・厚生省保険局厚生年金保険課（編）書（1955年）15頁。
132 前掲・厚生省保険局厚生年金保険課（編）書（1955年）19・26・254・266頁。

で，1955年頃から，次第に，農業従事者や自営業者，零細な事業所の被用者を含む全国民に年金制度の適用を及ぼす国民皆年金制度創設の気運が盛り上がることとなった[133]。そうした中で，1959年，国民年金法が制定され，1961年には国民皆年金が実現されるに至った。

1959年国民年金法は，他の公的年金制度の適用を受けていない20歳から59歳までのすべての国民（ただし，他の公的年金の適用者及び受給者の配偶者，並びに，学生は任意加入）を適用対象とし，年金給付として，老齢年金，障害年金，母子年金，遺児年金，寡婦年金の5種類を用意した[134]。

障害年金に関しては，以下のような定めが置かれた。①障害年金は，被保険者又はかつて被保険者であった65歳未満の者が，日常生活に著しい制限を加えることを必要とする程度の廃疾の状態になった場合に，一定の保険料納付要件（事故発生前の引き続く3年[135]間の保険料を納付している等）を満たしていることを条件に支給すること，②年金額は保険料納付期間に応じ，年額2万4000円から4万2000円までの額とすること，及び，③障害の程度が日常生活の用を弁ずることを不能ならしめる程度（1級）のものであるときは，年額6000円を加算することである[136]。そして，①20歳未満で障害の状態（1級）となった者，②制度発足時に20歳以上で，既に障害の状態（1級）にある者，又は，③拠出制年金に加入し，障害の状態（1級）になるに至ったが，保険料を納付することが困難であったために拠出制年金を受けることができない者（例えば，事故発生前の引き続く3年間が保険料納付済期間又は保険料免除期間で満たされていない者等）に対しては，年額1万8000円（月額1500円）の障害福祉年金を支給することが定められた[137]。

133　前掲・吉原書（2004年）39-41頁。
134　小山進次郎『国民年金法の解説』時事通信社（1959年）36-37頁，48-59頁。
135　この期間は，1961年法改正で1年に短縮された。また，61年の法改正では，20歳未満，又は拠出制年金発足前の障害を被保険者期間中の障害との併合認定に関する規定の整備も行われた。「国民年金の歴史　第8回——創設40周年を迎えた国民年金の歩み」ねんきん41巻10号（2000年）21頁。
136　前掲・小山書（1959年）52-53頁。
137　前掲・小山書（1959年）65-67頁。

(4) 年金制度の発展（給付水準の引上げ・給付対象の拡大）

こうして，国民皆年金制度の下，一定の条件を満たす障害者には，障害年金又は障害福祉年金が支給されることとなった。そして，その後は，高度経済成長の恩恵を受けて，厚生年金及び国民年金は，ともに，急速に，その給付水準を改善していく。

まず，厚生年金保険法では，1965年の法改正で，標準的な老齢年金額が1万円へ引き上げられたのに伴い，障害年金額の引上げも行われた。この時，1級の障害年金額は，基本年金額の1.25倍に相当する額に加給年金額を加算した額，2級の障害年金額は，基本年金額に加給年金額を加算した額，3級の障害年金額は，基本年金額の0.75倍に相当する額とされ，最低保障額は，月額5000円とすることとされた[138]。次いで，1969年の法改正（標準的な老齢年金を2万円に引上げ）では，障害年金の最低保障額が，月額5000円から8000円に引き上げられ，以降，最低保障額は，順次，引き上げられていくこととなる（1971年：8800円[139]，1973年〔厚生年金の標準的年金額を月額5万円に引上げ〕[140]：2万円，1976年：3万3000円，1980年：4万1800円）。そして，1976年の法改正では，他の公的年金制度の加入期間と合算して加入期間が6か月あれば，通算障害年金を支給することが定められた[141]。

国民年金についても，同様に，給付水準の引上げが行われた。まず，1966年の最初の財政再計算において，厚生年金に合わせた給付水準の大幅な引上げが行われた。これにより，障害年金の最低保障額は，月額5000円とされた。次いで，1969年法改正では，最低保障額は，月額8000円に引き上げられ，また，1級障害年金の額を2級障害年金の額の125％相当額とすることが行われた。そして，1973年の法改正では，障害年金の最低保障額を月額2万円とする一方で，障害福祉年金の支給対象を2級にも拡大し，その支給額を月額

---

[138] 厚生省年金局年金課・社会保険庁年金保険部厚生年金保険課（編）『厚生年金保険法解説』社会保険法規研究会（1966年）366頁。

[139] 前掲・『厚生年金保険法解説（改訂版）』（2002年）60-64・73・74頁。

[140] 1973年の法改正では，老齢年金を受ける人の標準的な年金額の水準を，直近の被保険者の平均標準報酬の60％程度とする考え方が初めて取り入れられた。また，年金額の実質価値の維持，年金制度に対する信頼性の確保の観点から，年金額の自動物価スライド制が，導入された。前掲・『厚生年金保険法解説（改訂版）』（2002年）76-97頁。

[141] 前掲・『厚生年金保険法解説（改訂版）』（2002年）97・131・132・192頁。

5000円とすることが定められた（1級は月額7500円）。さらに，1976年の改正では，最低保障額は月額3万3000円となり，障害福祉年金の額は，1級で月額2万300円，2級で月額1万3500円とされた[142]。そして，他の公的年金制度の加入期間と合算して加入期間が1年以上あれば，通算障害年金を支給することとされた[143]。

このように，障害年金の給付水準は，順次，引き上げられていったが，これ以外にも，年金制度の拡充のための見直しがなされている。例えば，1964年の法改正では，障害年金の支給対象範囲が見直されている。従来，障害年金の給付対象は，外部障害者に限定されていたが，1964年の法改正で，その支給対象範囲が拡大され，結核や呼吸器疾患，精神疾患に罹患した者にも，障害年金が支給されることとなったのである。また，1965年の法改正では，精神薄弱者（知的障害者）（「精神の障害」であって他と同程度以上のもの）も支給の対象に加えられることとなった[144]。

そして，1975年には，日常生活において常時介護を必要とする在宅の重度障害者に支給することを目的として，福祉手当の創設も行われた[145]。福祉手当の創設によって，在宅の重度障害者については，介護費用をはじめとする様々な特別の負担を軽減することが可能となった。

---

142 障害福祉年金の支給額（月額）は，1974年法改正で，1級で1万1300円，2級で7500円，1975年法改正で，1級で1万8000円，2級で1万2000円に引き上げられていた。

143 社会保険庁年金保険部国民年金課（編）『国民年金25年のあゆみ』ぎょうせい（1985年）158・180・210・213・217・220・228・229頁。

144 「国民年金の歴史 第9回──創設40周年を迎えた国民年金の歩み」ねんきん41巻11号（2000年）20-21頁。前掲・社会保険庁年金保険部国民年金課（編）書（1985年）140-147頁。

145 福祉手当の創設は，在宅の重度障害者については，介護費用をはじめとして様々な特別の負担があるため，各種の在宅福祉サービス及び一般的な所得保障施策である年金制度とは別に，何らかの援護措置を新たに設けるべきであるという議論が生じたことによる。芝田文男「障害者の福祉・雇用への道標──国際障害者年を契機に 第4章 所得保障」時の法令1126号（1981年）24頁。

(5) 障害基礎年金の創設（1985年）

公的年金制度は，1959年法により国民皆年金を実現して以降，給付水準の引上げや支給対象範囲の拡大によって，制度の改善を図ってきた。しかし，1970年代後半頃から，次第に，各制度間の不均衡や格差が問題とされるようになる。そして，とりわけ，老齢年金に関して，人口の高齢化に対応した年金財政の長期的安定のために，給付と負担とを見直していくことが，大きな課題となっていった[146]。

そうした状況の中で，1985年に，年金制度の抜本的改正が実施された。そして，この1985年法改正によって，国民年金の加入者は，20歳以上60歳未満の全国民に拡大され，国民年金は，全国民に共通する基礎年金を支給する制度へと変容することとなった。

1985年法改正による基礎年金の導入は，障害者の所得保障制度にも，大きな進展をもたらした。折しも，障害者に関しては，1981年の国際障害者年を契機として，障害者の生活保障について総合的な対応を図る必要性についての認識が高まっていたところであった[147]。1982年には，中央心身障害者対策協議会による「国内長期行動計画の在り方」についての意見具申があ

---

146 前掲・『厚生年金保険法解説（改訂版）』（2002年）221-223頁。
147 国際障害者年の影響もあり，1981年から1985年までの間には，障害者への所得保障制度の在り方に関する議論が，非常に活発に行われた。この間，様々な団体（例えば，日本労働組合総評議会，全国所得保障確立連絡会，国際障害者年日本推進協議会等）が，障害者所得保障制度についての構想案を発表し（構想案の内容は，高藤昭「障害者の所得保障の原理と諸構想――堀勝洋氏の批判にお答えしつつ」月刊福祉65巻2号（1982年）29-31頁に詳しい），また，研究者の間でも，在るべき障害者所得保障制度の形をめぐって，論争が展開された。以下に，主要な論文を挙げておく：高藤昭「障害者の所得保障」月刊福祉64巻5号（1981年）34-39頁，高藤昭「障害者の所得保障と年金」ジュリスト740号（1981年）79-85頁，堀勝洋「障害者の所得保障制度の改革構想について（Ⅰ）――高藤教授提唱の障害者手当法試案の実現可能性の検証と代替案の提示」月刊福祉64巻10号（1981年）20-32頁，堀勝洋「障害者の所得保障制度の改革構想について（Ⅱ）――高藤教授提唱の障害者手当法試案の実現可能性の検証と代替案の提示」月刊福祉64巻11号（1981年）73-77頁，前掲・高藤論文（1982年）28-34頁，村井竜治「障害者の所得保障制度――年金改革への提案」美作女子大学・美作女子大学短期大学部紀要29号（1984年）30-37頁，竹原健二「障害年金改正案批判と代替試案」賃金と社会保障909号（1985年）18-24頁。

り[148]，1983年には，障害者生活保障問題専門家会議から，障害者の所得保障制度の確立が緊急の課題であるとの報告もなされていた[149]。そして，こうした状況の中において，障害者の所得についても，障害基礎年金を創設することで保障していくことが決定されたのである。

1985年法改正によって，障害年金制度は，以下のように変容した。まず，国民年金法では，以下の条件を満たす者に，拠出制の障害基礎年金が支給されることとなった。すなわち，初診日において20歳に達しており国民年金の被保険者であった者で，障害認定日において政令で定める程度の障害の状態にあり，被保険者期間の3分の2以上の保険料納付済期間（保険料免除期間を含む）がある者である。その支給額は，2級で月額5万円（1986年施行時

---

148 同意見具申は，障害者の所得保障に関して，次のように言及した。すなわち，「従来，障害者の所得保障が必ずしも体系的に整理されてきたとはいえず，また，その確保すべき水準及び各施策間の相互的位置づけについても明確さを欠いている。したがって，今後の障害者の所得保障については，当面は現行の年金，手当等の諸施策の充実を行うとともに，現在の諸施策の仕組み，位置づけ，諸条件等を速やかに再検討し，長期的には障害者の自立生活の基盤を確保できるような総合的，体系的な所得保障の確立を図るべきである」。堀勝洋「障害年金制度の問題点と改革の方向」社会保障研究所（編）『年金改革論』東京大学出版会（1982年）91頁からの引用。

149 厚生省（編）『厚生白書（昭和60年版）』124頁。厚生省では，障害者の社会参加を促進するための対応策として，生活保障，特に所得保障の充実を図ることが極めて重要であるとの認識から，1982年5月，厚生大臣の私的諮問機関として，障害者生活保障専門家会議を発足させた。その後，1983年7月には，同専門家会議による報告書（「今後の障害者の生活保障の在り方について」）が，厚生大臣に提出された。報告書の要点の1つは，障害者の所得保障制度の確立にあった。特に問題となったのは，障害年金制度における拠出制の年金受給者と障害福祉年金受給者との間の給付格差問題であった。この問題に関しては，①すべての障害者が，加入する制度の如何にかかわりなく年金制度から一定の保障を受けることが望ましいとする考えがある一方で，②拠出制年金制度に未加入者を含めることは理論的に無理がある，これは福祉の分野において解決すべき問題であるとの意見もあった。こうした状況の中で，当時の年金局長よって「いろいろな異論があるが（障害者の所得保障については）国民年金法等改正の中で障害基礎年金の創設により解決したい。理論的には国民皆年金制の中で社会連帯によりカバーするという考えで処理する」こととされた。池堂政満「厚生労働省担当課長　障害者施策の歴史を語る②更生課長時代を振り返って」リハビリテーション研究131号（2007年）39頁。

には月額5万1900円[150]），1級でその1.25倍に相当する額とされた。他方，初診日において20歳未満で国民年金の被保険者でなかった者については，20歳に達したときから，無拠出制の障害基礎年金が支給されることとされた[151]。そして，従来，障害福祉年金を受給していた者に対しても，障害基礎年金を支給することとし，障害福祉年金は廃止されることとなった[152]。障害福祉年金から障害基礎年金への切り替えによって，従来障害福祉年金を受給していた者への所得保障は，大きく改善された。また，扶養義務者の所得による支給制限も，本人の自尊心を損ね，自立を妨げることにもなるという理由から撤廃されるに至った。

次に，厚生年金保険法では，障害基礎年金に上乗せされる報酬比例の年金として，障害厚生年金の制度が整えられた。障害厚生年金には，1級，2級，及び，3級の区別が設けられ，2級の額は，平均報酬月額の1000分の7.5に被保険者期間の月数（25年に満たないときは25年とみなす）を乗じて計算した額とし，1級の額は，その1.25倍とすることが定められた[153]。

そして，障害の特に重い者のニーズに的確に応えられるよう給付の重点化を図る見地から，重度障害者に対する福祉手当を再編し，国民年金法の障害等級が1級の者のうち，重度の障害により日常生活において常時特別の介護を必要とする状態にある在宅の20歳以上の重度障害者に対しては，年金とは別に，1986年4月から新たに月額2万円の「特別障害者手当」が支給されることとなった。上記の定義に当てはまる重度障害者については，障害基礎年金の支給とあわせて，大幅な給付改善がなされることとなった[154]。

---

150 額については，「国民年金の歴史 第18回──創設40周年を迎えた国民年金の歩み」ねんきん42巻8号（2001年）20頁を参照。

151 改正前の国民年金においては，加入中（20歳以上）に障害者となった場合には，初診日前に1年間の保険料納付済期間があること等が必要であった。また，厚生年金では，障害厚生年金の受給には，初診日前に6か月以上の加入期間があること等が要求された。他方，20歳未満で障害者となった場合には，20歳に達したときから障害福祉年金が支給された。

152 厚生省年金局・社会保険庁年金保険部（監修）『改訂 国民年金・厚生年金保険改正法の逐条解説』中央法規出版（1986年）21・22頁。

153 前掲・吉原書（2004年）111頁。前掲・厚生省年金局・社会保険庁年金保険部（監修）書（1986年）24頁。

(6) 障害基礎年金導入後

1985年の年金法改正に際する障害年金制度の整備によって、障害者に対する給付は、大幅に改善されることとなった。例えば、従来、障害福祉年金を受給していた者は、その2倍に近い水準の障害基礎年金を受給することが可能となった（表5を参照）。また、扶養義務者の所得による支給制限が撤廃されたことも、高く評価された[155]。そして、無年金障害者の存在も一定程度解消されることとなった[156]。厚生省の一応の見解として、保険料の滞納等がない限り、原則として、すべての成人障害者に対して障害基礎年金の支給が保障されることとなったのである[157]。

そして、1985年改正による障害基礎年金の導入以降は、「障害への所得保障に関する制度改革は終わり、問題は解決した」という見方が大勢を占めるようになる。例えば、障害者の特集をした『厚生白書　国連・障害者の十年──皆が参加する「ぬくもりのある福祉社会」の創造（平成4年版）』（1992年）は、①障害基礎年金制度の創設によって、原則としてすべての成人障害者に基礎年金が支給されるようになったこと、②従来障害福祉年金を受給していた者への支給額が増え、所得保障の充実が図られたこと、③福祉手当制

154　厚生省（編）『厚生白書──長寿社会に向かって選択する（昭和60年版）』125-126頁。

155　百瀬優「障害者に対する所得保障制度──障害年金を中心に」季刊社会保障研究44巻2号（2008年）181頁。

156　障害基礎年金の創設により、以下の場合の無年金障害者問題は、解消されることとなった。すなわち、①国民年金に任意加入しなかった被用者の妻等が障害者となった場合、②障害の原因となった傷病に係る初診日が、一定の被保険者期間（厚生年金6か月、国民年金1年等）経過前にある場合、③海外にあって年金制度に加入できなかった者が障害者となった場合、④厚生年金において初診日から5年経過後に事後重症となった場合である。しかし、依然として無年金となる場合として、以下の場合が残った。すなわち、①国民年金に加入すべき期間のうち3分の1以上滞納していた者が障害者となったとき、②大学等に在学する者は国民年金に任意加入することとされたために、任意加入しない間に障害者となったとき、③海外在住中、国民年金に任意加入しなかった者が障害者となったときである。堀勝洋「障害者の自立と所得保障」月刊福祉67巻3号（1984年）13頁を参照。

157　厚生省（編）『厚生白書　未知への挑戦──明るい長寿社会をめざして（昭和61年版）』161頁。

表5　障害基礎年金の導入による所得保障水準の上昇

	1986年3月以前	1986年4月以降
障害福祉年金受給者 1級	障害福祉年金（1級）： 　　　　　3万9800円 （＋福祉手当：1万1250円）	障害基礎年金（1級）： 　　　　　6万4875円 （＋特別障害者手当： 　　　　　2万800円）
2級	障害福祉年金（2級）： 　　　　　2万6500円	障害基礎年金（2級）： 　　　　　5万1900円
国民年金：拠出制の 障害年金受給者 1級	障害年金（拠出制）（1級）： 　　　　　6万1817円	障害基礎年金（1級）： 　　　　　6万4875円 （＋特別障害者手当： 　　　　　2万800円）
2級	障害年金（拠出制）（2級）： 　　　　　4万9450円	障害基礎年金（2級）： 　　　　　5万1900円

出典：丸山一郎『障害者施策の発展――身体障害者福祉法の半世紀』中央法規出版（1998年）34頁

度の再編成によって，在宅の重度障害者への所得保障の大幅な改善が行われたことを指摘し，1985年法改正を評価している（42-43頁）。その一方で，今後の障害者施策の方向を述べる部分では，所得保障については，障害年金や特別障害者手当等の「給付額の充実」を図っていくことの必要性への言及があるに留まっている（85-86頁）。また，中央心身障害者対策協議会の出した「国連障害者の10年以降の障害者対策の在り方について」（1993年1月）や政府の障害者対策推進本部が示した「障害者対策に関する新長期計画」（1993年3月）も，障害基礎年金や特別障害者手当の制度を評価した上で，充実すべき課題を支給金額の引上げに絞っている[158]。

残された問題としては，無年金障害者の存在が指摘された。このうち，学生無年金障害者問題については，1989年の法改正において，学生を強制適用の対象とする対応がなされた（1991年4月施行）。しかし，既に無年金障害者

---

[158] 大谷強「障害者の所得保障をめぐる問題点」法律のひろば46巻8号（1993年）17頁。

となっている者への対応は遅れた。1995年の「障害者プラン」において，「障害無年金者の問題について，年金制度のあり方全体をにらみながら，年金制度の中で対応するか福祉的措置で対応するかを含め，幅広い観点から検討する」ことが明記されたにもかかわらず，実際に救済がなされたのは，2004年になってからであった。2004年に議員立法によって成立した「特定障害者に対する特別障害給付金の支給に関する法律」は，無年金状態に置かれた一定の者に「特別障害給付金」を支給することとし，無年金障害者の救済を図った。しかしながら，同法律は，特別障害給付金の支給対象を国民年金への加入が任意とされていた時代に任意加入していなかったことから無年金状態となった者に限定しており，すべての無年金障害者を救済するものとはなっていない。また，その支給額も，障害基礎年金よりも低く設定されている。このような特別障害給付金制度の持つ限界への対応は，今後の課題となっている。

(7) 小　括

　障害者に対する公的所得保障制度は，1939年の船員保険法や1941年の労働者年金保険法（1944年，厚生年金保険法に改名）により，廃疾（障害）年金を支給する制度が導入され，船員や労働者を対象として，戦前より発展してきていた。そして，第2次世界大戦後の1959年に，国民年金法が制定され，国民皆年金が実現する中で，労働者以外の者にも，障害年金が支給されるようになった。1959年国民年金法は，拠出制の障害年金を受け取ることができない者に対しても，障害福祉年金を支給することとし，少額ながらも，障害者に対する所得保障を図った点においても重要である。

　その後は，国民皆年金体制の下で，障害年金の支給水準を引き上げる改正が，順次，行われていった。しかし，1970年代後半頃から，次第に，各年金制度間の不均衡や格差といった問題が指摘されるようになる。加えて，特に，老齢年金に関して，人口の高齢化に対応した年金財政の長期的安定のために給付と負担を見直すことが，大きな課題となっていった。そうした中で，1985年，現行の基礎年金制度を導入する大きな年金制度改正が実施されるに至り，障害者の所得保障制度にも，かなりの進展がもたらされることとなった。同改正によって，原則として，すべての障害者に対し，拠出制又は無拠

出制の障害基礎年金が支給されることとなったからである。とりわけ，障害基礎年金の導入によって，従来障害福祉年金を受給していた者に対する年金給付水準は，大幅に改善されることとなった。

1985年改正による障害基礎年金の導入以降は，障害者の所得保障に関する制度改革は終わったという見方が支配的となる。残された課題としては，無年金障害者の存在が指摘された。このうち，国民年金への加入が任意とされていた時代に任意加入していなかったことから無年金の状態に置かれた者（例えば，学生）については，2004年に創設された「特別障害給付金」が支給されることとなった。しかし，特別障害給付金は，すべての無年金障害者の問題を解決するものではないという点，そして，その支給額は，障害基礎年金の支給額に及ばないという点で問題を残しているところである。

2　現行制度

それでは，現行の障害者所得保障制度（狭義）について確認していくこととする[159]。既に指摘したように，現在の日本における公的な障害者所得保障制度は，①障害年金制度，②特別障害者手当制度，③生活保護制度に大別することができる。以下で，それぞれの制度の詳細を確認していきたい。

(1) 障害年金

まず，障害者への所得保障の中心となるのが，障害年金である。障害は，老齢や（働き手の）死亡と並ぶ所得喪失リスクの1つとされており，障害を負った場合には，これらの所得喪失リスクに備えることを目的とする公的年金制度から，障害年金が支給される。

障害年金は，障害という保険事故が生じたときに，保険料の拠出を前提に支給される拠出制の年金給付である。しかし，例外的に，20歳前に障害を負った者（初診日がある者）には，保険料の拠出を前提としない無拠出制の障害基礎年金が支給される。20歳前に障害を負った者は，障害を負った時点において年金制度に加入できないことを考慮して，このような無拠出制年金

---

[159] 以下の記述の作成にあたっては，法令の他，主として，西村健一郎『社会保障法』有斐閣（2003年），河野正輝・江口隆裕（編）『レクチャー社会保障法』法律文化社（2009年）を参照した。

が用意されている。

　障害年金は，老齢年金と同様に，すべての者に支給される障害基礎年金（1階部分）と，厚生年金の加入者（＝被用者）に上乗せされる障害厚生年金（2階部分）等とで構成されており，重層的な構造になっている。

　以下では，1階部分の障害基礎年金と，2階部分の代表として障害厚生年金について，その内容を確認していきたい。そして，その後，年金制度の発展過程で生じた無年金障害者を救済するために創設された特別障害給付金制度の内容を確認することとする。

A　障害基礎年金（国民年金法第3章第3節：30条〜36条の4）
(a)　支給目的
　国民年金制度の目的は，「日本国憲法25条2項に規定する理念に基き，老齢，障害又は死亡によって国民生活の安定がそこなわれることを国民の共同連帯によって防止し，もって健全な国民生活の維持及び向上に寄与すること」にある（国民年金法1条）。国民年金法に基づいて支給される障害基礎年金の目的も，ここにあると言える。

(b)　支給要件
　障害基礎年金の支給要件は，障害の原因となった病気や事故で初めて医師の診察を受けたとき（初診日）[160]に，20歳未満であった者と20歳に達していた者との間で異なっている。

　まず，初診日に20歳未満であった者には，無拠出制の障害基礎年金が支給される（30条の4）。彼らは，初診日において公的年金制度に加入していることができないことを考慮して，無拠出制の給付が用意されている。それゆえ，初診日に20歳未満であった者については，①初診日に20歳未満であるこ

---

[160]　初診日に関しては，「20歳前の発症日を初診日であると解釈することができるか」ということが，学生無年金障害者訴訟の中で争われた。この点，最高裁は，発症日をもって初診日と解することは，国年法30条1項及び30条の4の文理に反するとして，拡張解釈を否定している（最二小判平成20年10月10日判時2027号3頁）。初診日に関しては，拙稿「社会保障法判例──『初診日』の解釈について，『疾病又は負傷及びこれらに起因する疾病について初めて医師等の診療を受けた日』とした事例」季刊社会保障研究45巻1号77頁を参照。

と，及び，②一定の障害の状態にあること（障害要件）のみが，支給要件となる。この無拠出制の障害基礎年金の存在により，理論上は，すべての20歳以上の障害者には，障害基礎年金が支給されることとなっている。

他方，初診日に20歳に達していた者には，拠出制の障害基礎年金が支給される。彼らには，①初診日に被保険者であること（60歳以上65歳未満の場合は，被保険者であったこと），②一定の障害の状態にあること（障害要件），③初診日の前日における保険料の滞納期間が被保険者期間の3分の1を超えないこと（保険料納付要件）[161]という3つの支給要件が課せられる（30条1項）。初診日に20歳に達している者については，国民年金への加入が可能であり，また，これが義務付けられていることから，保険料納付要件が課せられることとなっている。したがって，保険料の未納がある場合には，障害基礎年金を受給できず，無年金状態に置かれる可能性がある。ただし，障害基礎年金には，老齢基礎年金のような最低限必要な加入期間は設定されておらず，国民年金に加入して直ぐに事故や疾病で障害を負った場合にも，障害基礎年金は支給される。

(c) 障害認定基準

障害基礎年金は，その支給要件として，「一定の障害の状態にある」こと（障害要件）を求めている。「一定の障害の状態にある」とは，すなわち，国民年金法施行令の別表に定められた障害等級表に該当する障害（1級又は2級）を有していることを言う（30条2項，施行令4条の6）。

障害等級表の障害の状態は，「日常生活の制限の度合い」という観点から定められている。1級の障害の程度は，「日常生活の用を弁ずることを不能ならしめる程度のもの」，2級の障害の程度は，「日常生活が著しい制限を受けるか，又は日常生活に著しい制限を加えることを必要とする程度のもの」とされている。しかし，実際の障害等級表は，全体として，医学的に判定される機能障害をその認定の基準としている[162]と指摘することができる[163]。

---

161 ただし，特例措置として，初診日の属する月の前々月までの1年間について保険料の滞納期間がなければ，障害基礎年金は支給される（2016年までの特例措置）。この特例措置は期間延長が繰り返されており，事実上，常態化している。

162 例えば，1級には，①両目の視力の和が0.04以下のもの，②両耳の聴力レベルが100デシベル以上のもの，③両上肢の機能に著しい障害を有するもの，④両上肢のす

なお,障害認定基準は,「国民年金・厚生年金保険障害認定基準について」[164]と題する通知において,さらに詳細にされている。まず,同通知は,「障害の状態」とは,施行令別表に定める程度の障害の状態があり,かつ,その状態が長期にわたって存在する場合を言うとし,「障害の状態」の定義を明らかにしている。そして,1級について,「日常生活の用を弁ずることを不能ならしめる程度とは,他人の介助を受けなければほとんど自分の用を弁ずることができない程度のもの」であるとし[165],2級について,「日常生活が著しい制限を受けるか又は日常生活に著しい制限を加えることを必要とする程度とは,必ずしも他人の助けを借りる必要はないが,日常生活は極め

べての指を欠くもの,⑤両上肢のすべての指の機能に著しい障害を有するもの,⑥両下肢の機能に著しい障害を有するもの,⑦両下肢を足関節以上で欠くもの,⑧体幹の機能に座っていることができない程度又は立ちあがることができない程度の障害を有するもの,⑨前各号に掲げるもののほか,身体の機能の障害又は長期にわたる安静を必要とする病状が前各号と同程度以上と認められる状態であって,日常生活の用を弁ずることを不能ならしめる程度のもの,⑩精神の障害であって,前各号と同程度以上と認められる程度のもの,⑪身体の機能の障害若しくは病状又は精神の障害が重複する場合であって,その状態が前各号と同程度以上と認められる程度のものが該当することとなっている。

163 1985年法改正以前,認定基準は,「日常生活の制限の度合い」という観点から,法別表で定められていたが,同法改正後,政令で定められることとなった。政令で定められた内容は,概ね,法改正前の国民年金の障害等級と同一である。前掲・厚生省年金局・社会保険庁年金保険部(監修)書(1986年)50頁。

164 1986年3月31日庁保発第15号。なお,同通知に関しては,「この基準は法規性を有するものではないが,その具体的内容は《証拠略》のとおりであって,医学上の知見を総合して定められたものであり,合理的なものであると認められる」とする裁判例が存在する(東京地判平成4年10月30日労判624号51頁)。また,同通知における「認定基準の定めが施行令別表の解釈適用基準として相当なものと認められる場合には,……特段の事情のない限り,処分行政庁において認定基準と異なる取扱いをすることは許され」ないとした裁判例もある(東京地判平成19年8月31日判時1999号68頁)。

165 例えば,身の回りのことはかろうじてできるが,それ以上の活動はできない者,又は,行ってはいけない者,すなわち,病院内の生活でいえば,活動の範囲がおおむねベッド周辺に限られている者,家庭内の生活でいえば,活動の範囲がおおむね就床室に限られる者が当てはまるとされる。

て困難で、労働により収入を得ることができない程度のもの」であるとして[166]、それぞれを具体化している。

(d) 支　給　額

障害基礎年金2級の支給額は、老齢基礎年金の額と同じであり、障害の程度がより重い1級の支給額は、2級の1.25倍とされている（33条）。1級に認められた25％の加算の意味は、必ずしも明らかではないが、介護料のための加算であるとの説明がなされている[167]。

2012年度の支給額（年額）は、下記の通りである。

　　1級：78万6500円×1.25

　　2級：78万6500円

なお、「生計を維持している子」がいる場合には、支給額に加算がある（33条の2）。すなわち、第1子・第2子についてはプラス22万6300円、第3子以降は、プラス7万5400円が加算される。なお、子の加算は、従来は、受給権者が障害基礎年金の受給権を取得した当時に、その者によって生計を維持した子、又は、胎児であった子がいる場合にしか認められていなかった。しかし、こうした制度の在り方に対する批判を受けて、2011年4月1日より、このような限定は撤廃された[168]。

---

[166] 例えば、家庭内の極めて温和な活動（軽食づくり、下着程度の洗濯等）はできるが、それ以上の活動はできない者、又は、行ってはいけない者、すなわち、病院内の生活でいえば、活動の範囲がおおむね病棟内に限られる者であり、家庭内の生活でいえば、活動の範囲がおおむね家屋内に限られる者が当てはまるとされる。

[167] この25％の加算に関して、厚生白書（昭和39年版）は、障害厚生年金1級受給者への加算が定額加算から25％加算へと変更されたことを伝える文章で、当該25％加算を「介護加算」と位置付ける表現を使っている（厚生省（編）『厚生白書——社会開発の推進（昭和39年度版）』大蔵省印刷局〔1965年〕218頁）。したがって、政府は、25％加算は介護料のための加算と考えているということができる。なお、変更前の定額加算についても、介護料であるとの説明がなされてきた。前掲・堀論文（1982年）101頁。

[168] 子の加算に限定が付されていることについては、1990年の段階で既に批判があった（例えば、調一興「障害者の所得保障　年金制度を中心に」総合リハビリテーション18巻7号〔1990年〕527頁）。近年では、前掲・山田論文（2003年）12頁が、批判を展開している。こうした批判を受けて、2008年（第169回国会）に漸く、議員立法（「国民年金法等の一部を改正する法律案」衆法23号）により、障害年金の受給権の取得後

(e) 所 得 制 限

　拠出制障害基礎年金には，所得制限は課せられていない。したがって，初診日に20歳に達していた者は，所得の多寡にかかわらず，障害基礎年金を受給することができる。障害基礎年金の障害等級表は，「日常生活の制限の度合い」という観点から定められており，稼得能力や実際の就労所得の状況に連動していないため，非常に高い所得を得ている者に対しても，障害基礎年金は支給される[169]。

　他方，無拠出制の障害年金については，所得制限が設けられている。したがって，初診日に20歳未満であった障害者の場合，その所得が一定額を超えると，障害基礎年金の全部又は半分の支給が停止されることなる（36条の3）[170]。このように所得制限が設けられている理由は，20歳前障害者に支給される障害基礎年金は，保険料の拠出を前提としない無拠出制給付であり，20歳前障害者本人が保険料拠出をしていないことにある。しかし，同じ障害を持つ者の間で，このような取扱いの差異が存在していることに対しては，批判もある[171]。

B 障害厚生年金（厚生年金保険法第3章第3節：47条～57条）

　次に，2階部分の障害厚生年金について確認していく。厚生年金は，基礎

　に子を扶養することになった場合にも子の加算が認められるよう，国民年金法の改正が目指されることとなった。同改正は，それから2年を経て，2010年4月28日の「国民年金法等の一部を改正する法律（一般に，障害年金加算改善法と呼ばれる）」によって実現された。

[169] この点に関し，岩崎晋也は，障害者の経済分野での社会参加が進展している現代において，障害者への所得保障政策は，障害の有無を問わず，労働にアクセスできない状況（失業）に基づいた普遍的所得保障施策へと統合される必要がある，との提言を行っている。岩崎晋也「障害者の所得保障政策——その本質と当面の課題」ノーマライゼーション27巻4号（2007年）11-12頁

[170] 所得制限には，半額支給停止，全額支給停止の2段階制が採用されている。2004年の法改正以前は，一定の収入を超えると全額支給が停止される制度となっていたが，20歳未満障害者の就労意欲に配慮し，2004年法改正で2段階制が導入されることとなった。

[171] 田中きよむ「障害者の所得・就労保障の到達点と課題——『国連・障害者の10年』期を中心にして」社会政策学会年報40号（1996年）156頁。

年金に上乗せする報酬比例年金として位置付けられることから，障害厚生年金の受給要件は，原則として，障害基礎年金と同様であり，障害基礎年金と一体となって支給される[172]。

(a) 支給目的

障害厚生年金の目的は，労働者の障害について保険給付を行い，労働者の生活の安定と福祉の向上に寄与することにある（厚生年金保険法1条）。障害厚生年金は，労働者が，障害者となって，労働することができなくなったり，あるいは，その労働能力を制限されてしまったりした場合に，労働者の生活の安定を図るために支給されるものと位置付けられる[173]。

(b) 支給要件

障害厚生年金の支給要件は，次の3つに整理される。すなわち，①初診日において厚生年金の被保険者であること，②一定の障害の状態にあること（障害要件），③保険料納付要件を満たしていること（保険料納付要件）である。③の要件は，障害基礎年金の場合と同じであり，障害厚生年金も，初診日の前日における国民年金の滞納期間が3分の1を超えていると，支給されない（47条1項）。なお，障害厚生年金については，厚生年金保険の加入期間がある者であっても，初診日に厚生年金保険の被保険者でない場合（失業中，転職後，早期退職後等）には支給がなされない点に注意が必要である。

(c) 障害認定基準

障害厚生年金には，1級及び2級の他に，障害基礎年金にはない3級が存在している。1級及び2級の認定は，障害基礎年金と同じ障害等級表を使用して行われる（すなわち「日常生活の制限の度合い」が基準となる）が，これは，1985年の法改正によって障害基礎年金が創設されたときに，障害厚生年金が，障害基礎年金の上乗せ給付として構成されることとなったことによる[174]。これにより，障害厚生年金の「労働能力の制限」に対する給付としての性格は，曖昧になってしまったことを指摘することができる。

他方，3級の障害厚生年金及び障害手当金（後述）の支給のための障害等級表は，厚生年金保険法施行令で，独自に，設けられている（47条2項，施

---

172 前掲・『厚生年金保険法解説（改訂版）』（2002年）814頁。
173 前掲・『厚生年金保険法解説（改訂版）』（2002年）814頁。
174 前掲・『厚生年金保険法解説（改訂版）』（2002年）822頁。

行令3条の8, 3条の9）。厚生年金保険法施行令が定める障害等級表では，「日常生活の制限」ではなく，「労働能力の制限」の度合いが，考慮されることとなっている。これは，厚生年金の本来の性格，すなわち，労働者の労働不能や労働の制限に備え，労働者の生活の安定を図るための制度であるという性格を残すものと言える[175]。しかしながら，厚生年金保険法施行令における認定基準も，概ね，医学的に判定される機能障害を認定に際する基準としていると言うことができるものである。

(d) 支給額

障害厚生年金各級の支給額は，下記の計算式で求められる（2012年度）。

1級：（報酬比例の年金額）×1.25
2級：（報酬比例の年金額）
3級：（報酬比例の年金額）

報酬比例の年金額：
　　｛平均標準報酬月額×7.5／1000×2003年3月までの被保険者期間の月数＋平均標準報酬額×5.769／1000×2003年4月以降の被保険者期間の月数｝×1.031×0.985

なお，被保険者期間が300月（＝25年）に満たない場合には，加入期間は300月（＝25年）で計算される（50条1項）。また，3級には，障害基礎年金が支給されないことから，最低保障額（障害基礎年金の4分の3）が定められている（58万9900円）（50条3項）。さらに，1級又は2級が支給される場合で，受給権者がその権利を取得した当時，その者によって生計を維持していた65歳未満の配偶者がいる場合には[176]，支給額に加算がある（22万6300円）（50条の2）。

---

[175] 1985年法改正以前，国民年金では，障害の程度は，「日常生活の制限の度合い」という観点から定められていたのに対し，厚生年金保険法等の被用者年金では，「労働能力の制約」の観点から定められていた。有泉亨・中野徹雄（編）『国民年金法（全訂社会保障関係法2）』日本評論社（1983年）84頁。3級の障害厚生年金及び障害手当金の認定基準（障害等級表）は，1985年法改正以前の厚生年金保険法の性格をよく引き継いでいると言える。

[176] このような配偶者の限定についても，国民年金法における子の加算における限定と同様の問題が指摘されていた。配偶者の限定も，子の加算における限定と同じく，障害年金加算改善法によって，2011年4月1日から撤廃されている。

この他，厚生年金の加入者には，障害の状態が3級よりも軽い場合に，障害手当金が支給されることがある（55条）。その額は，原則として，障害厚生年金額の2年分の額とされている（57条）。

C 特別障害給付金

ところで，以上で確認した障害年金の仕組みは，その支給要件（被保険者であること，保険料の納付等）が満たされない場合に，無年金者を発生させる構造を内包している。

この構造上の問題が顕著に現れ，訴訟にまで発展したのが，いわゆる学生無年金障害者問題である。この問題は，とりわけ，1989年法改正以前の国民年金法が，学生については国民年金への加入を任意とし，強制加入の対象としなかったことに起因して発生したものである。国民年金に任意加入していなかった20歳以上の学生が，大学等に在学中に障害を負った場合，当該学生は，初診日に被保険者であるという障害基礎年金の支給要件を満たすことができず，これを受給できないという事態が発生した。

そうした中で，無年金障害者となった元学生らが，1989年法改正前の国民年金法が学生を強制適用の対象から除外したこと，及び，立法者が同法改正に際して20歳以降に障害を負った学生に救済措置を講じなかったことは憲法25条及び14条に違反するとして，全国各地の地裁に訴訟を提起したのが，学生無年金障害者訴訟である。

一連の訴訟において，地裁段階では[177]，当初，憲法14条との関係で相次いで違憲判決が出され，大いに注目された。しかし，東京高裁平成17年3月25日の判決により合憲判断が出されると，以降，下級審はすべて合憲判断に転じ，最終的に，最高裁も合憲判断を示すに至った（最二小判平成19年9月28日民集61巻6号2345頁，最三小判平成19年10月9日裁時1445号4頁）。すなわち，最高裁は，上記の点につき立法府の広範な裁量を認め，憲法25条及び14条1項の違反は存しないとの判断を下したのである。

---

[177] 一連の学生無年金障害者訴訟における初めての判決，すなわち，東京地裁判決（平成16年3月24日民集61巻6号2389頁）は，①1985年の年金制度改正時においては，20歳前に障害を負った者と20歳以後に障害を負った学生との間に取扱いの差異について，「これを是正すべき立法措置を講ずることなく放置することは，憲法14条に違反する

こうして，学生無年金障害者の司法による救済は，実現せずに終わった。しかし，その一方で，上記訴訟により無年金障害者に対する関心をかきたてられた[178]国会議員らが動き，2004年12月，議員立法によって「特別障害給付金制度」が創設されるに至った（「特定障害者に対する特別障害給付金の支給に関する法律」）。そして，同制度によって，学生無年金障害者らに対し，一定の所得保障がなされることとなったのである。

同制度から支給される特別障害給付金は，すべての無年金障害者を救済する制度ではないが，障害年金を受給できない一定の者を救済する制度としての重要性を持っている。以下で，その内容を確認しておく。

(a) 支給目的

まず，特別障害給付金の目的は，国民年金制度の発展過程において生じた特別な事情に鑑みて，障害基礎年金等の受給権を有していない障害者に対しこれを支給することによって，当該障害者の福祉の増進を図ることにある（特定障害者に対する特別障害給付金の支給に関する法律1条）。

特別障害給付金の支給は，福祉的な措置としてなされる点に，その特徴がある。

(b) 支給対象者

特別障害給付金を受給できる者は，以下の者（国民年金制度の発展過程において生じた特別な事情により無年金状態になっている者）に限定されている（2条）。すなわち：

- 平成3年3月以前に国民年金任意加入対象であった学生
- 昭和61年3月以前に国民年金任意加入対象であった被用者の配偶者

状態が生じていたと評価すべきである」し，②1985年法が「従来障害福祉年金を受給していた者につき障害基礎年金を支給することとしながら，同法制定以前に20歳に達してから在学中に障害を受けたいわゆる学生無年金者に何等の措置を講じないことも，両者間に憲法14条に違反する状態をもたらしたものと評価すべきである」とした上で，原告らの国家賠償請求を一部認容した。また，これに続く新潟地裁判決（平成16年10月28日賃社1382号46頁）も，1985年法改正時に，「20歳以上の学生を他の20歳以上の国民と区別し，国民年金法の被保険者としないまま放置したことは著しく不合理である」ことを確認し，上記東京地裁判決とは理由を異にするが，原告らの国家賠償請求を一部認容した。

[178] とりわけ，前注2つの地裁判決が与えた影響が大きい。

である。これらに該当する者には，任意加入していなかった期間内に初診日があり，障害基礎年金の1級又は2級相当の障害の状態にあれば，特別障害給付金が支給される。

(c) 支給額

支給額は，障害基礎年金1級相当に該当する者で，月額4万9500円（2級の1.25倍），障害基礎年金2級相当に該当する者で，月額3万9600円である（2012年度）（4条）。

特別障害給付金も，拠出を前提としていないことから，本人所得が一定の額を超えると，支給額の全部又は半分の支給が停止されることになる（9条）。

特別障害給付金は，これまで無年金状態に置かれていた障害者を少しでも救済することとなった点において評価できるが，支給額の面で，障害基礎年金の額には及ばないという問題を残している。また，特別障害給付金は，加入が任意だった時代に任意加入していなかった者しか救済しないものでもある。これらの点に，特別障害給付金の限界があると言える。

D 小 括

日本では，障害年金は，所得喪失リスクを保障する公的年金制度から支給されることとなっている。障害年金には，すべての国民を支給対象とする障害基礎年金（1階部分）と，厚生年金加入者を支給対象とする障害厚生年金（2階部分）等があり，老齢年金と同様に，重層的な構造になっている。

1階部分の障害基礎年金には，障害の程度により，1級と2級とが存在している。障害の程度がより重い1級の障害者には，2級の障害者の1.25倍の障害基礎年金が支給される。25％の加算の意味は必ずしも明らかではないが，介護加算との説明がなされている。他方，2階部分の障害厚生年金には，1級及び2級に加えて，3級も存在している。したがって，障害の程度が障害基礎年金を受給するには軽い者（＝3級）にも，障害厚生年金だけは支給されることとなる。

すべての国民を対象とする障害基礎年金（1階部分）には，初診日が20歳以上である障害者を対象とする拠出制障害基礎年金と20歳未満である障害者を対象とする無拠出制障害基礎年金とが存在している。20歳以上の国民は国

民年金に強制加入する（＝国民年金の被保険者となる）ので，結果として，拠出制の障害基礎年金が保障されることになる。しかし，初診日が20歳未満である者は，その時点で，国民年金へ加入していることが不可能であることから，無拠出制の障害基礎年金が支給される。日本では，この無拠出制の障害基礎年金の存在によって，理論上は[179]，すべての20歳以上の障害者に対し，障害基礎年金が支給されることとなっている。

しかしながら，拠出制の障害基礎年金は，一定の支給要件（被保険者であること，保険料の納付等）を満たさない場合には支給されない。保険料の未納については，本来，被保険者には保険料の納付が義務付けられており[180]，保険料の減免制度も整えられていることを勘案すれば[181]，本人に帰責性が全くないとは言い難いところもある。しかし，日本の障害基礎年金は，無年金障害者を発生させる構造を内包していることを指摘することができる。この点，かつて国民年金への加入が任意とされていた時代に任意加入していなかったがゆえに無年金障害者となっていた元学生及び元専業主婦には，特別障害給付金が支給されることになっており，一定の救済が実現されている。

この他，日本の障害年金には，主として医学的に判定される機能障害を基準として支給されるという特徴がある。日本では，障害基礎年金及び障害厚生年金の1級・2級は，「日常生活の制限」に対する給付，障害厚生年金の3級及び障害手当金は，「労働能力の制限」に対する給付と性格づけられて

---

[179] かつて専業主婦や学生の国民年金への加入が任意とされていた時には，理論上も，すべての障害者に障害基礎年金が支給される構造にはなっていなかった。なお，現在でも，海外に居住する日本人については，国民年金への加入は任意であり，厳密に言うと，すべての20歳以上の障害者に障害基礎年金が支給されることにはなっていない。

[180] 国民年金法88条1項。

[181] 国民年金の保険料は，所得の多寡にかかわらず定額負担となっており，逆進的性格を有している。したがって，低所得者ほど，保険料の負担感は大きい。しかしながら，他方で，低所得者に対しては，保険料の全額免除・一部免除の制度も用意されている。免除が認められた期間は，老齢基礎年金等の受給に必要とされる受給資格期間に算入されることとなっており，低所得者に対する配慮もなされている（国民年金法90条，90条の2）。この他，30歳未満で本人・配偶者の前年所得が一定額以下の場合に，申請により保険料の納付が猶予される若年者納付猶予制度や，学生で本人の前年所得が一定額以下の場合に，申請により保険料の納付が猶予される学生納付特例制度も用意されている。

いる（障害厚生年金は，そもそもは，1級・2級とも「労働能力の制限」に対する給付と位置付けられていたが，1985年法改正により，障害基礎年金と同様の障害等級表が使用されることとなり，その性格は曖昧となった）。しかし，認定基準（障害等級表）を見る限り，双方ともに，概ね，医学的に判定される機能障害が，認定に際する基準となっている。それゆえに，日本の障害年金では，認定基準に関する通知において「労働」に対する言及はあるものの，「労働・稼得能力の喪失・減退」との関係が，曖昧となっていることを指摘することができる。実際のところ，機能障害の程度が，認定基準に示されたものよりも軽いと認定された場合には，障害ゆえに就労することができていなくても，障害年金の支給はないこととなる。その一方で，20歳以上障害者が対象となる拠出制の障害基礎年金及び障害厚生年金では，支給にあたって，所得制限は課せられていない。したがって，就労所得が非常に高い者であっても，機能障害の程度が大きければ，障害年金は支給される。結局のところ，日本の障害年金は，就労との関係が十分に整理されていないと言うことができよう。

(2) 特別障害者手当

それでは，次に，特別障害者手当について確認していきたい。特別障害者手当は，特別児童扶養手当法（第3章の2：26条の2～26条の5）に定められた金銭給付で，事前の拠出を必要としない無拠出制の社会手当である。重度障害者のニーズに応えるために，障害基礎年金の創設と同時に，従来の福祉手当を再編する形で創設された。特別障害者手当の財源は，租税である。

A 支給目的

特別障害者手当の目的は，「精神又は身体に著しく重度の障害を有し，日常生活において常時特別の介護を必要とする特別障害者に対して，重度の障害のために必要となる精神的，物質的な特別の負担の軽減の一助として手当を支給することにより，特別障害者の福祉の向上を図ること」にある[182]。

---

[182] http://www.mhlw.go.jp/bunya/shougaihoken/jidou/tokubetsu.html　なお，特別障害者手当については，実際の制度の利用者が，身体障害者に大きく偏り，知的障害者や精神障害者，さらには，制度に位置づけられていない高機能自閉症や高次脳機能障害，

B 支給対象者

特別障害者手当は，在宅の特別障害者に支給される（特別児童扶養手当法26条の2）。特別障害者とは，20歳以上であって，著しい重度の障害の状態にあるために，日常生活において常時特別の介護を必要とする者のことを言う（2条3項）。

C 支給額

支給額は，月額2万6260円（2012年度）[183]で，障害基礎年金等との併給が可能である。したがって，障害基礎年金（1級）及び特別障害者手当を合わせて受給できる障害者は，年額で約130万円の所得が保障されることになる。これが，日本における在宅の重度障害者に対する所得保障水準となっている。

ただし，特別障害者手当の支給には，所得制限が課せられている[184]。障害者本人，もしくは，その配偶者又は扶養義務者の前年の所得が一定額以上であるときには，特別障害者手当は支給されない（26条の5，20条，21条）。なお，扶養義務者の範囲は，民法877条1項に定める扶養義務者（直系血族及び兄弟姉妹）で受給資格者の生計を維持する者に限定されている（21条）。

(3) 生活保護

最後に，生活保護制度について確認する。障害年金や特別障害者手当は，障害を支給事由とするものであるが，生活保護は，より包括的に，「生活困窮に陥った者」に対し，最低生活を保障する制度である。それゆえ，生活保護は，日本における最後のセイフティネットと位置付けられる。

生活保護は，広く「生活困窮者」を対象とする制度であるが，生活保護受給世帯に占める障害者世帯の割合は高い[185]。障害者の生活の保障において，

　一部の難病等を持ついわゆる「谷間の障害者」にとって利用可能なものとなっていないとの批判がある。岡部耕典「障害種別を超え普遍的な所得保障を求める」ノーマライゼーション27巻4号（2007年）26頁。

183　http://www-bm.mhlw.go.jp/bunya/shougaihoken/jidou/tokubetsu.html
184　生活保護の場合とは異なり，ミーンズテスト（資力調査）は行われない。
185　実際，2007年の数値を見ると，傷病・障害者世帯が生活保護受給世帯全体の中で占める割合は，36.4％と高い数値を示している（高齢者世帯が45.1％，母子世帯が8.4％，その他が10.1％）。http://www.mhlw.go.jp/toukei/youran/indexyk_3_1.html

生活保護が果たしている役割は大きいと言える。生活保護を利用している障害者世帯が多い理由としては，障害基礎年金の額が，それのみで最低生活を維持できる水準にないことが挙げられている[186]。そのため，十分な就労所得を得られない者で，資産を持たず，また，扶養する親族もいない者は，最低生活費と障害年金の額の差額分について，生活保護制度による保護を受けることになる。

A　生活保護の目的・原理

生活保護の目的は，「日本国憲法25条に規定する理念に基き，……生活に困窮するすべての国民に対し，その困窮の程度に応じ，必要な保護を行い，その最低限度の生活を保障するとともに，その自立を助長すること」にある（生活保護法1条）。

このような目的を持つ生活保護は，無差別平等の原理（2条），最低生活保障の原理（3条），補足性の原理（4条）等の基本原理に基づいて実施されている。最後の補足性の原理とは，生活保護を受給するには，その前提条件として，あらゆる資産・能力・その他の手段を活用及び利用して，その生活の維持に努めなければならないことを意味している。これらを活用・利用しても，なお，最低限度の生活を維持できない場合に初めて，生活保護の受給が認められることになる。また，補足性の原理により，保護に先立って，親族による扶養[187]も求められる。

（「現に保護を受けた世帯数・一般世帯数の構成割合・世帯保護率，世帯類型×年次別」）なお，障害者世帯は「世帯主が障害者の世帯」と定義されているため，障害者のいる被保護世帯は，これ以上に多いと思われる。前掲・百瀬論文（2008年）172頁。

186　前掲・田中論文（1996年）154頁。前掲・朝日論文（2006年）48頁。2003年の数値であるが，高齢者2人世帯の公的扶助の平均月額を100とすると，障害年金の支給額は66.7に過ぎないとの試算がなされている。金子能宏「障害者の所得保障と福祉施策の経済効果」ファイナンシャル・レビュー87号（2007年）31頁。

187　未成年の子に対する親の扶養義務及び夫婦間の扶養義務は，自己と同一レベルの生活を保障すべき義務（生活保持義務）とされているのに対し，その他の民法上の扶養義務者の扶養義務は，扶養権利者が要扶養状態にあり，かつ，扶養義務者が扶養可能な状態にある時に，扶養可能な範囲内で扶養する義務（生活扶助義務）とされている。

表6　障害者加算（月額）

		アに該当する者	イに該当する者
在宅者	1級地	2万6850円	1万7890円
	2級地	2万4970円	1万6650円
	3級地	2万3100円	1万5400円
入院患者又は社会福祉施設若しくは介護施設の入所者		2万2340円	1万4890円

ア　障害等級表の1級もしくは2級，又は，障害基礎年金の1級に該当する障害者
イ　障害等級表の3級，又は，障害基礎年金の2級に該当する障害者
出典：生活保護手帳（2012年度版）189頁

B　障害者に対する配慮

　生活保護は，広く「生活困窮者」に最低生活を保障する制度である。しかしながら，他方で，生活保護は，障害者のニーズや特別な事情に配慮して，障害者を対象とする特別な制度を設けている（(a)）。また，障害者の事情に配慮した特別な法令解釈や制度運用も行われている（(b)）。

(a)　障害者加算

　まず，生活保護では，特別の生活需要を持つ者のために，各種の加算制度が設けられている（「生活保護法による保護の基準」（1963年4月1日厚生省告示第158号別表第1生活扶助基準第2章）が，その中の1つとして，障害者加算がある。障害者加算の目的は，障害ゆえに必要となる日常生活上の特別需要に対応することにある。加算額は，障害の程度や居住地によって，また，在宅か入所か等によって異なっているが，月額1万5000円～2万7000円程度となっている。

(b)　自動車の保有等

　次に，障害者に対する配慮として，以下のような制度運用がなされている。
　まず，障害者には，一定の場合に，自動車の保有が認められる。生活保護では，最低生活の内容としてその所有又は利用を容認するに適しない資産は，最低生活の維持のために活用させなければならない（補足性の原理）。そのため，自動車の保有は，原則として，認められていない。しかし，資産の中でも，現実に最低限度の生活維持のために活用されており，かつ，処分するよ

りも保有している方が生活維持及び自立の助長に実効があがっているものや，社会通念上処分させることを適当としないもの等については，処分しなくても良いこととなっている[188]。そして，障害者の自動車の保有については，この「社会通念上処分させることを適当としないもの」に該当するとされている[189]。こうした解釈によって，障害者が，通勤や通院，通所等に自動車を利用する場合には，当該障害者が，自動車を保有することが可能となっている[190]。同様に，身体障害者等がいる世帯が，当該身体障害者等の身体状況又は病状からルームエアコンを利用している場合も，ルームエアコンは，「社会通念上処分させることを適当としないもの」に該当するとして，その保有が可能とされている[191]。

次に，その他の資産の保有について見てみると，一般的には，「一般世帯との均衡を失することにならない」ように，当該物品の普及率が，当該地域の全世帯の70％程度である場合には，その保有が認められることとなっている。しかしながら，利用の必要性において同様の状態にある世帯に限ってみた場合に90％程度の普及率があるものについては，全世帯の普及率が70％程度に達していなくても保有が認められる[192]。したがって，障害者のいる世帯における普及率が90％程度に達しているものについては，その保有が可能である。

最後に，収入認定においても，「障害」は，考慮されている。例えば，生活保護の実施にあたって，以下のものが，収入認定の対象から外されている。①心身障害児（者），老人等社会生活を営む上で特に社会的な障害を有する

---

188 「生活保護法による保護の実施要領について」昭和36年4月1日発社第123号第三

189 「生活保護法による保護の実施要領の取扱いについて」昭和38年4月1日社保第34号第三問九，問一二。

190 高齢の障害者の自動車保有を理由とする保護停止処分を違法とした裁判例として，福岡地判平成21年5月29日賃金と社会保障1499号29頁がある。同判決は，前注通知の合理性を肯定した上で，本件原告らは，自動車保有を容認する基準を定める実施要領の要件を満たしているとして，保護停止処分の取消しを命じた。

191 「生活保護法による保護の実施要領の取扱いについて」昭和38年4月1日社保第34号第三問一七。

192 「生活保護法による保護の実施要領の取扱いについて」昭和38年4月1日社保第34号第三問六。

者の福祉を図るため，地方公共団体又はその長が条例等に基づき定期的に支給する金銭のうち支給対象者1人につき8000円以内の額（月額），②独立行政法人福祉医療機構法12条1項10号に規定する心身障害者扶養共済制度により地方公共団体から支給される年金である[193]。また，一般的に，③社会事業団体その他（地方公共団体及びその長を除く）から被保護者に対して臨時的に恵与された慈善的性質を有する金銭であって，社会通念上収入として認定することが適当でないものや，④自立更生を目的として恵与される金銭のうち当該被保護世帯の自立更生のためにあてられる額も，収入認定の対象とはされてない[194]。そして，障害年金と生活保護費から，介護費用ほか将来の出費に備えるために蓄えた約80万円につき，収入認定の対象外とし，これを収入認定してなされた生活扶助費を減額する旨の保護変更処分を違法とした裁判例も存在しているところである[195]。

C 小 括

生活保護は，「生活困窮に陥った者」に対する最後のセイフティネットとしての機能を有するものである。障害基礎年金の支給額が，それのみでは最低生活を維持できる水準にないことから，生活保護を受給している障害者は多く，障害者の生活保障において生活保護が果たしている役割は大きい。

生活保護は，いくつかの基本原理に基づいて実施されているが，中でも重要なのが，補足性の原理である。これは，生活保護を受給するには，その前提条件として，あらゆる資産・能力・その他の手段を活用及び利用して，その生活の維持に努めなければならないことを意味している。また，親族による扶養も保護に先立ち求められる。したがって，活用できる資産や，頼るべき家族がある場合には，生活保護を受給することはできない。

他方で，生活保護は，障害者に対する特別な配慮も行っている。まず，障

---

[193] 石川県が支給する心身障害者扶養共済年金の収入認定が問題となった事案として，高訴訟（金沢地判平成11年6月11日判タ1059号68頁）がある。原審・控訴審ともに，心身障害者扶養共済年金は，収入認定の対象とはならない旨を判示し，これを収入認定してなされた保護変更処分を取り消した。

[194] 前掲・「生活保護法による保護の実施要領について」第八・三（三）。

[195] 秋田地判平成5年4月23日判時1459号48頁（加藤訴訟）。

害者には，障害ゆえに必要となる特別な生活需要を勘案して，基本生計費に加えて，障害者加算が支給されることとなっている。次に，障害者については，一定の場合に，自動車の保有やルームエアコンの保有も認められることとなっている（補足性の原理の緩和）。さらに，地方公共団体から支給される心身障害者扶養共済年金等，障害者が支給の対象となる給付の一部は，収入認定の対象からも外されている。生活保護は，原因を問わず，広く「生活困窮に陥った者」を救済する一般的制度であるが，障害ゆえに特別なニーズを有することとなる障害者に対して，一定の配慮を行っていると言える。

3　まとめ

以上，現行の障害者所得保障制度として，①障害年金制度，②特別障害者手当制度，③生活保護制度を順に確認してきた。障害年金と特別障害者手当とが，「障害」を支給事由とする給付であるのに対して，生活保護は，原因を問わず「生活困窮に陥った者」に対して支給される点に特徴がある。以下で，①から③を総体的に見た場合に見えてくる，日本における障害者所得保障制度の特徴を整理しておきたい。

まず，障害者への所得保障において中心的な役割を果たしているのは，障害年金制度である。現行制度は，1985年の年金法改正によって確立されたもので，現在では，原則として，すべての障害者に，障害基礎年金が支給される仕組みとなっている。すなわち，国民年金への加入が義務付けられる20歳以降に障害を負った者については，保険給付として拠出制の障害基礎年金が支給され，国民年金への加入前の20歳未満時に障害を負った者には，無拠出制の障害基礎年金が支給されることとなっている。

このように，日本の障害年金制度は，理論上は，すべての障害者に障害基礎年金を保障するものとなっている。しかし，拠出制の障害基礎年金を受給するためには，一定の支給要件（被保険者であること，保険料の納付等）を満たしていなければならない。そのため，支給要件を満たしていない者（保険料を未納していた者等）は，障害基礎年金を受給できないこととなる[196]。

---

[196] 国民年金への加入が任意とされていた時代に，任意加入していなかった元学生・元専業主婦には，特別障害給付金が支給される。

第2節　社会保障制度による所得保障

しかしながら，日本には，生活困窮者一般に最低生活保障を行う生活保護制度が存在している。したがって，障害基礎年金を受給できない場合にも，生活困窮に陥っていれば，当該障害者は，生活保護によって最低生活を保障されることになる。また，障害基礎年金の額のみによって生活していくことが困難な場合にも，生活保護によって最低生活保障がなされることとなる。ただし，生活保護は，補足性の原理に基づいて実施されるため，保護を受けるには，まず，あらゆる資産・能力・その他の手段を活用・利用しなければならない。また，扶養する親族がいる場合には，親族による扶養が優先され，生活保護を受けることは難しくなる。そのため，扶養する親族がいる場合には，障害ゆえに働くことが困難で，所得保障の必要性が高い状況にあっても，公的な所得保障が何もないという状況に陥ってしまうことがある[197]。

他方，障害により生じる特別の負担の軽減を目的とするものとしては，特別障害者手当の制度が用意されている。特別障害者手当は，日常生活において常時特別の介護を必要とする在宅の重度障害者に対して支給されることとなっており，彼らへの所得保障をより厚いものにしている。また，1級の障害年金受給者には，2級の1.25倍の障害年金が支給されることとなっている。25％の加算の性格は，必ずしも明確ではないが，介護費のための加算と考えられており，これも，障害により生じる特別の負担を軽減する機能を有していると言える。

---

[197] 未成年者に対する親の扶養義務および夫婦間の扶養義務以外については，より弱い扶養義務しか課されておらず，扶養義務者に負担がしわ寄せされないよう配慮もなされている（注187参照）。しかし，日本では，生活保護の受給に対する拒否感情（スティグマ感情）が強いこともあり，就労所得を得ることが困難な障害者（特に成人した子）の生活の維持は，結局，家族（親）が負担しているということが，しばしば指摘されている。なお，前掲・岩崎論文（2007年）は，家族の扶養義務に関する問題は，障害者の所得保障政策にとって本質的な課題の1つであり，少なくとも成人障害者に対しては，家族の扶養義務を撤廃すべきであると主張している（10-11頁）。また，岩崎晋也は，別の論文において，日本のこれまでの障害者政策は，障害者の問題を家族に押しつけるものであったことを指摘し，障害者団体は，家族にすべてを押しつける無責任な政策からの脱却を訴えてきたことを示している。岩崎晋也「障害をもつ人に対する所得保障政策について」心と社会39巻3号（2008年）68-69頁。

第3節　障害に起因する特別な費用の保障

　最後に，障害に起因して生じる特別な費用の保障方法について，確認していきたい。障害者には，福祉サービスの利用等の特別な費用がかかることがある。この費用は，誰がどのように負担することとなっているのか。この点を，特に，福祉サービスに係る利用者負担の在り方から検討したい。まず，利用者負担に関する制度の沿革を確認し，次いで，現行制度の確認を行うこととする。

1　沿　　革[198]

　現在の日本では，福祉サービス等の利用に係る費用の一部は，利用者が負担することとなっている。障害者自立支援法（2005年）が導入した応益（定率）負担に対しては，とりわけ，障害当事者から強い批判がなされたが，それより以前にも，福祉サービス等の利用者たる障害者は，応能負担で，これに係る費用の一部を負担してきた。

　では，福祉サービス等の利用に係る費用の一部の自己負担は，どのような経緯で導入されたのか。以下で，障害者福祉各法における費用徴収制度の変遷を追い，障害者総合支援法に至るまでの過程を確認していきたい。

(1)　身体障害者・精神薄弱者福祉法制定当初

　1949年に制定された身体障害者福祉法は，制定当初，更生医療や補装具の給付に関しては，費用を徴収する規定を設けていたものの，身体障害者施設の利用に係る費用の徴収については，何らの規定も置いていなかった。しかし，こうした状況下で，身体障害者施設において，1950年から，一定以上の収入がある場合に限って，利用者から食費分のみを徴収することが，開始されることとなった。

　他方，1960年に制定された精神薄弱者福祉法（現・知的障害者福祉法）で

---

[198] 沿革の整理にあたっては，矢嶋里絵「障害者施設における費用徴収――動向と課題（上）」賃金と社会保障1067号（1991年）52-59頁，同「障害者施設における費用徴収――動向と課題（下）」賃金と社会保障1068号（1991年）51-61頁を参照した。

は，その制定当初より，施設利用者本人又は扶養義務者から，その負担能力に応じて，費用の全部又は一部を徴収できる旨の規定が置かれた（27条）[199]。しかし，こちらの場合も，知的障害者を抱える家族の経済的事情を配慮し，身体障害者の場合と同様に，費用徴収は，食費相当分のみに留まった[200]。こうした措置が採られた背景には，この当時，社会福祉の費用は，「原則として受益者に負担させるべきではなく，国と地方公共団体が負担すべき」ものであると考えられたこと[201]，また，障害者の費用負担の軽減は，「一般健常者との公平の観点」から図られるべきであると考えられたことがある。

(2) 施設利用費用負担規定の導入（1984年）

しかしながら，1972年に，まず，精神薄弱者施設において，「税制転用方式（＝本人と扶養義務者の前年度の税額を合算した額に基づいて費用を徴収する方式）」による費用徴収が開始されることとなる（1972年5月1日の「精神薄弱者福祉法による措置費国庫負担金及び国庫補助金の交付基準について（発児86-3）」による）。

そして，1982年に，身体障害者家庭奉仕員制度が，対象者の範囲の拡大に伴い有料化されたのに続き[202]，1984年には，身体障害者福祉法の改正により，同法に，施設利用費の徴収規定が設けられることとなった。1973年のオ

---

[199] 厚生省担当課は，費用徴収を行う理由として，「精神薄弱者福祉法による措置は，貧困を必ずしも要件とせず，貧富にかかわらず援護を要する者に福祉の措置をとるという積極的概念として把握される」ことを挙げている。厚生省社会局更生課（編）『精神薄弱者福祉法 解説と運用』新日本法規出版株式会社（1960年）160頁。

[200] 前掲・厚生省社会局更生課（編）書（1960年）159-161頁。なお，被保護者等の生活困難者については，費用の徴収は行われないこととされた。

[201] 1962年「社会保障制度の総合調整に関する基本方針についての答申および社会保障制度の推進に関する勧告」は，「社会福祉の費用は原則として国と地方公共団体が負担すべきである。……社会福祉は……原則として受益者に費用を負担させるべきではない」と述べている。しかしながら，同勧告は，同時に，「当人に負担能力があり，かつ受益できない者との均衡上適当である場合には，費用の一部を当人に負担させることもある。この場合に，どの程度負担させるかは個別的に判断するよりほかはないが，負担能力によって差を設けることが必要である」と述べている。社会保障研究所（編）『戦後の社会保障資料』至誠堂（1968年）258頁。

[202] ただし，所得税非課税世帯については，従来通り無料とされた。

イルショック以降の社会保障の見直し（すなわち，国庫負担の削減）の中で[203]，日常生活費を自身又は家族でまかなっている在宅障害者との負担の均衡等を根拠として[204]，利用者に対し，その負担能力に応じて，施設利用経費を負担すること（応能負担）が求められることとなったのである。そして，1985年の障害基礎年金の創設による障害者の負担能力の高まりを受けて，1986年からは，身体障害者施設及び精神薄弱者施設において，本人と扶養義務者の双方から費用を徴収する「二本立て徴収方式」が実施されることとなった[205]。

さらに，その後の1988年には，費用徴収の限度額や扶養義務者の範囲を変更する制度の見直しが実施された。これは，1987年の福祉関係三審議会合同分科会意見具申「社会福祉施設入所施設における費用徴収基準の当面のあり方について」[206]を受けて実施されたものである。1988年の見直しでは，身体

203　1980年には，老人福祉施設で，本人と扶養義務者の双方から費用徴収を行う「二本立て徴収方式」が導入された。

204　費用徴収を正当化する根拠として，しばしば引用されるのが，「公平（均衡）論」である。障害者施設利用者の費用徴収の導入に際しては，在宅の障害者や，児童・高齢者等の他の福祉利用者との公平が強調された。また，「公平論」と並び，「自立論」もその根拠とされた。自立論は，負担を課すことで，入所者が，「一方的に保護されるという立場」から離れ，「施設を主体的に利用する意識」をもつことができるようになることを費用徴収の正当化理由とする。しかし，「公平論」及び「自立論」に対しては，強い批判もなされている。前掲・矢島論文（下）51-53頁。

　なお，在宅よりも施設入所の方が，障害者本人又は家族の費用負担が軽い制度設計とすると，施設入所へのインセンティブが高まることとなることにも，注意が必要である。障害者本人が，その生活様式（在宅か施設入所か）を自由に選択できるようにするためには，費用負担は，在宅と施設入所とで，同じレベルとなることが望ましいとも考えられる。

205　扶養義務者からの費用徴収については，身体障害者施設と精神薄弱者施設とで以下のような違いが設けられた。すなわち，身体障害者施設では，同一世帯・同一生計の「配偶者，父母，及び，子のうちの最多納税額者」の納税額に応じて費用徴収がなされたのに対し，精神薄弱者施設では，同一世帯・同一生計の「直系血族・配偶者すべての課税合計額」に応じて費用徴収がなされた。

206　同具申は，①本人からの費用徴収に一層の重点をおくこと，②徴収限度額を徐々に引き上げること，③利用者の負担能力に従って徴収する応能負担を原則とすること等を基本的考えとしていくことを示した。

障害者・精神薄弱者（知的障害者）双方について，「同一世帯・同一生計の配偶者及び子のうちの最多納税額者」を扶養義務者とし，親をその範囲から外した点や，必要経費を拡大した点において，障害者にとって有利な見直しがなされたが，徴収限度額の引上げや低所得者からの費用徴収等，障害者に不利な見直しも実施された。

(3) **応能負担から応益負担へ（2005年障害者自立支援法）**[207]

　こうして，障害者福祉では，応能負担を原則とする費用徴収が開始され，実施されてきたが，この応能負担原則は，2005年障害者自立支援法によって見直されることとなる。すなわち，障害者自立支援法によって，福祉サービス等の利用者に対し，原則として1割の自己負担を求める応益（定率）負担が導入されることとなったのである。

　応益（定率）負担導入の背景には，2003年4月に施行された支援費制度[208]によりサービスの利用が増大した結果，深刻な予算不足が発生していたことがある。また，支援費制度の下では，仮に，サービスに係る給付費（費用）が予算を大幅に上回ったとしても，国が，その不足分を必ずしも補助しなくて良い仕組みが採用されており（いわゆる裁量的経費），制度がサービスの伸びに十分対応できない仕組みとなっていた点も，問題として指摘されていた。

　そこで，2005年障害者自立支援法によって，引き続きサービス量の拡大を図りつつ，これを支えることのできる枠組みを確立することが，目指されることとなった。まず，実施されたのが，国及び都道府県の費用負担の見直しである。この見直しによって，国及び都道府県は，居宅サービスにつき市町

---

[207] 障害者福祉研究会（編）『逐条解説 障害者自立支援法』中央法規出版（2007年）19-22頁。

[208] 支援費制度が導入される以前，福祉サービスは，行政が行う措置決定に基づいて提供されていた。その仕組みは，行政が利用者のサービスを決定し，行政がその費用を委託費用として事業者（サービス提供者）に支払うというものであった。しかし，この仕組みは，支援費制度の導入により，次のような仕組みに変更された。すなわち，サービス利用者が自らサービスを提供する事業者を選択し，その事業者と契約を締結し，利用者が事業者にサービスの対価として費用（自己負担分）を支払う仕組みである。こうした支援費制度の導入に伴い，利用者の「自己選択」や「自己決定」という考え方も広まることとなった。

村が支弁した費用の一部を法律上必ず負担しなければならないこととなった（裁量的経費から義務的経費へ）。そして，利用者負担の在り方も見直され，従来の応能負担に代えて，応益（定率）負担が導入されることとなった。国及び都道府県の「財政責任の明確化」と応益（定率）負担の導入とは，共に，「増大する福祉サービス等の費用を皆で負担し支え合う仕組みの強化」を目的とするものであったが，特に，後者の応益（定率）負担の導入に関しては，利用したサービスの量や所得に応じた「公平な負担」を利用者に求めることが強調された[209]。

(4) 応益負担の維持（2012年障害者総合支援法）

しかしながら，既に述べたように，応益（定率）負担の導入に対しては，多くの障害当事者から，強い批判が寄せられることとなった。「公平な負担」とは何かということが，問題となったのである。そして，障害者自立支援法による応益（定率）負担の導入は，その合憲性を問う訴訟にまで発展した。ただし，訴訟そのものは，2010年1月7日，原告団・弁護団と国（厚生労働省）との間で，応益（定率）負担制度を廃止する旨の基本合意文書が結ばれ，和解により終結した。

そして，その後，内閣府に置かれた障がい者制度改革推進会議総合福祉部会の下で，2010年4月以降，障害福祉サービスの利用者負担の在り方についての議論が，障害当事者の参加の下，新たな障害福祉の在り方を検討する中で，繰り広げられることとなった。その成果が，2011年8月に公表された「障害者総合福祉法の骨格に関する総合福祉部会の提言――新法の制定を目指して」である。同提言は，利用者負担について次のような結論を示した。すなわち，「他の者との平等の観点から，食材費や光熱水費等の誰もが支払う費用は負担をすべきであるが，障害に伴う必要な支援は，原則無償とすべきである。ただし，高額な収入のある者には，収入に応じた負担を求める。その際，認定する収入は，成人の場合は障害者本人の収入，未成年の障害者の場合は世帯主の収入とする。また，高額な収入のある者の利用者負担については，介護保険の利用を含む必要なサービスの利用者負担を合算し，現行

---

[209] http：//www.mhlw.go.jp/topics/2005/02/tp0214-1a.html

の負担水準を上回らないものとすることが必要である」。

このように、総合福祉部会は、障害福祉サービスの利用者負担について、原則無償とすべき旨の提言を行ったが、2012年6月に成立した障害者総合支援法は、利用者負担の在り方を見直すことなく、応益（定率）負担を原則とすることを維持した。2010年1月の基本合意、及び、2011年8月の総合福祉部会の提言を無視する形で成立した総合支援法に対しては、障害当事者・障害者団体から強い批判が寄せられている。

2　現行制度

それでは、次に、障害者総合支援法（2013年4月施行）の内容を確認していきたい。障害者総合支援法は、障害福祉サービスの利用等に係る費用に対して自立支援給付を支給することで、これに係る費用を公的に負担することを定める法律である。同法の目的は、「障害者及び障害児が基本的人権を享有する個人としての尊厳にふさわしい日常生活又は社会生活を営むことができるよう、必要な障害福祉サービスに係る給付……（等）を総合的に行い、もって障害者及び障害児の福祉の増進を図る」ことにある（障害者総合支援法1条）。

(1) 自立支援給付

障害者総合支援法は、自立支援給付として、①介護給付費、②特例介護給付費、③訓練等給付費、④特例訓練等給付費、⑤地域相談支援給付費、⑥特例地域相談支援給付費、⑦計画相談支援給付費、⑧特例計画相談支援給付費、⑨自立支援医療費、⑩療養介護医療費、⑪基準該当療養介護医療費、⑫補装具費、⑬特定障害者特別給付費、⑭特例特定障害者特別給付費、⑮高額障害福祉サービス等給付費を支給する旨を定めている（6条）。

これらは、障害福祉サービスに要する費用を給付するもの（①〜⑧）（**A**）、自立支援医療、療養介護医療等の医療に要する費用を給付するもの（⑨〜⑪）（**B**）、補装具の購入や修理に要する費用を給付するもの（⑫）（**C**）、障害者の負担を軽減するために給付されるもの（⑬〜⑮）（**D**）に分類することができる。

A 障害福祉サービスに要する費用に対する給付

まず、①の介護給付費は、居宅介護や重度訪問介護、行動援護、療養介護（医療に係るものを除く）、生活介護、短期入所、重度障害者等包括支援等の障害福祉サービスの利用に係る費用に対する給付である（28条1項）。支給決定を受けた障害者が、都道府県知事の指定を受けた障害福祉サービス事業者もしくは障害者支援施設において、これらのサービスを利用すると、介護給付費が支給される。②の特例介護給付費は、支給決定を受けた障害者が、支給決定の効力が発生する前に、緊急等やむを得ない事情で、これらの障害福祉サービスを受けた場合や、支給決定を受けた障害者が、指定障害福祉サービス以外の一定のサービス（基準該当障害福祉サービス）を受けた場合に支給される（30条1項）。

次に、③の訓練等給付費は、自立訓練や就労移行支援、就労継続支援等の障害福祉サービスの利用に係る費用に対して支給されるものである（28条2項）。①と同様、支給決定を受けた障害者が、これらの障害福祉サービスを利用すると、訓練等給付費が支給される。④の特例訓練等給付費は、②と同様の場合に、支給されるものである（30条1項）。

そして、⑤の地域相談支援給付費は、施設入所の障害者が地域移行支援を受けた場合や、一人暮らしの障害者が地域定着支援を受けた場合に係る費用に対する給付である（5条17項、51条の13）。⑥の特例地域相談支援給付費は、地域相談支援の支給決定を受けた障害者が、支給決定の効力が発生する前に、緊急等やむを得ない事情でこれを受けた場合に、支給される（51条の15）。

最後に、⑦の計画相談支援給付費は、障害者が、サービス等利用計画の作成等を支援するサービス利用支援や、サービス等利用計画の変更等を支援する継続サービス利用支援を受けた場合に支給されるものである（5条17項、51条の16）。⑧の特例計画相談支援給付費は、支給決定を受けた障害者が、指定計画相談支援以外の一定のサービスを受けた場合に、必要に応じて支給される（51条の18）。

B 自立支援医療等に係る費用に対する給付

次に、障害ゆえに必要な医療に係る費用に対して支給される自立支援給付として、以下の給付がある。

⑨の自立支援医療費は，支給決定を受けた障害者が，指定自立支援医療機関から自立支援医療を受けた場合に支給されるものである（58条）。自立支援医療は，障害者及び障害児が，その心身の障害の状態の軽減を図り，自立した日常生活又は社会生活を営むために必要な医療（公費負担医療）のことを言い（5条23項），これには，①身体障害児の健全な育成を図るために，身体障害児に対して行われる生活の能力を得るために必要な医療（育成医療），②身体障害者の自立と社会経済活動への参加の促進を図るため，身体障害者に対して行われるその更生のために必要な医療（更生医療），精神障害の適正な医療の普及を図るため，精神障害者に対して行われる精神通院医療の3種類がある（規則36条）。

⑩の療養介護医療費は，療養介護医療に係る費用に対して支給されるものである（70条）。療養介護医療とは，療養介護（＝医療を要する障害者であって，常時介護を要する者につき，主として昼間において，病院において行われる機能訓練，療養上の管理，看護，医学的管理の下における介護及び日常生活上の世話の供与）のうち，医療に係るものを言う（5条6項）。療養介護医療に要する費用は，健康保険の対象となるものであることから，介護給付費等とは異なる給付費として用意されている。

⑪の基準該当療養介護医療費は，特例介護給付費の支給決定を受けた障害者が，基準該当療養介護医療を受けた時に，支給されるものである（71条）。

C 補装具費に対する給付

⑫の補装具費は，補装具の購入費や修理費に対して支給されるものである（76条）。従来，補装具に関する給付は，現物給付であったが，障害者自立支援法によって，補装具の購入や修理に係る費用を償還する制度に変更となった。なお，補装具費は，障害者本人又はその家族（障害者の場合は，その配偶者に限る）に一定以上の所得があると（＝市町村民税の所得割の額が46万円以上），支給されない（施行令43条の2）。

D 障害者の負担軽減のための給付

最後に，⑬〜⑮は，障害者の負担の軽減を目的として設けられているものである。

まず、⑬の特定障害者特別給付費は、障害者支援施設等で生じる食費や居住・滞在に要する費用に対して支給されるものである（34条）。障害者自立支援法では、食事の提供に要する費用や、居住・滞在に要する費用、その他の日常生活に要する費用等は、特定費用として、介護給付費及び訓練等給付費の支給対象から除かれている。すなわち、これらは、原則として、利用者の負担となる。支援費制度の下では、身体障害者については食費の提供に要する費用が、知的障害者については食事の提供に要する費用及び日用品費等の費用が給付の対象となっていたが、これらの費用は、利用者の障害の状況や生活の場のいかんにかかわらず必要となる費用であるとの理由から、施設入所者と在宅生活者との間の負担の公平を勘案して、2005年の障害者自立支援法において、利用者負担とされることとなった。しかしながら、低所得者にとって、これは大きな負担となる。そこで、低所得者の負担を軽減するために設けられているのが、特定障害者特別給付費である。なお、⑭の特例特定障害者特別給付費は、②の場合と同様の場合に支給される（35条）。

次に、⑮の高額障害福祉サービス等給付費は、同一の世帯に支給決定障害者が複数いる場合等、世帯の負担が著しく高額であるときに、それが世帯全体に与える影響に配慮して、支給されるものである（76条の2）。

(2) 支給決定手続き

上記の自立支援給付の支給を受けるためには、市町村から支給決定を受ける必要がある。以下で、主要な自立支援給付の支給決定手続きを確認しておきたい。

A 介護給付費・訓練等給付費の支給決定手続き

まず、①の介護給付費、及び、③の訓練等給付費の支給を希望する障害者は、市町村に対して、これら給付の支給決定申請を行なわなければならない（20条1項）。

申請が受理されると、市町村は、障害程度区分（2014年4月より、障害支援区分[210]）の認定と支給の要否の決定を行うために、障害者の心身の状況や置

---

210 障害程度区分は、「障害の程度（重さ）」ではなく、支援の必要の度合いを示す区分

かれている環境，その他厚生労働省令で定める事項を調査することとなる（20条2項）。障害程度（支援）区分を審査・判定するための調査項目は，障害者の特性を踏まえた判定が行われるよう，介護保険の要介護認定調査項目（79項目）に，掃除や買い物等の日常生活面に関する項目（7項目），多動やこだわり等の行動障害に関する項目（9項目），話がまとまらない等の精神面に関する項目（11項目）の計27項目を加えた106項目からなっている[211]。判定にあたっては，まず初めに，上記106項目のうち介護保険と同じ79項目及び日常生活面に関する7項目の調査結果をコンピュータに入力して，1次判定が行われる（市町村が実施）。

　次いで，市町村審査会（15条）において，1次判定の結果，行動障害に関する9項目，精神面等に関する11項目，特記事項，及び，医師の意見書をもとにして，2次判定が行われる。なお，審査判定にあたっては，審査会が必要と認めた場合に，申請のあった障害者，その家族，医師，その他の関係者から意見を聴くことができることとなっている（21条2項）。これらの手続きを経た上で，最後に，市町村が，市町村審査会の審査判定に基づき，障害程度（支援）区分の認定を行う（21条1項）。障害程度（支援）区分は，厚生労働省令によって区分1から区分6の6段階に分けられている。

　障害程度（支援）区分の認定に続いて，市町村は，支給要否の決定を行うこととなる。支給要否の決定にあたっては，申請のあった障害者の障害程度（支援）区分の他に，障害者の介護を行う者の状況，介護給付費等の受給の状況，障害者のサービス利用に関する意向の具体的内容，障害者の置かれている環境，サービス提供体制の整備の状況等が勘案される（22条1項，規則12条）。なお，支給要否の決定にあたっても，市町村は，必要な場合に，市町村審査会，身体障害者更生相談所，知的障害者更生相談所，精神保健福祉センター等の意見を聴くことができる。そして，市町村審査会，身体障害者更生相談所等は，意見を述べるにあたり，障害者本人やその家族，医師，その他の関係者の意見を聴くことができることとなっている（22条2・3項）。

　　であることが明確になるように，2012年の障害者総合支援法により，障害支援区分に変更された。
211　障害程度区分に係る市町村審査会による審査及び判定の基準等に関する省令（厚生労働省令第40号）。

最終的に支給決定を行う際には，市町村は，サービスの種類ごとに1か月を単位として支給するサービスの量（支給量）も決定しなければならない（22条7項）。そして，最後に，市町村から，支給量その他を記載した障害福祉サービス受給証が，障害者に交付されることとなる（22条8項）。この障害福祉サービス受給証に記載された支給量が，当該障害者のサービス利用量の上限となる[212]。

B 自立支援医療費の支給認定手続き

次に，⑨の自立支援医療費の支給を希望する場合の手続きは，以下の通りである。

まず，自立支援医療費の支給を受けたい障害者は，市町村等[213]による自立支援医療を支給する旨の認定（支給認定）を受けなければならない（52条1項）。そのため，自立支援医療費の支給を受けたい障害者の側から，まず初めに，支給認定の申請を行う必要がある（53条1項）。

次いで，支給認定の申請を受けた市町村等は，申請者の心身の障害の状態から見て，自立支援医療を受ける必要があり，かつ，当該障害者又はその属する世帯の所得の状況，治療状況，その他の事情を勘案して政令で定める基準に該当する場合（＝世帯の市町村民税〔所得割〕の合計が23万5000円未満の場合）に，自立支援医療の種類ごとに，支給認定を行う（54条1項，施行令29条1項）。支給認定がなされると，次に，市町村等は，指定自立支援医療機関の中から，当該障害者が自立支援医療を受ける機関を定めることとなる（54条2項）。そして，最後に，市町村等は，支給認定障害者に対して，2項の規定により定められた指定自立支援医療機関の名称等を記載した自立支援医療受給者証を交付して（54条3項），支給認定は完了する。自立支援医療を受ける障害者は，その都度，指定自立支援医療機関に自立支援医療受給者証を提示して医療を受けることになる（58条2項）。

---

212 上限が，障害者ごとに個別に設定される点が，要介護度の区分ごとに上限が設定される介護保険と異なっている。

213 更生医療については，その実施主体である市町村，育成医療及び精神通院医療については，その実施主体である都道府県による支給認定を受けなければならない。

C　補装具費の支給決定手続き

⑫の補装具費の支給を希望する場合も，まず，市町村に対して，支給申請を行わなければならない。申請を受けた市町村は，申請者たる障害者の障害の状態から見て，当該障害者が補装具の購入又は修理を必要とする者であると認められる場合に，補装具費の支給決定を行うことになる（76条）。

(3)　利用者負担

以上の手続きで支給決定・支給認定を受けた障害者は，障害福祉サービスの利用や自立支援医療に要した費用について，自立支援給付の支給を受けることになる。ただし，自立支援給付として支給されるのは，障害福祉サービスや自立支援医療に要した費用の一部（又は全部）である。

上述のように，2011年8月の総合福祉部会の提言では，利用者負担をゼロにすることが提案されたが，障害者総合支援法は，下記のような形で，障害者の負担となる費用を残している。

A　自己負担率

まず，①の介護給付費，及び，③の訓練等給付費については，サービスに「通常要する費用」として厚生労働大臣が定める基準により算定した費用の額（実費がそれより少なければ実費）の100分の90に相当する額が，自立支援給付として支給されることとなっている（29条3項2号）。したがって，サービス利用者たる障害者は，残りの1割を自己負担しなければならない（応益〔定率〕負担）[214]。

次に，⑨の自立支援医療費，⑩療養介護医療費，⑪基準該当療養介護医療費については，健康保険の療養に要する費用の額の例により算定した額の100分の90に相当する額が，自立支援給付として支給されるとされている（58条3項1号，70条2項，71条2項）。したがって，自立支援医療等を受けた

---

[214] 自立支援給付については，障害者本人にこれを支給する代わりに，直接，指定事業者・施設に支払うことが可能とされている（代理受領方式：29条4項）。代理受領方式を採らなかった場合，サービスの利用者は，その費用の全額を事業者や施設に支払わなければならないが，代理受領方式の採用により，利用者たる障害者は，事業者や施設に対して，費用の1割（自己負担分）のみを支払えば良いこととなっている。

障害者にも，1割の自己負担が課されることになる。なお，自立支援医療費等は，所得が一定以上の場合（世帯の市町村民税〔所得割〕の合計が23万5000円以上の場合）には，支給されない（施行令29条）。この場合，当該障害者は，医療保険の保険給付を受けることとなり，自己負担分は3割となる[215]。

さらに，⑫補装具費の額についても，購入又は修理に通常要する費用の額を勘案して厚生労働大臣が定めた基準の100分の90とする旨が定められている（76条2項）。したがって，補装具の購入・修理を行った障害者には，1割の自己負担が課せられることになる。なお，補装具費についても，前述のように，本人又は家族の所得が一定以上の場合には，支給がない。この場合には，補装具の購入・修理費用は，全額本人負担となる。

これらに対し，⑤の地域相談支援給付費や⑦の計画相談支援給付費については，10割給付がなされることとなっている（51条の14第3項，51条の17第2項）。したがって，サービス等利用計画の作成や変更に要した費用に関しては，利用者負担はない。

B 負担軽減策

このように，⑤の地域相談支援給付費や⑦の計画相談支援給付費については，10割給付がなされるものの，①や③の障害福祉サービスや，⑨の自立支援医療，⑫の補装具等については，これに要する費用の1割が，障害者本人の負担とされている。しかし，このような1割負担（定率負担）は，とりわけ，低所得層にとって過度な負担となることがある。そこで，障害者のいる世帯の家計に与える影響等を斟酌して，負担軽減策が講じられている。

まず，定率負担の軽減措置として，世帯の収入に応じた負担上限額（月額）の設定がなされている。施設入所者の介護給付費又は訓練等給付費，及び，補装具費の負担上限額は，表7の通りである。

次に，自立支援医療費における負担上限額は，表8の通りである。自立支援医療では，低所得層以外についても，継続的に相当額の医療費負担が発生する者（「重度かつ継続」）について，負担上限額を設定している。

---

215 ただし，医療上の必要性から継続的に相当額の医療費負担が生じる場合については，負担上限額が，経過措置として設定されている。

第3節　障害に起因する特別な費用の保障

表7　月額負担上限額（入所の場合）：介護給付費又は訓練等給付費，及び，補装具費（2012年度）

区分	世帯の収入状況	月額負担上限額
生活保護	生活保護受給世帯	0円
低所得1	市町村民税非課税世帯で，サービスを利用する本人の収入が80万円以下の者	0円＊
低所得2	市町村民税非課税世帯	0円＊
一般	市町村民税課税世帯	3万7200円

＊　2010年4月1日から，低所得（市町村民税非課税）の障害者についても，福祉サービス及び補装具に係る利用者負担が無料となった[216]。

表8　月額負担上限額：自立支援医療（更生医療・精神通院医療）（2012年度）

区分		負担上限額	（重度かつ継続）
一定所得以下	生活保護	0円	
	低所得1	2500円	
	低所得2	5000円	
中間所得層	市町村民税＜3万3000円（所得割）	医療保険の自己負担限度額	5000円
	3万3000円≦市町村民税＜23万5000円（所得割）	医療保険の自己負担限度額	1万円
一定所得以上	23万5000円≦市町村民税（所得割）	公費負担の対象外（医療保険の負担割合・負担限度額）	2万円

（注）　網掛け部分：1割負担

　このように，障害者総合支援法は，1割の定率負担を原則としつつも，負担上限額を設定する負担軽減措置によって，低所得者の負担への配慮を行っている。また，障害者総合支援法には，特定障害者特別給付費や高額障害福祉サービス費等（(1)Dを参照）の，障害者の負担を軽減するための給付も用意されている。利用者たる障害者に，応益（定率）負担や食費・光熱費等の実費負担を求めつつも，低所得層に対して一定の配慮を行う制度設計が試みられていると言えよう。

216　http：//www.mhlw.go.jp/bunya/shougaihoken/minaoshi/03.html

3 まとめ

　障害者には，福祉サービスの利用費や補装具の購入費等，障害に起因して特別な費用がかかることがある。障害者総合支援法は，こうした費用の9割（又は10割）を保障するものとして，自立支援給付を支給する。

　自立支援給付は，費用のすべてを保障する給付ではないため，同給付によって保障されない部分（残された1割の部分）は，原則として，利用者たる障害者の負担となる。しかし，1割負担（定率負担）は，とりわけ，低所得の障害者にとって重い負担となることがある。そこで，障害者総合支援法では，その負担を軽減するために，1か月に負担する額に上限が設けられている。また，2010年4月からは，低所得層の自己負担をゼロにする措置も採られているところである。2012年の法改正に際して，総合福祉部会が提言した障害福祉サービス等に係る費用を原則無償とする見直しは，実現されなかった。しかし，障害者総合支援法は，利用者負担の在り方として，1割の応益（定率）負担を採用しつつも，低所得層に対する配慮を行い，応能負担的な要素を組み込んでいると言うことができる。

　また，障害者総合支援法は，施設入所に係る食費や光熱費等について，原則として，利用者に実費負担を課すこととしている。しかし，この実費負担についても，低所得の障害者に対しては，自立支援給付の1つとして，特定障害者特別給付費等を支給することとしており，その負担の軽減を図っている。

　低所得層への負担軽減が，十分なものであるか否かについての評価の問題は残るが，障害者総合支援法では，低所得層に一定の配慮を示す制度設計が試みられていると言うことができよう。

第4節　総　　括

　以上，日本における障害者雇用政策（第1節），社会保障制度による障害者への所得保障制度（第2節），及び，障害に起因する費用の保障方法（＝福祉サービス（等）の費用負担の仕組み）（第3節）について確認してきた。それぞれの制度の特徴は，各節の終わりで，まとめた通りであるが，最後に，こ

れらを総括して，各制度の相互関係を整理しておきたい。まず，障害者雇用政策と社会保障制度による障害者への所得保障との間の関係を確認し（1），次いで，社会保障制度による障害者への所得保障と障害に起因する特別な費用の保障との間の関係を確認することとする（2）。

1 障害者雇用政策と社会保障制度による障害者への所得保障

まず，障害者雇用政策と社会保障制度による障害者への所得保障（＝障害年金）との間には，次のような関係が確認される。

日本では，障害者雇用政策の中で実施されている就労機会の保障は，雇用義務（率）制度を通じて実現されている。日本の雇用率は，民間企業で2.0％（2013年4月1日より）と，ドイツ（5％）やフランス（6％）と比較すると低い水準にあるものの，全労働者（除外率相当分は除く）に占める身体・知的障害を持つ労働者の割合を基に設定されており，実雇用率も，年々，わずかながら伸びてきている。こうした雇用義務（率）制度の存在によって，障害者には，雇用機会（就労所得を得る機会）の保障がなされていると言える。

しかしながら，障害者に一定水準以上の就労所得を保障する制度は，整えられていない。労働能力の低減した障害者に関しては，最低賃金の減額が認められている一方で，減額された賃金分を公的に補足する制度は設けられていない。また，福祉的就労の場で働く障害者には，労働法典の適用がないこともあって，そこで働く障害者の賃金（工賃）は，著しく低い水準にある。そして，これを補足する給付も，存在していない。それゆえに，日本では，十分な就労所得を得られない障害者に対し，社会保障制度を通じて所得保障を行う必要性が高まることとなっている。

しかしながら，就労による所得保障と社会保障制度による所得保障との間の役割分担は，必ずしも明確ではない。まず，日本の障害年金は，「労働・稼得能力の喪失・減退」との関係が非常に曖昧である。20歳未満障害者を支給の対象とする無拠出制の障害基礎年金については，支給に所得制限が設けられており（事前の拠出がないことを理由とする），就労等によって得られる所得が少ない場合に限って，社会保障給付たる障害年金が支給されるという構造が見られる。しかし，20歳以降障害者が支給対象となる拠出制の障害基

礎年金，及び，厚生年金加入者に支給される障害厚生年金の支給には，所得制限は設けられていない。それゆえ，拠出制の障害基礎年金と障害厚生年金は，高額な就労所得を得ている者にも，支給されることとなっている。

その一方で，日本の障害年金は，全体として，医学的に判定される機能障害を認定の基準として支給されることとなっている。それゆえ，機能障害の程度が，1級・2級よりも軽いと認定されると，障害ゆえに就労できない場合や，就労所得が非常に少ない場合であっても，障害年金を受給することはできない。また，障害年金（特に，拠出制障害基礎年金・障害厚生年金）の支給には，一定の要件（加入期間，保険料の納付等）が課されているため，この要件を満たさない場合には，障害ゆえに就労が困難であっても，障害年金の支給を受けることはできない。

結局のところ，日本の障害年金制度は，「就労・稼得能力の喪失・減退」との関係を曖昧にしたままに，制度の構築がなされていることを指摘することができよう。そして，それゆえに，就労機会の保障による所得保障と社会保障制度による所得保障との間の役割分担も不明確なものとなり，高額な所得を得ている者が障害年金を受給したり，あるいは，障害ゆえに就労に困難を抱える者が，障害年金の支給を受けられないという事態が発生することとなっている。

2 社会保障制度による障害者への所得保障と障害に起因する特別な費用の保障

次に，社会保障制度による障害者への所得保障と障害に起因する特別な費用の保障との間の関係については，以下の点を指摘することができよう。

まず，障害に起因する特別な費用を保障するものとして，自立支援給付がある。しかし，これは，福祉サービス等の利用に要する費用の9割しか保障しない。したがって，福祉サービスの利用者たる障害者は，原則として，残りの1割を自己負担しなければならないことになる。

この点，社会保障制度による障害者所得保障制度では，次のような給付が用意されている。まず，特別障害者手当が，障害ゆえに必要となる精神的，物質的な特別な負担を軽減することを目的として，支給されることとなっている。また，より重い障害を持つ1級の障害年金受給者に対しては，2級の

1.25倍の障害年金が支給されることとなっている。25％の加算の性格は，必ずしも明らかではないが，介護料のための加算であるとの説明がなされている。したがって，これら2つの給付（特別障害者手当，及び，1級の加算部分）は，上記1割の福祉サービスの利用に係る自己負担分をカバーする役割を担いうるものであると言うことができよう。

しかしながら，特別障害者手当は，著しい重度の障害の状態にあるため，日常生活において常時特別の介護を必要とする在宅の重度障害者のみを支給対象とするものである。特別障害者手当には，支給対象が非常に狭いという問題がある。また，1級の25％の加算は，実際の福祉サービス等に対するニーズに応じてではなく，医学的に判定される機能障害に応じて，認められるものである。機能障害の程度がより軽い2級の障害年金受給者は，福祉サービス等に対するニーズを有していても，この加算による利益を享受することはできない。そのため，日本では，上記1割の自己負担分を特別障害者手当や1級の25％の加算によってカバーすることができず，障害基礎年金等からこれを賄わなければならない障害者も，存在することになっている。

このような事態は，結局のところ，日本では，福祉サービス等の利用に係る1割の自己負担分を最終的に誰が負担するのかという点に関して，十分な議論がなされていないことに起因して発生しているように思われる。また，社会保障制度による障害者への所得保障の目的が，基本的生活を保障することにあるのか，それとも，障害に起因する特別な費用を保障することにあるのか，必ずしも明確にはされていない点も，こうした事態を発生させる一因となっていると言うことができよう。

3 まとめ

以上より，日本では，個別分野ごとに制度は整えられているものの，それぞれの相互の関係付けや役割分担は，必ずしも明確にはされていないことが確認されよう。これは，とりわけ，日本の社会保障制度における障害者への所得保障制度の役割・機能が曖昧であることに起因しているように思われる。

第2章においては，こうした点を踏まえた上で，比較対象として選定したフランスの法制度について，調査・検討を行い，日本の法制度に対する示唆を得ることを試みることとしたい。

第2章 フ ラ ン ス

　第2章では，フランスにおける障害者雇用政策（第1節），社会保障制度による障害者への所得保障制度（第2節），及び，障害に起因する特別な費用の保障方法（第3節）について，その沿革を簡潔に振り返った上で，現行制度の確認を行う。本章の目的は，フランスの法制度を具に調査・分析することにより，フランスの法制度の特徴を明らかにし，日本の法制度に対する何らかの示唆を得ることにある。

第1節　障害者雇用政策

　第1節では，フランスの障害者雇用政策を調査・分析し，フランスにおける障害者への就労機会，及び，就労所得の保障方法について検討する。
　フランスの障害者雇用政策は，第1次世界大戦後の傷痍軍人を対象とする雇用対策から始まり，現在は，障害の原因を問わない，すべての障害者を対象とする政策へと発展を遂げている。6％という非常に高い雇用率を定める雇用義務（率）制度を有していることで有名であるが，その一方で，1990年の段階で既に，障害を理由とする雇用差別の禁止原則も確立させている。フランスは，イギリスやアメリカとは異なり，雇用義務（率）制度と差別禁止原則とを並存させている国としても，注目される。
　以下で，フランスの障害者雇用政策の歴史を振り返った上で，現行制度の検討を行いたい。

1　沿　革[217]

　フランスの障害者は，古くから，公的救済・公的扶助の対象とされてきた。

---

[217] 主たる参照文献：Pascal Doriguzzi, L'histoire politique du handicap - De l'infirme au travailleur handicapé - , L'Harmattan, 1994. Claudine Bardoulet et Laurence Igounet, Handicap et emploi, Vuibert, 2007, pp. 19-25. Pierre Romie, À l'origine de la réinsertion

しかし，第1次世界大戦により，大量の傷痍軍人（＝国家のための戦争によって障害を負った者）が発生すると，政府は，従来の公的救済・公的扶助を超えた対応を余儀なくされることとなる。そうした中で，まず，傷痍軍人（障害者）を対象とする雇用政策が誕生した。従来，公的救済・公的扶助の対象とされてきた障害者は，infirmes[218]と呼ばれたが，雇用政策の対象となった障害者（＝傷痍軍人）には，新たにmutilé[219]という名称が与えられ，また，infirmesという用語をさけるために，ときに，invalides[220]という言葉も使用さ

---

professionnelle des personnes handicapées :la prise en charge des invalides de guerre, RFAS, n° 2-2005, pp. 229-247. Rapport n° 1353, Assemblée Nationale, pp. 26-45. Bernard Allemandou, Histoire du handicap, Les Etudes Hospitalières, 2001, pp. 141-153. 以上の文献からの引用については，個別に明記しない。

　また，邦語文献として，大曽根寛「フランスにおける障害者雇用政策の転換」海外社会保障情報84号（1988年）42-50頁，同「フランスの『障害労働者雇用法』（翻訳）」愛知県立大学文学部論集37号（1988年）35-54頁，同「フランスの障害者雇用義務制度の変容」愛知県立大学文学部論集38号（1989年）45-74頁，平山卓「フランス障害者雇用促進の法制とその実態」日本労働研究雑誌34巻8号（1992年）67-69頁，小野隆「フランスにおける障害者雇用納付金制度の概要」リハビリテーション研究76号（1993年）28-33頁，渡邉みさ子「欧米主要国における障害者の就労支援サービス（中）フランス・ドイツ」リハビリテーション研究103号（2000年）31-36頁，大曽根寛「フランスにおける障害者雇用対策」『諸外国における障害者雇用対策』NIVR資料シリーズNo. 24（2001年）32-53頁，指田忠司「海外リポート　フランスにおける障害者差別禁止法の整備と雇用施策の動向――2006年3月訪問調査の結果から」職リハネットワーク59号（2006年）50-53頁，同「フランスにおける差別禁止法の制定と障害者雇用施策の動向」さぽーと54巻6号（2007年）48-53頁，同「フランスにおける障害者雇用の現状と課題」世界の労働57巻7号（2007年）20-27頁，同「ヨーロッパにおける障害者差別禁止法制の展開と障害者雇用政策の変容」福祉労働116号（2007年）30-38頁，指田忠司「差別禁止法制の展開と割当雇用制度の変容」『EU諸国における障害者差別禁止法制の展開と障害者雇用施策の動向』NIVR調査研究報告書No. 81（2007年）49-52頁，55-56頁，川口美貴「フランスにおける障害者差別禁止と『合理的配慮』をめぐる動向」『障害者雇用にかかる「合理的配慮」に関する研究――EU諸国及び米国の動向』NIVR調査研究報告書No. 87（2008年）145-164頁を参照した。

218　ラテン語のinfirmus（弱い）に由来する。
219　mutiléは，戦争や事故などで手足や体の一部を失った者を指す。
220　invalideは，傷病のために働くことができない者を指す。

れた。現在では，障害者雇用政策の対象となる障害者は，障害労働者（travailleurs handicapés）と呼ばれている。

　以下で，第1次世界大戦後から次第に発展し，現在に至った障害者雇用政策の沿革を確認していく。

(1) 障害者雇用政策の誕生

　フランスにおいて，まず初めに登場したのは，戦傷者を対象とする雇用政策である。大量の傷痍軍人を発生させた第1次世界大戦を経験したフランスでは，傷痍軍人への対応が，政府の重要課題となった。そうした中で，雇用の分野においては，傷痍軍人の職場復帰を目指す諸施策が，求められるようになる。

　まず，1916年に，行政機関内に傷痍軍人専用雇用（戦争中に障害を負った退役軍人を行政機関内で優先的に雇用する）が創設され（1916年4月16日の法律），次いで，1918年には，傷痍軍人の再教育学校に補助金を出すことを主な目的とする全国傷痍軍人・退役軍人局（office）が創設され，職業再教育（rééducation professionnelle）という概念が登場することとなった（1918年1月2日の法律）。そして，1919年には，傷痍軍人の社会的職業的生活への再統合を目指す取組み（企業内で再教育を受ける者に対する金銭的援助や，全国傷痍軍人・退役軍人局の承認したセンター内での再教育の無料化等）が定められ（1919年3月31日の法律），さらに，第1次世界大戦後の1924年には，従業員数10名以上の民間企業（農林業は15名以上）に対し全従業員の10％に当たる傷痍軍人の雇用を課す傷痍軍人雇用義務（率）制度が導入された（1924年4月26日の法律[221]）。

　このように，フランスでは，第1次世界大戦をきっかけとして，まず，傷痍軍人を対象とする雇用政策が整えられていった。

(2) すべての障害者を対象とする雇用政策の創設（1957年法）

　こうして誕生した障害者（＝傷痍軍人）雇用政策は，その後，戦争犠牲者

---

[221] Loi assurant l'emploi obligatoire des mutilés de la guerre, JO du 29 avril 1924, p. 3862. なお，不足する雇用数に対する賦課金（redevance）制度も，1924年法によって創設されたが，企業に対する強制が伴わず，適用されることはなかった。

の遺族や労災・職業病被災者を適用対象に加え，次第に，その適用範囲を拡張していった。そして，1957年に制定された「障害労働者の再配置に関する法律（1957年11月23日の法律[222]）」によって，雇用政策の対象となる障害者は，すべての障害者（tous les travailleurs handicapés）に拡張されるに至る。

A　立法の背景

1957年法の目的は，戦争被害者だけでなく，すべての障害労働者（tous les travailleurs handicapés）の再配置と国民経済への統合を実現させることにあった[223]。このような目的を設定した背景には，障害の原因如何を問わず，障害労働者の経済活動への復帰を目指すILO勧告（戦時より平時への過渡期における雇用組織に関する勧告〔71号〕[224]や1955年の障害者の職業更生に関する勧告〔99号〕[225]）の影響があった。これらのILO勧告の影響を受けたフランスの国会議員によって，1957年法の制定が実現したのである[226]。

B　1957年法の内容

1957年法は，法の目的として，リハビリテーションや職業再教育，職業訓練等を通じて，障害労働者に雇用や再就職を保障することを定めている（1

---

[222]　Loi n° 57-1223 du 23 novembre 1957 sur le reclassement des travailleurs handicapées, JO du 24 novembre 1957, p. 10858.

[223]　ここで言う「すべての障害労働者」とは，障害の原因が戦争や労働災害にある障害者だけでなく，その他の原因によって障害を負った者も含むという意味で使用されている。障害労働者の定義は，下記の「B 1957年法の内容」を参照。

[224]　71号勧告は，1944年にフィラデルフィアで行われた国際労働機関の総会において，可決された。一般原則として，「障害労働者は，その障害の原因如何を問わず，復職，専門的職業指導，訓練及び再訓練並びに有用な職業への就職のために十分な機会を供されなければならない」と定めている。

[225]　99号勧告は，1955年にジュネーブで行われた国際労働機関の総会において，可決された。障害者がその身体的，精神的，社会的，職業的，経済的有用性を可能な限り回復するためには，そのリハビリテーションが必要不可欠であるとの理念に基づいて，障害者の職業リハビリテーション，職業指導，職業訓練，職業紹介のあり方について勧告している。また，障害者の雇用機会を増大する方法，保護雇用などについても規定している。

[226]　Projet de loi sur le reclassement des travailleurs handicapées, n° 2935, Assemblée National.

条1項)。そして，障害労働者を「身体的・知的能力（capacité physiques ou mentales）の不足・減少により雇用を獲得し，維持することが現実に減退している者」と定義した上で（1条2項），県の障害者指導委員会が「障害労働者資格」の認定を行うことを定めた（2条1項)。

さらに，1957年法は，障害の原因を問わない障害者雇用義務（率）制度を導入した点においても重要である。雇用義務（率）制度は，前述のように傷痍軍人を対象として誕生し，その後，次第に適用対象者を拡張させていったが，1957年法によって，漸く，すべての障害者を対象とする雇用義務（率）制度が確立されたのである。そして，この改正によって，公的・民間セクターの使用者には，全従業員の3％に当たる障害労働者を雇用することが課されることとなった（10条)[227]。

この他にも，1957年法では，職業リハビリテーションや保護作業所（Ateliers protégés）（いわゆる，保護雇用の場），労働支援センター（CAT：Centres d'aide par travail）（いわゆる，福祉的就労の場）に関する規定も盛り込まれ，障害者の雇用に関する諸規定が整えられた。

しかしながら，1957年法は，以下の2つの点において，問題を残すものであった。1つは，1957年法の定める障害者の雇用義務は「手続き義務」に留まった点（＝届け出た空きポストに対し一定期間内に職業紹介機関〔bureaux de main-d'oeuvre〕から障害者の紹介がない場合には，障害者の雇用が免除される）である。そして，2つめの問題点として，1957年法制定以降も1924年法が存続したことによって，誰がどの制度の適用を受けるのか等，制度全体が非常に複雑で分かりにくいものとなった点が指摘された。

(3) 障害者基本法による障害労働者所得保障制度（GRTH）の導入

これらの1957年法が抱える問題点は，1987年の法律によって解決されることとなるが，その前の1975年に制定された障害者基本法[228]においても，障

---

[227] 正確には1963年9月20日のアレテ1条（Arrêté du 20 septembre 1963 fixant le pourcentage de bénéficiaires à employer dans les entreprises assujetties à la loi du 23 novembre 1957 sur le reclassement des travailleurs handicapés, JO du 12 octobre, p. 9145)。なお，1957年法は，対象となる事業所の規模について特に言及していない（1957年法3条)。

[228] Loi n° 75-534 du 30 juin 1975 d'orientation en faveur des personnes handicapées, JORF du 1

害者の雇用に関して，いくつかの見直しがなされた。

　1975年法は，フランスの障害者政策を大きく転換させた重要な立法であるが，雇用義務（率）制度の部分に関しては，概ね1957年法をそのまま踏襲した。したがって，雇用の面において1975年法が果たした役割は，それほど大きくはない。しかしながら，1975年法は，障害労働者所得保障制度（GRTH：Garantie de ressources des travailleurs handicapés）を導入した点において，重要である。同制度の導入によって，通常の生産セクター，保護作業所（現在の適応企業），労働支援センター（CAT〔現在の就労支援機関・サービス（ESAT：Les établissements ou services d'aide par le travail）〕）で働く障害者の所得保障水準は，それぞれ，最低賃金との比率で決定されることとなった。そして，この所得保障に係る企業や保護作業所，労働支援センターの負担を軽減するために，国が，その費用を補足する助成金を支払うことが定められた（34条）[229]。

　1975年法が導入したGRTHのメカニズムは，障害者に対して，しかるべき（décent）就労所得を保障すると同時に，就労の場に応じた賃金ヒエラルキーを設定することで，保護された環境から通常の労働環境への移行インセンティブを与えるものであったとされている[230]。

(4) 雇用義務（率）制度の実効性確保（1987年法）
A　立法の背景
　以上のように，1975年法は，障害労働者の所得保障制度（GRTH）を導入した点において重要性を有するが，上述の1957年法の問題点を解決するものではなかった。そこで，1957年法の抱える問題点を解決することを目的として，「障害労働者の雇用のための法律（1987年7月10日の法律[231]）」が制定さ

---

　　　juillet 1975, p. 6596.
　229　この他，1975年法は，「身体的又は精神的障害，感覚器官の障害を有する未成年者及び成人に対して，障害の予防や検診，治療，教育，職業訓練・職業指導，雇用，最低所得保障，社会的統合，スポーツ・余暇へのアクセスを保障することは，国家の義務である」（1条1項）という障害者政策の基本方針を定めた点でも，重要である。
　230　Rapport, n° 210, Sénat（2003-2004）．
　231　Loi n° 87-517 du 10 juillet 1987 en faveur de l'emploi des travailleurs handicapés, JO du 12 juillet 1987, p. 7822.

第1節　障害者雇用政策　　135

れることとなった。1987年法の制定によって，①1924年法と1957年法の統一による複雑化していた制度の整理，及び，②実効性のある制度の構築が，実現されることとなる。

　1987年法の立法理由では，特に，1924年法及び1957年法に基づく体制は，障害者の雇用促進に対しほとんど効果を有しておらず，また，企業の経済状況にも障害者のニーズにも適合していないことが指摘された。その背景には，両法に基づく雇用義務が，「手続き義務」に留まっていた点において，限界を有していたことがある。そこで，1987年法では，使用者の経済的負担に配慮しつつ，使用者を政策に関与させることで，障害者の雇用へのアクセスを促進することが試みられることとなる。

　具体的には，まず，従来の「手続き義務」に代えて「結果義務」が導入されることとなった。「結果義務」とは，すなわち，義務付けられた数の障害者を雇用していない使用者には，障害者の雇用促進を使命とする機関への納付金の支払いを義務付けるということを指している。そして，障害者の雇用に「契約的戦略（politique contractuelle）」を持ちこむことも検討された。この契約的戦略とは，すなわち，使用者の雇用義務の履行方法として，労働協約の締結や納付金の支払いの可能性を盛り込むことを指している。このような契約的戦略によって，フランスでは，雇用義務の多様な履行方法が探求されることとなった[232]。

B　1987年法の内容

　以上のような関心の下で制定された1987年法では，まず，制度の実現可能性を考慮して，雇用率を10％から6％に引き下げることが行われた[233]。ま

---

[232] Projet de loi en faveur de l'emploi des travailleurs handicapés, Exposé des motifs, n° 681, Assemblées Nationale, pp. 2-3.

[233] 6％の根拠は，必ずしも，明らかではない。しかし，立法資料（上院報告書：Rapport, n° 247, Sénat（1986-1987）, p. 7）の中には，通常の労働市場に約6％の適用対象者が存在していることを示す部分がある。そこでは，統計資料として，①労働力人口2200万人に対し，就労年齢にある障害者が120万人いること，②通常の労働環境には，1985年現在，800万人以上の被用者がおり，このうち50万人近くが障害者であること（すなわち，6％），③保護された労働環境については，1987年現在，保護作業所で7500の定員，労働支援センターで6万1500の定員が確保されていることが記載さ

た，雇用義務を負う事業所の規模は，従業員数20名以上とされた。

そして，1987年法では，「結果義務」の導入のために，1924年法による導入以降も未実施のままで実効性を持たなかった賦課金（redevance）制度を改め，雇用義務未達成の企業に対して納付金（contribution）の支払いを課す納付金制度を導入することが行われた。この納付金制度の導入に伴って，納付金を管理・運営する機関として，障害者職業参入基金管理運営機関（AGEFIPH：Association de gestion du fonds pour l'insertion des personnes handicapées）も創設されることとなった。

雇用義務の履行方法としては，①障害者の直接雇用，②保護労働セクターとの契約，③納付金の支払い，④労働協約の締結の4つの方法が認められることとなった。履行方法が多様であることは，フランスの障害者雇用義務（率）制度の特徴であるが，これは，上述の契約的戦略の結果である。

(5) **差別禁止原則の導入（1990年法）**

こうして，雇用義務（率）制度が整えられていく一方で，1990年頃までには，障害者も社会の中で差別を受けることなく統合されるべきであるとする差別禁止の要請が，フランス社会の中でも，次第に，高まることとなる[234]。

れている。

234 フランスの差別禁止立法は，1972年に，刑法典（187-1条，416条）において，民族・人種・宗教等を理由とする差別を禁止したことからスタートした（Loi nº 72-546 du 1er juillet 1972 relative à la lutte contre le racism, JORF du 2 juillet 1972, p. 6803）。1975年には，性別及び家族状況を理由とする差別が禁止されるに至り（Loi nº 75-625 du 11 juillet 1975 modifiant et complétant le code du travail en ce qui concerne les règles particulières au travail des femmes ainsi que l'article L. 298 du code de la sécurité sosiale et les articles 187-1 et 416 du code pénal, JORF du 13 juillet 1975, p. 7226），1977年には，民族・人種・宗教等を理由とする経済活動における差別を取り締まる観点から，刑法典に新たな条文（187-2条，416-1条）が加えられた（Loi nº 77-574 du 7 juin 1977 portant diverses dispositions d'ordre économique et financier, JORF du 8 juin 1977, p. 3151）。さらに，1985年には，風習（mœurs）を理由とする差別も禁止される。これは，特に，同性愛者を保護することを目指すものであった（Loi nº 85-772 du 25 juillet 1985 portant diverses dispositions d'ordre social, JORF du 26 juillet 1985, p. 8471）。そして，1989年には，障害を理由とする財及びサービスの拒否を取り締まるために，刑法典416条§1º及び2ºが修正されることとなった（Loi nº 89-18 du 13 janvier 1989 portant diverses mesures d'ordre

そして，1990年には，こうした要請を受けて，「障害及び健康状態を理由とする差別を禁止する法律（1990年7月12日の法律[235]）」が制定されることとなる[236]。

1990年当時，フランス政府は，不平等対策や排除対策を重要な優先課題の1つとして，障害や健康状態を理由とする差別問題に取り組んでいた。政府は，排除を生み出す要因として疾病や障害を挙げ，これらを理由とする差別によって排除が悪化することは，許容できないとした。しかしながら，実際には，障害や疾病を理由とする差別は，日常生活のあらゆる場面において（例えば，住宅探しや契約の申込み，サービスの提供に際して）生じていた。そこで，1990年法を制定することで，障害者や病者の権利を保護し，排除や差別を防止することが目指されることとなったのである[237]。

A　国民議会第1読会における修正

ところで，1990年法の当初案では，障害を理由とする雇用差別の禁止は，盛り込まれていなかった。もちろん，雇用の分野でも障害や健康状態を理由とする差別が生じうることは，認識されていた。しかし，こうした認識にもかかわらず，当初案には，障害を理由とする差別禁止が盛り込まれていな

---

social, JORF du 14 janvier, p. 542）。Rapport, n° 1276, Assemblée Nationale, pp. 6-7, 17.

235　Loi n°90-602 du 12 juillet 1990 relative à la protection des personnes contre les discriminations en raison de leur état de santé ou de leur handicap, JO du 13 juillet 1990, p. 8272.

236　前年の1989年1月13日の法律（第89-18号）65条によって，刑法典416条§1°及び2°（財・サービスの提供の拒否）については，既に，障害を理由とする差別禁止が盛り込まれていた。しかし，1989年法による改正は，差別に関するすべての刑法典の規定をカバーしておらず，また，健康状態を理由とする差別を禁止するまでには至っていなかった。そこで，1990年法の制定により，1989年法を補完し，障害及び健康状態を理由とする差別禁止原則が確立されることとなった。これにより，例えば，HIVポジティブの者や何らかの疾病を抱えた者に対するアパートの賃貸の拒否等も，刑法典で罰せられることとなった。

237　Projet de loi relatif à la protection des personnes contre les discriminations en raison de leur état de santé ou de leur handicap, Exposé des motifs, n° 1182, Assemblées Nationale, p. 3. なお，この法律案は，HIV感染者に対する差別禁止に関する世界保健機関（WHO）や欧州評議会（EEC）の勧告に着想を得たものと言われている。Avis, n° 261, Sénat, pp. 9. 10.

かったのである。

　その理由としては，次の3つの点が指摘されている。1つめは，採用に際し，労働医[238]が，障害者本人の適性について意見を発することになっていたことに関係する。このため，仮に障害を理由とする雇用差別を犯罪（軽罪）とすると，労働医の介入の位置付けに関して，問題が発生することが必須であると考えられたのである。2つめは，解雇について，労働医の介入，及び，場合によっては労働基準監督官の介入がありうることが定められていたことに関係する。こうした介入によって，当時の解雇手続きは，非常に複雑なものとなっていたことがある。そして，3つめとして，判例において，健康状態を理由として職務の遂行が不可能で，再配置もできず，解雇が避けられないようなケースでも，疾病そのものは，解雇の現実的かつ重大な理由にはならないとされていたことがある[239]。これらの3つの点が，障害を理由とする雇用差別の禁止が，当初案には盛り込まれなかった背景として挙げられている。

　しかしながら，雇用差別禁止を盛り込まないことは，やはり，問題であると認識されるようになる[240]。そこで，国民議会は，刑法典において，①健康状態を理由とする採用拒否や解雇等に関する差別を禁止する修正，②障害を理由とする解雇につき，労働医により確認された不適性がある場合を除き差別を禁止する旨の修正，そして，労働法典において，③労働医により確認

---

[238] フランスの労働医制度については，加藤智章「フランス」保原喜志夫（編著）『産業医制度の研究』北海道大学図書刊行会（1998年）203-234頁，鈴木俊晴「フランスの雇用関係における労働医制度の機能と問題点」季刊労働法231号（2010年）130-153頁等に詳しい紹介・分析がある。

[239] Rapport, n° 1276, Assemblée Nationale（1989-1990），p. 10.

[240] こうした認識は，例えば，法案の適用範囲に採用拒否及び解雇を含めるよう求めた全国人権諮問委員会の見解にも表れている。Rapport, n° 1276, Assemblée Nationale（1989-1990），pp. 19-20. なお，全国人権諮問委員会は，1947年3月17日のアレテ（Arrêté du 17 mars 1947, JORF du 27 mars 1947, p. 2849）で創設された機関（創設時の名称は，「国際法の法典化，並びに，国の権利と義務及び人権の定義のための諮問委員会」）で，現在は，2007年3月5日の法律（Loi n° 2007-292 du 5 mars 2007 relative à la Commission nationale consultative des droits de l'homme, JORF n° 55 du 6 mars 2007, p. 4215）によって規定されている。政府に対して，人権，国際人道法及び人道的活動の分野の助言や提案を行うことを任務とする。

された不適性がある場合を除き健康状態を理由とする差別を禁止する修正（刑法典の規定との平仄を合わせ）を行った[241]。

なお，国民議会での修正において，障害を理由とする採用差別の禁止が盛り込まれなかった理由は，障害者については，雇用義務（率）制度が存在していたことにある。採用については，差別禁止及び雇用義務（率）制度の並存は，時期尚早であると考えられたのである（ただし，その理由は明らかではない）。しかし，解雇に関しては，雇用義務（率）制度を定めた1987年法では検討されていない事項であることを理由として[242]，②の修正が盛り込まれることとなった。

B　上院第1読会における修正

国民議会での修正は，「健康状態」を理由とする差別と「障害」を理由とする差別とを区別するものであったが，続く上院では，両者を区別することなく，「健康状態及び障害を理由とするあらゆる差別に対し制裁を課すことを原則とする」ことが確認された。そして，健康状態を理由とする差別だけでなく，障害を理由とする差別についても雇用差別を禁止すべき理由として，以下の点が挙げられた。

まず，採用については，以下の点が指摘された：①障害者は，使用者や他の従業員から不当な心理的躊躇を受けている；②労働医が確認した不適性によらない採用拒否，あるいは，他の正当な理由によらない採用拒否は，障害者の側からの訴えの対象とされるべきものである；③就職は，障害者の社会的参入を促進する最良の機会の1つである；④障害者は採用手続きにおいて被る差別から保護されておらず，また，雇用義務には限界がある（雇用以外の方法による義務の履行）。

そして，解雇については，以下の点が指摘された：①障害者についても，差別に基づく解雇を無効とされる利益を認めるべきである；②労働能力の管理に関する労働医の介入を考慮に入れると，障害を理由とする差別と健康状態を理由とする差別とで区別を設けることに合理的理由はない[243]。

241　Projet de loi adopté par l'Assemblée Nationale relatif à la protection des personnes contre les discriminations en raison de leur état de santé ou de leur handicap, n° 245, Sénat.

242　Rapport, n° 284, Sénat (1989-1990), p. 17.

以上のような点を理由として，上院では，「健康状態」と「障害」とを区別することなく，刑法典においては，健康状態や障害を理由とする採用拒否や解雇等に関する差別を禁止し，労働法典においても，労働医により確認された不適性がある場合を除き健康状態又は障害を理由とする差別を禁止するよう，修正が行われた[244]。

なお，この修正に際しては，障害者を対象とする雇用義務（率）制度との関係も検討された。上院の委員会が提出した報告書では，雇用義務の存在は障害者の採用拒否を差別として禁止しない理由とはならないという考えが示されている。そして，下記のように，2つの制度は，カバーする範囲が異なる点が指摘されている。

- 労働法典L.323-10条（当時）が定義する障害は，労働ポストの調整を必要とする障害である：この場合，障害者は，雇用義務（率）制度の適用を受ける。
- 他方，その障害にもかかわらず，労働医によって，調整の必要なく提示されたポストに就くことが完全に可能とされた障害者については，差別を正当化する事情は何もない：この場合，何らかの差別があれば，それは，一般法の規定に基づいて制裁を受けなければならないものである[245]。

このように，雇用義務（率）制度と差別禁止原則とでは，対象となる障害者が異なることが示され，雇用義務（率）制度と差別禁止原則とは衝突しないことが確認された[246]。

C 1990年法の可決

さて，以上のような議論を経て，1990年法により，刑法典では，従来，性，

---

[243] Avis, n° 261 (1989-1990), Sénat, pp. 24-25, 43.

[244] Projet de loi modifié par le Sénat relatif à la protection des personnes contre les discriminations en raison de leur état de santé ou de leur handicap, n° 1354, Assemblée Nationale.

[245] Rapport, n° 284, Sénat (1989-1990), p. 19.

[246] 1990年法の段階では，差別禁止の対象となる障害者は，「調整の必要なく」提示されたポストに就くことが完全に可能である障害者と考えられている。この点は，2005年法以降の障害を理由とする差別禁止原則とは大きく異なっている。

宗教，人種等を理由とする差別に限って認められていた刑事制裁が，障害及び健康状態を理由とする差別にも拡張されることとなった。そして，労働法典が定める差別禁止規定にも，禁止される差別事由として「障害及び健康状態を理由とする差別」が加えられ，障害及び健康状態を理由とする懲戒処分や解雇等が，無効とされることとなった。

この他，労働法典では，「風習（mœurs）」を理由とする差別の禁止も盛り込まれたが[247]，これは，特に，同性愛者に対する差別の禁止を目的とするものであった。

(6) 差別禁止原則の補完と雇用義務（率）制度の強化（2005年法）
A 2005年法改正の背景

1990年法の制定以降，フランスでは，雇用義務（率）制度及び差別禁止原則が並存することとなった。しかしながら，これら制度の存在にもかかわらず，依然として，障害者の雇用状況は芳しくなく，障害者の4分の1は失業中であるという状況が残った[248]。そこで，こうした状況を打破するために，2005年に実施された障害者政策の大改正に際して，雇用に関しても，障害者の職業的参入を強化する観点から，いくつかの重要な制度の見直しがもたらされることとなった（「障害者の権利と機会の平等，参加，市民権に関する法律（2005年2月11日の法律[249]）」）。

---

[247] 風習を理由とする差別の禁止は，1985年7月25日の法律により刑法典には導入済みであった（注234参照）。なお，労働法典に，「風習」を理由とする差別の禁止を盛り込むべきか否かに関しては，上院と国民議会とで意見が分かれた。上院の委員会による報告書では，例えば，使用者が宗教関連の団体である場合や被用者が大衆と触れる責任を負う場合に，解決不可能な紛争を生じさせるリスクがあるとして，その導入に反対する意見が示された（Rapport, n° 415, Sénat (1989-1990), p. 12）。しかし，最終的に，国民議会の修正案が通り，「風習」も差別禁止事由として加えられた（1990年法9条）。

[248] Rapport, n° 1599, Assemnlée Nationle (2004). 国民議会の報告書（n° 1599）は，AGEFIPHのデータとして，次の数値を挙げている；2002年末現在，障害を持つ労働力人口は，約85万9000人であり，うち63万人が職業活動に従事している（内訳；保護された環境11万人，通常の民間企業35万人，公的部門15万人，2万人が自営業）。22万9000人は，求職活動中であり，障害者の失業率は，27％に及んでいる。

[249] Loi n° 2005-102 du 11 février 2005 pour l'égalité des droits et des chances, la participation et

雇用に関しては，優先課題として，可能な限り障害者が通常の労働市場で働くことができるようにすることが掲げられた[250]。2005年法による雇用分野の改正の中で，とりわけ重要なのは，①差別禁止原則への「適切な措置」概念の導入，及び，②雇用義務の強化である。

B EC指令（2000/78/EC）の国内法化

まず，①差別禁止原則への「適切な措置」概念の導入は，2000年EC指令（雇用及び労働における平等取扱いの一般的枠組みを設定するEC指令〔2000/78/EC〕）を国内法化するものとして行われた。EC指令は，EU加盟国に対して，その内容の国内法化を設定された期限までに行うことを義務づけている。そのため，フランスも，2000年EC指令を国内法化する必要があった[251]。

EUでは，1997年のアムステルダム条約（1999年発効）によって欧州共同体設立条約が改正され，その13条において障害を理由とする差別禁止の法的根拠が示されることとなった[252]。同条は，「本条約の他の規定を害することなく，本条によって共同体に与えられた権限の範囲内で，理事会は，委員会か

---

la citoyenneté des personnes handicapées, JO n° 36 du 12 février 2005, p. 2353.

250 Projet de Loi pour l' égalité des droits et des chances, la participation et la citoyenneté des personnes handicapées, n° 183, Sénat.

251 以下，EUに関する記述は，川口美貴「EUにおける雇用平等立法の展開」静岡大学法政研究6巻3・4号（2002年）689-691，696-703頁，関根由紀「第4章第7節EU」『障害者雇用法制に関する比較法的研究』労働問題リサーチセンター・日本ILO協会（2009年）233-241頁，及び，廣田久美子「第3部第4章2 EU指令」『障害者の社会参加推進に関する国際比較調査研究』WIPジャパン（2009年）277-281頁を参照した。

252 アムステルダム条約以前にも，1992年には，欧州評議会の閣僚委員会が「障害者のための一貫性のある政策」に関する勧告を，1996年には，欧州議会が「障害者の権利に関する決議」を採択している。また，同じ時期，欧州委員会は，「障害者のための機会均等に関するコミュニケーション」を発し，これに基づいて，理事会は，「障害者のための機会均等に関する決議」も採択している。この決議によって，障害者の社会参加を促進していくために障害に基づくあらゆる差別を撤廃していくという新しい権利保障的なアプローチが打ち出されることとなった。前掲・廣田論文（2009年）278頁。

第1節　障害者雇用政策　　143

らの全会一致の提案に基づき，また，欧州議会と協議の後，性別，人種もしくは民族的出自，宗教もしくは信条，障害，年齢，又は，性的指向に基づく差別と戦うために適切な措置を講じることができる[253]」旨を規定し，EU理事会に差別と戦うために適切な対策をとる権限を付与した。この規定を受けて制定されたのが，2000年EC指令である。

2000年EC指令は，雇用及び職業の分野における宗教もしくは信条，障害，年齢又は性的指向に基づく差別と戦うための一般的枠組みを設定することを目的とする（1条）ものであるが，障害者に関しては，とりわけ，実質的平等を担保するために，「合理的配慮」が提供される旨を規定した点が，重要であった[254]。

そして，EU加盟国であるフランスは，合理的配慮について規定するこのEC指令を2006年12月2日までに国内法化しなければならなかった。そうした状況の中で，当時検討中であった2005年法において，労働法典を改正して，障害を理由とする差別禁止原則の中に「適切な措置」[255]概念を導入することが図られ，加えて，障害者に対する「適切な措置」の拒否は障害を理由とす

253　金丸輝男（編著）『EUアムステルダム条約——自由・安全・公正な社会をめざして』ジェトロ（日本貿易振興会）（2000年）78-79頁。

254　2000年EC指令5条では，使用者は，過度な負担が生じる場合を除き，具体的な状況におけるニーズに応じて，障害者が，雇用にアクセスし，職業に従事できるよう，また，そこで昇進できるよう，さらには，職業訓練を受けることができるよう，適切な措置を講じなければならないこと，及び，使用者の負担に対し加盟国内の障害者政策の枠内で十分に補償がなされる場合には，使用者は過度の負担を負っているとは言わない旨が規定された。この他，2000年EC指令は，ポジティブ・アクションに関する規定も置いており，平等取扱い原則は，加盟国が，職業生活における完全なる平等を保障する観点から，禁止される差別事由のいずれかに関わる不利益を防止・補償するために特別な措置を維持又は採用することを妨げるものではない旨を定めている（7条1項）。また，特に，障害者に関して，平等取扱い原則は，職場における労働安全衛生に関する規定を維持又は採用する加盟国の権利，さらには，障害者の就労促進のための規定や方策を創設又は維持するための諸措置の妨げとはならない旨も定めている（7条2項）。

255　アメリカ法に言う「合理的配慮」と同義。EC指令仏語版は，aménagement raisonnable（合理的調整）という用語を採用したが，国内法化の過程で，mesure appropriée（適切な措置）に置き換えられた。

る差別に該当する[256]と規定することにより，フランスにおける2000年EC指令の国内法化が実現されることとなった。

C 雇用義務の強化，その他の改正

2005年法では，②雇用義務の強化も行われた。フランスの雇用義務（率）制度は，1987年法によって現在の形に整えられ，障害者の雇用促進に貢献してきた。しかし，先にも指摘したように，障害者の雇用状況は，依然として芳しいものではなかった。そこで，2005年法では，雇用率や納付金額の計算方法の見直し，納付金額の引上げ，及び，制裁的納付金の導入等によって，使用者の負う義務の一層の強化が図られることとなった。

さらに，2005年法では，障害者の雇用促進を図ると同時に，障害者の就労条件の改善を図ることを目的として，①公的部門の使用者への納付金賦課，②障害者の就労促進に関する労使交渉の義務化（労使の動員），③通常の労働市場で働く障害者への最低賃金保障（賃金減額規定の削除），④保護作業所（Atelier protégé）（いわゆる保護雇用の場）の適応企業（Entreprise adaptée）への改編，及び，⑤保護された環境での就労（いわゆる福祉的就労）への価値の付与（就労条件の整備）といった改正も実施された。①〜⑤の詳細については，2（現行制度）以下で確認していくこととしたい。

(7) 小　括

フランスの障害者雇用政策は，第1次世界大戦後，傷痍軍人を対象とするものとしてスタートした。その後，順次，その適用範囲が拡張されていき，1957年には，障害の原因を問わない，すべての障害者を対象とする障害者雇用義務（率）制度が整備されるに至った。そして，1987年には，現在の雇用義務（率）制度の原型が整えられることとなる。1987年法では，6％という高い雇用率が設定されたが，他方で，雇用義務の履行方法には多様性を持たせる手法（直接雇用の他，保護労働セクターとの契約，納付金の支払い，労働協約の締結による義務の履行が可能とされる）が採用された。

---

[256] 2000年EC指令は，障害者に対する「適切な措置」の拒否は障害を理由とする差別に該当するか否かについては，明示していない。

雇用義務（率）制度の整備が進む一方で，1990年には，障害を理由とする差別禁止の要請が高まってきたことを受けて，差別禁止原則が確立されるに至る。フランスでは，雇用義務（率）制度と差別禁止原則とでは，対象となる障害者が異なり，相衝突するものではないと考えらたことから，以降，雇用義務（率）制度と差別禁止原則とが並存することとなった。

そして，障害者政策全般を改革した2005年法では，差別禁止原則に「適切な措置」概念を導入することにより，障害を理由とする差別禁止の概念を明確なものとすると同時に，雇用義務については使用者に対する義務を強化するという動きが見られた。両制度の並存を前提とした上で，両制度を確固たるものとする近年の動きは，注目されるものである。

2 現行制度

(1) 障害者雇用の構造

それでは，次に，フランスにおける現行の障害者雇用制度を確認していきたい。まず，フランスの障害者雇用の全体像を提示しておく。

障害者雇用政策の対象となる障害労働者の一般的定義は，労働法典L.5213-1条に置かれている。同条において，障害労働者は，「身体的，知的，精神的機能又は感覚器官の機能の悪化により雇用を獲得し維持する可能性が現実に減退しているすべての者」と定義されている。

このように定義される障害労働者が働く場合，自営の場合を除くと，次の3つの方法がある。①通常の民間企業・公的部門での就労，②適応企業（Entreprise adaptée）・CDTD（Centre de distribution de travail à domicile：在宅労働供給センター）での就労，③労働支援機関・サービス（ESAT：Etablissements ou services d'aide par le travail）での就労である。

これらのうち，①及び②は，通常の労働市場での就労とされ，労働法典の適用がある[257]。②の適応企業・CDTDは，労働能力の低減した障害者を多く雇用していることから[258]，様々な助成を受けるが，一般企業と同列で経済的競争にさらされる。他方，③のESATは，社会福祉・家族法典の定める医

---

257 公務員については，公務員の権利と義務に関する法律や公務員各法が適用される。
258 適応企業は，生産性が低減している障害者を80％以上雇用する。2005年法により，通常の労働市場に属することとされた。通常の企業とESATの中間に位置付けられる。

療福祉機関で，様々な職業活動を提供するとともに，医療福祉的，教育的支援を提供する（いわゆる福祉的就労の場）。ここでの就労は，保護された環境下での就労とされ，安全衛生等に関する一定の規定の他は労働法典の適用はない。

障害者が，通常の労働市場で働くのか，それとも，保護された環境で働くのかの方向付け（orientation）は，障害者権利自立委員会（CDAPH：Commission des droits et de l'autonomie des personnes handicapées）[259]が行うこととなっている（労働法典L. 5213-2条）。

以下では，まず，通常の労働市場で働く障害者を対象とする制度（(2)）について概観し，次いで，保護された環境下で働く障害者を対象とする制度（(3)）を確認していきたい。

(2) 通常の労働市場における就労保障

通常の労働市場で働く障害者は，他の労働者と全く同じ労働者としての地位を有する。したがって，この地位に付随する様々な利益を当然に享受できる。このような通常の労働市場での就労を促進するために，フランスでは，差別禁止原則と雇用義務（率）制度とを中心とする政策が実施されている。以下では，まず，差別禁止原則（A），及び，雇用義務（率）制度（B）の2つの制度の内容を確認することとする。その後，通常の労働市場で働く障害者の労働条件等に関する規定（C），そして，障害者を多数雇用する適応企業・CDTD（D）に関する規定を確認していくこととしたい。

A 差別禁止原則
(a) 一般規定

障害を理由とする差別の禁止は，雇用における差別禁止原則を定める一般規定（労働法典L. 1132-1条）で定められている。

同条が禁止するのは，健康状態や障害を理由とする，募集手続や企業での研修・職業訓練からの排除，懲戒，解雇，そして，報酬・利益配分又は株式付与・職業訓練・再就職・配属・職業資格・職階・昇進・異動・契約更新に

---

[259] 詳細は，本章第2節2(1)B(b)を参照。

おける直接的・間接的な差別的取扱い[260]であり，これに違反する措置や行為はすべて無効とされる（L. 1132-4条)[261]。

また，健康状態や障害を理由とする採用拒否，懲戒，解雇，及び，健康状態や障害に依拠する条件を募集や研修・職業訓練の申込みに付することは，刑法典違反[262]にもなる[263]（最高で3年の拘禁刑及び4万5000ユーロの罰金[264]：刑法典225-1条・225-2条)。

(b) 障害を理由とする差別と「適切な措置」

他方，差別禁止原則は，一般的に，次のような取扱いの差異を認めている。まず，本質的かつ決定的な職業上の要請に基づく取扱いの差異で，目的が正当であり，要請が均衡のとれたものである取扱いの差異を認めている（労働法典L. 1133-1条[265])。このような取扱いの差異は，差別禁止原則に抵触しな

---

260 差別禁止領域におけるEU法を国内法化する2008年5月27日の法律（Loi n° 2008-496 du 27 mai 2008 portant diverses dispositions d'adaptation au droit communautaire dans le domaine de la lutte contre les discriminations, JORF n° 0123 du 28 mai 2008, p. 8801）により，直接差別及び間接差別の定義が，フランス法の中に導入されている。まず，障害を理由とする直接差別は，障害を持つ者が，比肩しうる状況にある過去・現在・未来において障害を持たない者よりも不利益に取り扱われる状況を言うと定義されている。他方，障害を理由とする間接差別については，外見上は中立的な規定，基準，慣行だが，障害を持つ者に対し，障害を持たない者と比較して特に不利益を生じさせる可能性がある場合，この規定，基準，慣行は，正当な理由により客観的に正当化され，かつ，この目的を実現するための手段が，必要かつ適切である場合を除き，間接差別に該当すると定義されている（1条)。

261 この他，上記2008年法2条2°において，以下の事項における障害を理由とする直接・間接差別が禁止されている。すなわち，労働組合又は職業組織への加入及び参加，右組織により支給される利益，雇用へのアクセス，雇用，職業訓練，自営・非賃金労働を含む労働，さらには，労働条件及び昇進である。

262 フランスの刑法体系には，重罪（crime)，軽罪（délit)，違警罪（contravention）の区別がある。刑法典では，軽罪の1つとして，差別罪（délit des discriminations）が定められている。

263 差別に関する刑法違反が成立するのは，故意犯のみである（刑法典121-3条)。また，医学的に確認された労働不能に依拠する採用拒否又は解雇は，差別には該当しない（225-3条)。

264 処罰の対象が法人の場合，この5倍の罰金，差別のあった職業的・社会的活動の禁止，事業所の閉鎖等の罰則が科せられる（刑法典225-4条)。

い。さらに、障害については、特に、以下の場合の取扱いの差異を認める。

第1に、労働医が認定した労働不適性に基づく取扱いの差異である。これは、客観的かつ適切で必要なものである限り、差別には当たらない(L. 1133-3条)[266]。

第2に、平等取扱いを促進するために障害者に対してなされる「適切な措置」である。これは、障害者に対する積極的差別（discrimination positive）を認めるものであるが、これも、差別には当たらない(L. 1133-4条)。逆に、「適切な措置」の拒否は差別に該当するため(L5213-6条3項)[267]、使用者は、過度の負担が生じる場合を除き、障害者に対し具体的な状況に応じて資格に対応した雇用又は職業訓練が提供されるように、「適切な措置」を講ずることを要する。なお、過度の負担か否かの判断においては、使用者が負担する費用の全部又は一部を補填する様々な助成が考慮される(L. 5213-6条1項2項)[268]。したがって、こうした助成を考慮してなお過度の負担が生じる場合にのみ、使用者は「適切な措置」を講じる義務を免れることができる[269]。

---

[265] 上記2008年法により挿入。

[266] 労働医が認定した労働不適性に基づく試用期間の解消（la rupture de la période d'essai）を差別には該当しないとした高等差別禁止平等対策機関（HALDE）勧告として、Délibération n° 2007-294 du 13 novembre 2007がある。HALDEは、申立人の労働不適性を勘案すると、いかなる調整も不可能であること、その不適性は、志願している雇用の本質的部分に対するものであることを理由として、本件の試用期間の解消は、労働法典L. 122-45-4条（現L. 1133-3条）に言う「客観的かつ適切で必要なものである場合」に該当し、ゆえに、障害を理由とする差別には当たらないと判断した。HALDEについては、(f)(ⅲ)を参照。

[267] HALDE勧告の中には、「適切な措置」の不在が問題となったものがいくつか存在する。各勧告は、「適切な措置」の不在が差別を構成することを確認している（Délibération n° 2006-226 du 23 octobre 2006等）。また、「適切な措置」を必要とする障害者の採用拒否につき、差別を構成するとした勧告もある（Délibération n° 2009-128 du 27 avril 2007）。詳細は、拙稿「フランスにおける障害差別禁止の動向——HALDE勧告に見る『適切な措置』概念の分析」季刊労働法235号（2011年）30-40頁を参照。

[268] これは、2000年EC指令前文21項を受けて規定されたものと思われる。EC指令前文21項には、「当該措置が、使用者に不釣り合いな負担を課すものであるか否かを決定するにあたっては、特に、当該措置に必要な金銭的コスト及びその他のもの、当該組織又は企業の規模及び財源、公的基金又はその他の援助を受ける可能性を考慮するのが適当である」とある。

(c) 「適切な措置」の対象者

適切な措置の対象となる者としては，CDAPHにより障害労働者の認定を受けた者[270]，労災年金受給者，障害年金受給者，障害軍人年金受給者，志願消防士障害手当・年金の受給者，障害者手帳の保有者，成人障害者手当（AAH：Allocation aux adultes handicapés）受給者が列挙されている（L. 5213-6条1項，L. 5212-13条1°ないし4°及び9°ないし11°）。これは，雇用義務（率）制度の対象となる者のうち，戦争遺族等，障害を持たない者を除いた者に等しい。つまり，障害を持つ雇用義務（率）制度の対象者は，適切な措置の対象者でもある。

(d) 「適切な措置」の内容

適切な措置の内容としては，①労働環境の適応と②労働時間の調整の2つが挙げられる。①の労働環境の適応には，機械や設備を障害者が使用可能なものにすること，労働ポストの調整（障害労働者に必要な個別の介助や設備を含む），作業場所へのアクセス保障[271]が含まれている（旧労働法典L. 323-9-1

---

269 助成は，主として，雇用義務（率）制度で生じる納付金を管理する障害者職業参入基金管理運営機関（AGEFIPH）が行うことになっている。つまり，助成金の原資は納付金である。

270 障害労働者の認定を受けるか否かは，任意である。

271 作業場所へのアクセスに関しては，建築・住宅法典L. 111-7条において，労働の場所は，障害の種類を問わず，すべての者にとってアクセス可能であるようにしなければならない旨が定められている。労働法典では，R. 4214-26条が，新設の建物及び既存の建物の新設部分内の就労場所は，障害者がアクセス可能なものにしなければならない旨を定めている。また，就労場所は，障害労働者の労働ポストの適応が可能なように，あるいは，後々に労働ポストの適応をできるように設計されることとされている。なお，アクセス可能にすることが，技術上困難な場合には，県知事によってR. 4214-26条の適用除外が認められる（R. 4214-27条）。この他，R. 4225-6条は，労働ポスト，及び，障害労働者が使用する可能性のあるトイレの場所，レストランは，障害労働者が容易にアクセスできるように，調整・改修される旨，そして，障害労働者の障害がそれを要請する場合，労働ポスト及び関係する安全標識の調整・修正がなされる旨を定めている。また，R. 4217-2条は，トイレを10個設置しなければならない場合，そのうちの1つ，及び，その近くに設置される洗面台は，車椅子で移動する障害者がアクセスでき，1人で利用できるようにしなければならない旨，トイレの設置義務が10個未満の場合には，そのうちの1つ及び洗面台は，身体障害者がいる場合に，簡単な工事で改修できるようにしておかなければならない旨を定めている。

条2項，現労働法典R. 5213-32条)。そして，②の労働時間の調整には，例えば，労働時間の短縮や就労開始時刻の調整等が含まれている。なお，労働時間の調整については，障害者を介護する家族や近親者にも同様に認められることとなっている（L. 3122-26条)[272]。

具体的な「適切な措置」の内容は，個々のニーズに応じて，ケース・バイ・ケースで決定されることとなるが，これに関しては，障害者職業参入基金管理運営機関（AGEFIPH）が，その具体的内容の決定に際し参照される手引き（「職業的参入のための障害補償に関する手引き（Guide de la compensation du handicap dans l'insertion professionnelle)[273]」）を作成しており参考となる。同手引きは，障害者の職業訓練及び雇用に関して，障害の種類（聴覚障害，視覚障害，知的障害，精神障害又は精神疾患，障害をもたらす疾病，運動機能障害）ごとに障害者が有するニーズを確認・特定し，必要な支援を例示している。例えば，聴覚障害者については，雇用において必要な支援として，①口頭ではなく文字による指示，②コミュニケーションをとるための人的支援，③音によるサインの光又は振動によるサインへの変更等が列挙されている。また，視覚障害者については，①点字や音声による情報処理技術支援，②触覚・音声・振動による目印の設置等，知的障害者については，①チューターによる指示の学習，②複雑な業務の再編成等，身体障害者については，①労働の場へのアクセスを確保するための自動車の改修，②職場環境の適応，③労働時間の調整等が，雇用において必要な支援として列挙されている。さらに，精神障害者については，①労働の再編成や指示の簡略化，②発作を先取りした安全の確保，④緊急時における外部の専門家への依頼等が，必要な支援として列挙されている。こうした手引きを参照しつつ，具体的な「適切な措置」が決定されることになる。

---

[272] なお，労働者が，私傷病を原因として労働医から従前従事していた雇用について労働不適性を宣告された場合については，特に，使用者は能力に適した他の雇用を提示しなければならないことが規定されている。使用者に課せられるのは，例えば，配置転換，労働ポストの改善，労働時間の調整等である（L. 1226-2条)（労災の場合の根拠規定は，L. 1226-10条)。

[273] http：//www. agefiph. fr/upload/files/1183127318_guide%20compensation. pdf

第 1 節　障害者雇用政策

(e)　公務員法における差別禁止規定
(i)　公務員の権利と義務に関する法律

　公的部門における障害を理由とする差別禁止は，公務員の権利と義務に関する1983年 7 月13日の法律[274]で規定されている。同法 6 条 2 項は，「政治的，哲学的若しくは宗教的信条，組合に関する信条，出自，性的指向，年齢，姓，健康状態，身体的外観，障害，特定の民族若しくは人種への実際若しくは想定上の帰属又は非帰属を理由として，公務員の間で，いかなる直接的又は間接的差別も行われてはならない」旨を定めている。また，平等取扱原則の保障のために，障害者に対し「適切な措置」を講じることも，同法で定められている（6 条の 6 ）。適切な措置の対象となる者は，労働法典の定める適切な措置の対象者と同じである。

　ただし，障害に関しては，一定の例外規定も設けられている。まず，「障害を補償するものの可能性を考慮してもなお，職務遂行に要求される身体的適格性条件を満たしていない場合」には，公務員資格を得ることができない（ 5 条）。また，「一部の職務遂行に対する身体的適格性を欠く場合」には，これを考慮した区別を行うことが，可能とされている（ 6 条 3 項）。

(ii)　公務員各法（国家公務員，地方公務員，公的病院の職員）の諸規定

　さらに，公務員各法（国家公務員，地方公務員，公的病院の職員）においても，障害労働者に関する規定が置かれている。公務員各法に置かれている規定は，互いに似通っているので，以下では，国家公務員の地位に関する1984年 1 月11日の法律[275]の規定を確認したい。

①　公務員試験からの排除の禁止

　まず，国家公務員の地位に関する法律は，障害を理由とする公務員試験からの排除，公職からの排除を禁止している（1984年法27条Ⅰ）。このために，障害者には，障害に配慮した形での公務員試験の受験が保障されており，例えば，試験時間や休憩時間[276]の調整，必要な人的支援や技術的支援の提供

---

[274]　Loi n° 83-634 du 13 juillet 1983 portant droits et obligations des fonctionnaires, JORF du 14 juillet 1983, p. 2174.

[275]　Loi n° 84-16 du 11 janvier 1984 portant dispositions statutaires relatives à la fonction publique de l'Etat, JORF du 12 janvier 1984, p. 271.

[276]　27条Ⅰは，特に，応募者が各自の身体能力と両立可能な条件で受験できるように，

がなされることとなっている。

しかしながら，公務員試験からの排除の禁止に関しても，「職務遂行能力判定のための医学的診断の結果，その障害が志願する職務と両立しない場合」には，この限りではないことが定められている。

② 労働時間の調整，配置転換における配慮

次に，障害を持つ公務員には，役務遂行上の必要性と両立する限りにおいて，その職務遂行又は雇用維持を容易にするための労働時間の調整が認められている。この労働時間の調整は，障害者を介助する家族に対しても認められる（40条の3）。

また，障害を持つ公務員は，配置転換においても，その要望を勘案した特別な配慮を受けることができる（60条）。さらに，配置転換のポストがない場合には，出向や派遣を優先的に享受することもできる（62条）。

③ 嘱託公務員としての採用の道

この他，障害者には，嘱託公務員としての採用の道が用意されている。嘱託公務員として雇用された障害者は，その契約期間の満了後，職務遂行のための適格性要件を満たしていることを要件として，正式に任用される（27条Ⅱ）。これは，障害者に対する積極的差別の策と言えよう。

(f) 差別に対する救済

次に，実際に差別の被害を受けた場合の救済方法を確認していく。フランスでは，差別被害者は，以下のような多様な方法による救済を求めることができる。

(i) 刑事訴訟

まず，刑法典に定めのある差別については，検事等に対し告訴を行うことができる。検事が起訴しない場合には，私訴原告人として予審判事に対し予審の開始を請求することも可能である（刑事訴訟法典85条〜91-1条）。また，刑事手続きにおいて，犯罪により生じた損害の賠償を求める附帯私訴を同一の裁判所に対して行うこともできる（同2条以下）。

刑事訴訟では，他の刑法違反の場合と同様に，無罪の推定[277]や証拠の自

　　連続する2つの試験の間に十分な休憩時間を提供することを定めている。
277　刑事訴訟法典前文Ⅲ。

第1節　障害者雇用政策　　　153

由の原則[278]等の証拠に関するルールが適用され，立証責任は検事の側にある[279]。そのため，実際に差別罪が成立する例は，非常に少ないとされている。

　なお，刑法典225-2条違反に関しては，設立後5年以上の障害者支援に携わる非営利組織も，被害者の合意を得て，私訴原告人に認められた権利を行使することができる（刑事訴訟法典2-8条）。

(ii)　民 事 訴 訟

　次に，労働法典が定める差別については，労働審判所への提訴が可能である[280]。その目的は，差別的措置や決定を無効にし[281]，損害賠償請求を行うことにある。

　民事訴訟では，刑事訴訟の場合とは異なり，差別被害者の側の立証責任が軽減される[282]。原告（差別被害者）は，直接差別又は間接差別の存在を推認

---

[278] 刑事訴訟法典427条：刑事裁判官の前で，差別は，あらゆる方法で立証されうる。

[279] 刑法典225-3-1条は，別行為の存在を証明する目的で225-2条に記載された財，行為，サービス又は契約のいずれかを求めた者に対して，差別行為が行われた場合にも，当該差別行為の証明がなされると差別罪が成立することを定めている。この規定は，加害者側の差別行為を明らかにすることを目的として行われる差別テスト（tests de discrimination）を公認する規定となっている。差別テストは，背後に隠された差別の存在を見つけ出すために，実施されるものであり，比肩しうる状況の2グループの人々に対する取扱いの差異を比較することで，差別の存在をあぶりだす。社会学的研究の道具として，また，裁判上の証拠として利用される。差別テストは，2000年6月11日の破毀院判決において，初めて，裁判上の証拠として認められた。これを法律上も公認するために，機会の平等に関する2006年3月31日の法律（Loi n° 2006-396 du 31 mars 2006 pour l'égalité des chances, JORF n° 79 du 2 avril 2006, p. 4950）によって，刑法典に225-3-1条が挿入された。Rapport annuel 2007, HALDE, p. 73.

[280] 公務員の障害を理由とする雇用差別については，提訴は，行政裁判所に対してなされる。

[281] 解雇無効の場合，被用者は当初の条件で復職することとなる。ただし，もっともな理由により復職を望まない被用者には，解雇予告手当，解雇手当に加えて，不法な解雇により生じた全損害に対する賠償金（少なくとも給与の前6か月分〔労働法典L. 1235-3条〕）を受け取る権利が認められる。他方，採用拒否の場合，裁判所は，使用者に対し当該差別被害者の採用を強制することはできない。差別の被害者は，被った精神的損害及び物的損害について損害賠償請求ができるに留まる。Guide pratique L'emploi des personnes handicapées, 2e édition, La documentation Française, 2008, p. 149.

させる事実を提示すれば足り,被告側が,当該措置は差別とは関係のない客観的な事実により正当化されることを立証する責任を負う(労働法典L.1134-1条)[283]。

労働法典違反については,設立後5年以上の差別問題や障害者支援に携わる非営利組織が,当事者の書面による合意を得て訴権を行使することができる(L.1134-3条)。また,全国・企業レベルの代表的労働組合も訴権を行使できる。この場合,書面による通知を受けた当事者が15日以内に反対の意を示さなければ,当事者からの委任の必要はない(L.1134-2条)。

なお,障害を理由とする差別があったとして労働者によって又は労働者のために起こされた訴訟に引き続いてなされた当該労働者の解雇は,無効となる旨も規定されている(L.1134-4条)。無効となるのは,当該解雇が,現実かつ重大な理由に基づかず,実際のところ,訴訟活動を理由として使用者が採った措置である場合である。この場合,当該労働者には,当然に復職が認められ,雇用は継続していたと見なされる。ただし,当該労働者が,労働契約の継続を拒否する場合には,①解雇に先立つ6か月の賃金を上回る賠償金,②解雇手当に相応する賠償金が支払われる。

(iii) 権利擁護機関(DDD)への申立て

さらに,権利救済機関である権利擁護機関(DDD:Le Défenseur des droits)への申立ても可能である。

フランスでは,差別を受けた者の権利救済機関として,2004年に,高等差別禁止平等対策機関(HALDE:La Haute Autorité de Lutte contre les Discriminations et pour l'Egalité)が創設された(2004年12月30日の法律[284])。独立行政機関である

---

282 立証責任の軽減は,1997年12月15日のEC指令(97/80/EC)(性を理由とする差別)や2000年11月27日のEC指令(2000/78/EC)(信条,宗教,障害,年齢,性的指向に関する差別)等を国内法化した2001年11月16日の法律(Loi n° 2001-1066 du 16 novembre 2001 relative à la lutte contre les discriminations, JORF n° 267 du 17 novembre 2001, p. 18311)により導入された。

283 なお,労働法典L.1132-3条は,差別行為を証言又は供述した者に対する懲戒・解雇・差別的措置を禁止している。また,2008年法3条でも,証言者・供述者の保護が規定されており,良心に従って差別行為を証言した者,又は,供述した者に対する不利益取扱いが禁止されている。

284 Loi n° 2004-1486 du 30 décembre 2004 portant création de la haute autorité de lutte contre les

HALDEは，裁判外の権利救済機関として，その創設以降，様々な分野における差別の撤廃と平等の促進に取り組んできた。2006年には，2004年法の改正によって，権限の拡大も行われている[285]。

そのHALDEの権限が，2011年3月29日の組織法律[286]によって，2011年5月以降，権利擁護機関（DDD）によって引き継がれることとなった。新たに再編されたDDDは，1958年憲法71-1条に根拠を置く憲法上の独立した機関であり，①公役務部門との関係における権利や自由の擁護，②児童の利益や権利の擁護及び促進，③法が禁止する差別への対策及び平等促進，④保安活動（警察，憲兵，刑務行政，税関等）に従事する者による職業倫理の遵守の監視を任務とする（2011年組織法律4条）。

このうち，③がHALDEの権限を引き継ぐ部分である。DDDは，③の任務を果たすために，申立てのあった直接・間接差別事件について，調停の斡旋や和解案の提示，勧告[287]等を行う権限を有している（24条〜36条）。また，これらの活動を行うための調査権限[288]も有している（18条〜23条）。

差別被害者なら誰でもDDDへの申立てをすることができるが[289]，国会議

---

discriminations et pour l'égalité, JORF n° 304 du 31 décembre 2004, p. 22567.

[285] 2006年の法改正で，HALDEの権限は拡張され，HALDEの提案による和解金の支払いによる紛争解決も可能となった（2006年3月31日の法律：Loi n° 2006-396 du 31 mars 2006 pour l'égalité des chances, JORF n° 79 du 2 avril 2006, p. 4950.）

[286] Loi organique n° 2011-333 du 29 mars 2011 relative au Défenseur des droits, JORF du 30 mars 2011, p. 5297. 同組織法律により，HADLEの他，行政機関との間の紛争解決を担ってきた共和国オンブズマン，児童養護期間，及び，全国保安活動倫理委員会の権限が，DDDに引き継がれることとなった。

[287] 勧告を受けた使用者側は，期限内に勧告に対する対応をDDDに報告しなければならない。報告の結果，改善がなされていないと判断した場合，DDDは，再度，期間内に必要な措置を講ずるよう命じた上で，なお，改善がなされなければ，特別報告書を作成し，それを公表することができる（2011年組織法律25条）。

[288] DDDが知り得た事実が，刑法典の定める重罪又は軽罪に該当すると判断される場合，DDDは，それを共和国検事に通報することができる（33条3項）。

[289] 2010年におけるHALDEへの申立ては，全部で1万2467件に及んだ。差別理由ごとに整理すると，出自を理由とする差別に関する申立てが最も多く，全体の27.0％を占めている。次に多かったのが，障害及び健康状態を理由とするもので，全体の19.0％を占めた。他方，分野ごとに整理すると，雇用に関する申立てが最も多く，全体の49.7％（民間：採用6.8％，キャリア26.7％，公的部門：採用2.2％，キャリア

員や欧州議会フランス代表を介した申立ても可能とされている。また，設立後5年以上の差別問題に携わる非営利組織も，被害者の合意を得て被害者と共同でDDDに申立てを行うことができる。さらに，被害者の反対がないことを条件として，DDDが職権で差別事件を扱うことも可能である（5条，7条）。

(g) 小　括

フランスでは，差別禁止の一般原則によって，障害を理由とする，募集手続や企業での研修・職業訓練からの排除，懲戒，解雇，そして，報酬・利益配分又は株式付与・職業訓練・再就職・配属・職業資格・職階・昇進・異動・契約更新における直接的・間接的な差別的取扱いが禁止されている。広範な事由について差別が禁止されており，また，直接差別だけでなく，間接差別も禁止されている。

ただし，障害を理由とする差別禁止については，この一般原則に一定の修正が施されている。すなわち，労働医が認定した労働不適性に基づく取扱いの差異，及び，障害労働者に対する「適切な措置」は，差別には該当しないとされている。とりわけ，「適切な措置」については，その拒否は差別になることが明確にされており，結果として，使用者には，過度の負担が生じる場合を除き，「適切な措置」を講ずることが求められることになる。なお，負担が過度か否かの判断においては，障害者職業参入基金管理運営機関（AGEFIPH）が行う様々な助成が考慮されることとなっている。AGEFIPHは，「適切な措置」の具体的内容の決定に際し参照される手引きの作成も行っている。後述の雇用義務（率）制度において重要な役割を果たすAGEFIPHが，差別禁止の分野でも，大きな役割を果たしていると言える。

救済方法としては，刑事・民事訴訟での救済に加え，DDDへの申立てが可能である（事後的救済）。従来，障害を理由とする差別を争う訴訟は，非常に少なかった。しかし，EU法の影響を受けて，2000年以降，これが，徐々に増大している[290]。また，DDDへの申立ても，年々，増加している[291]。裁

14.0％）を占めた。これに，公的サービス（11.5％），民間サービス・財（10.6％）に関するものが続く。健康状態及び障害を理由とする申立ては，とりわけ，雇用の分野で数が多く，公的部門では，これを理由とする申立てが最も多く，民間部門では，2番目に多いということになっている。Rapport annuel 2010, HALDE, pp. 19-22.

判例やDDD（及びHALDE）勧告の積み重ねによって，フランスでも，次第に，障害を理由とする雇用差別禁止に関するグッド・プラクティスが形成されつつあるところである。

B 雇用義務（率）制度

それでは，次に，通常の労働市場における障害者の雇用促進策のもう１つの柱である雇用義務（率）制度について，その内容を確認していきたい。2005年法では，障害者の直接雇用が促進されるよう，雇用義務（率）制度についても，いくつかの重要な改正が行われた。以下では，2005年法による改正点に触れつつ，フランスにおける障害者雇用義務（率）制度の全体像を明らかにしたい。

(a) 雇用義務

フランスでは，20名以上の従業員を抱える使用者[292]に対して，6％の障

---

[290] 訴訟は，とりわけ，公的部門において多い。刑務官採用試験の受験者に，長期疾病休暇の取得の可能性のある進行性の疾病に罹患していないことを求めるアレテの無効を認めた裁判例（コンセイユ・デタ2008年6月6日判決〔n° 299943〕）や，聴覚障害のため水難救助資格等を取得できなかった者に対する，大学区長による身体・スポーツ教員試験への登録拒否決定を取り消した裁判例（ルーアン行政裁判所2009年7月9日判決〔n° 0700940, 0802423〕）等がある。他方で，身体・スポーツ教員試験に水難救助資格等を要請するデクレについて，同デクレの中に，障害を補償する手段が規定されていないからといって，同デクレを違法とするような障害差別禁止原則の違反があるとは認められないとした裁判例（コンセイユ・デタ2008年11月14日判決〔原告：国民教育研究総組合連合〕〔n° 311312〕）もある。

[291] 注267に記載した勧告の他にも，身体・スポーツ教員試験の受験に際して，水難救助資格等の取得を要請するデクレの修正が勧告された事例（Délibération n° 2005-34 du 26 septembre 2005）や，障害労働者が嘱託公務員として働いた期間を勤続年数に参入することを拒否する決定は，差別に該当するとした事例（Délibération n° 2009-399 du 14 décembre 2009）等，多数の勧告が存在している。詳細は，拙稿「第4章フランス 第3節関連判例・勧告」『欧米における障害者雇用差別禁止法制度 第2分冊：ドイツ・フランス・EU編（資料シリーズNo.73の2）』高齢・障害・求職者雇用支援機構障害者職業総合センター（2013年）301-312頁を参照。

[292] 企業が複数の事業所を抱える場合は，事業所ごとの義務となる。企業の創設又は従業員の増員により20名以上の従業員を雇用することとなった企業には，準備期間として3年の期間が与えられる。なお，労働者派遣企業については，派遣企業の業務に専

害者（等）雇用義務が課されている（労働法典L.5212-1条，L.5212-2条）[293]。1987年法で採用された6％の雇用率は，2005年法改正でも維持されたが，その計算方法については，修正がもたらされた。

まず，特別の適性を要する職種を雇用率の計算から排除する除外率制度が廃止された[294]。この廃止によって，従業員数20名以上となる事業所数が増え，結果として，雇用義務に服する事業所の数は，増大することとなった。また，障害者1人を最低1単位（unité）とし，障害の重度や年齢等の条件により，1.5倍，2倍等とカウントする重複カウント制度も廃止されるに至った。これらの廃止は，いずれも，使用者の側が負う義務の強化を図るものである。しかしながら，除外率制度や重複カウント制度と同じ効果を持つ計算方法が，納付金の計算において維持されている点も看過できない。したがって，雇用率の計算方法が修正された点の評価は，慎重を要するといえよう（納付金の計算方法については，下記(c)の末尾の「納付金額の計算方法」を参照）。

(b) 雇用義務の対象者

雇用義務の対象となるのは，障害者権利自立委員会（CDAPH）により障害労働者認定を受けた者（雇用義務受益者の68.3％〔2006年，以下同じ〕），労災年金受給者（20.7％），障害年金受給者（8％），障害者手帳の保有者（1.8％），成人障害者手当（AAH）受給者（0.6％），障害軍人年金受給者及び戦争犠牲者遺族等（0.6％）である（L.5212-13条）（**図表1**を参照）。2005年法

　従の被用者のみが，雇用義務の対象とされる。

293　雇用義務は，公的部門の使用者にも課せられる。従来，公的部門の使用者には，納付金の支払いが義務付けられていなかったが，2005年法によって，公的部門の使用者にも納付金の支払いが義務付けられることとなった。その目的は，公的部門における雇用義務の強化にある。これに伴い，公的部門の納付金の管理運営を行う公務障害者参入基金（FIPHFP：le Fonds pour l'insertion des personnes handicapées dans la fonction publique）も，創設された（2005年法36条）。納付金の計算方法は，基本的に，民間部門と同じである。

294　廃止の理由として，以下の2つが挙げられている。1つめは，除外率制度の維持は，2005年法が再確認した差別禁止原則と両立しえないと考えられたことである。2つめは，通常の労働環境で働く障害労働者22万人のうち13万人以上が，既に，除外されたカテゴリーの職に就いているという現状が観測されていたことである。Projet de Loi pour l'égalité des droits et des chances, la participation et la citoyenneté des personnes handicapées, n° 183, Sénat.

図表1　雇用義務の受益者（民間セクター）（2006年）

- CDAPHによって障害労働者認定を受けた者
- 労災年金受給者
- 障害年金受給者
- 障害者手帳の保有者
- 成人障害者手当（AAH）受給者
- 障害軍人年金受給者及び戦争犠牲者遺族等

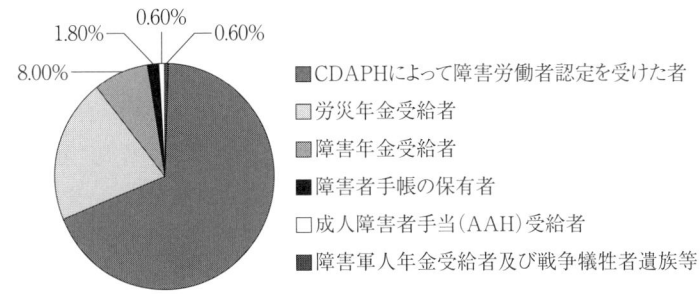

1.80%、0.60%、0.60%、8.00%

出典：Les personnes handicapées et l'emploi Chiffres Clés, AGEFIPH et FIPHFP, 2009, p. 2.

によって，障害者手帳の保有者とAAH受給者（障害率80％以上の者等が対象）が新たに加えられ，障害率80％以上の重度障害者も，当然に制度の対象となった[295]。

なお，戦争犠牲者遺族以外の者は，差別禁止原則における「適切な措置」の適用対象者でもある。戦争犠牲者遺族が雇用義務の対象となるのは，制度の沿革による。

(c) 履 行 方 法

雇用義務は，上記対象者を直接雇用することによって果たされる（L. 5212-2条）。しかし，フランスでは，他の方法による履行も認められている。

1つめは，適応企業やESATとの請負供給契約又は役務給付契約の締結である（保護労働セクターへの仕事の発注）（L. 5212-6条）。この方法による履行は，雇用義務の50％まで認められる（R. 5212-9条）。

2つめは，研修[296]での障害者の受入れである。雇用義務にカウントされ

295　2005年法改正以前，AAH受給者や障害者手帳の保有者は，雇用義務の対象とされたければ，事前に，職業指導・再配置専門委員会（COTOREP）（現在の障害者権利自立委員会〔CDAPH〕）による障害労働者認定を受けておかなければならなかった。
296　150時間を超える研修を受けている者のみが，カウントされる。研修時間を当該企業で適用される年間労働時間で割った数が，みなし雇用数となる（R. 5212-10条）。なお，研修中は，研修生の報酬に関する公的制度の枠内で，雇用復帰職業訓練支援手

る研修生の割合は，全従業員数の2％までとされている（L. 5212-7条）。

さらに，以上の方法によっても，6％の雇用義務を未達成の企業には，3つめとして，障害者職業参入基金管理運営機関（AGEFIPH）への納付金の支払いが課せられる（L. 5212-9条）。納付金額は，雇用すべき障害者の不足数に応じて決まるが，特別の適性を要する雇用や企業の雇用努力，重度障害認定及び企業規模を考慮した調整がある（具体的な計算方法については，下記の「納付金額の計算方法」を参照）。なお，2005年法によって，不足する1人につき課される納付金の最高額は，法定最低賃金（SMIC）[297]の500倍から600倍に引き上げられた。これも，使用者に，障害者の直接雇用を促すための義務の強化の1つである。

また，使用者は，以上の方法とは別に，障害者のための1年又は数か年プログラムを定める労働協約の締結によって雇用義務を果たすこともできる（L. 5212-8条）。労働協約（産業別，グループ別〔2005年法により追加〕，企業別又は事業所別）には，通常の労働環境での雇用プラン，及び，①参入・職業訓練プラン，②技術革新への適応プラン，③解雇に際する企業内維持プランの3つのうちの少なくとも2つが含まれていなければならない。

雇用義務の履行状況は，**図表2**が示す通りである。2006年には，雇用義務を負う企業のうち，26.2％が，障害者の直接雇用のみによって雇用義務を果たしている。他方，障害者の直接雇用や納付金の支払い，保護セクターへの発注等を組み合わせて義務を果たしている企業は，32.2％を占める。そして，納付金の支払いしかしていない企業が，35.2％存在している[298]。

　当（AREF：Allocation d'aide au retour à l'emploi formation）（場合によっては，特別連帯手当）を支給されるか，あるいは，国や地方圏によって報酬を支払われる（L. 5213-4条，L. 6341-1条～L. 6341-5条）。

[297] フランスの最低賃金には，全国のすべての労働者に一律に適用される法定最低賃金（SMIC：全職域成長最低賃金〔時間当たり最低賃金〕）と，産業別に労働協約で定められる協約最低賃金とがある。協約最低賃金は，協約の拡張適用により，当該産業のすべての被用者に適用される。また，SMICの改定等によって協約最低賃金がSMICを下回る場合は，SMICが保障される（高津洋平「第3章 フランスの最低賃金制度」『欧米諸国における最低賃金制度』JILPT資料シリーズNo. 50〔2008年〕32-47頁）。2013年1月現在のSMICは，9.43ユーロである。

[298] なお，3年にわたり納付金の支払いしかしていない企業に対しては，2010年から制

第 1 節　障害者雇用政策

図表 2　民間事業所における雇用義務の履行状況（2006年）

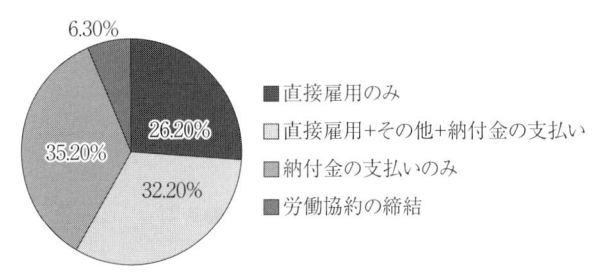

- 6.30%
- 26.20%
- 32.20%
- 35.20%

■直接雇用のみ
□直接雇用＋その他＋納付金の支払い
■納付金の支払いのみ
■労働協約の締結

出典：Les personnes handicapées et l'emploi Chiffres Clés, AGEFIPH et FIPHFP, 2009, p. 3.

　フランスは，6％という非常に高い雇用率を課しているが，上記のように，直接雇用以外の方法で義務を履行している使用者も多く，実雇用率は，2.3％（2006年），2.4％（2007年），2.6％（2008年），2.7％（2009年）に留まっている[299]。

参考：納付金額の計算方法
1．不足する障害労働者数の計算（D.5212-22条）
　まず，納付金の額は，雇用すべき障害者の不足数に応じて決まる。
　不足数の求め方は下記の通り：
　　不足数＝雇用すべき障害者数－
　　　　　　（6か月以上在籍する障害者数＊＋雇用見なし分）
　　＊短時間労働者もその労働時間に応じた計算方法に従ってカウントされる。
　雇用見なし分の計算方法は下記の通り：
　　①保護労働セクターへの発注（R.5212-6条）
　　　見なし分＝（発注額〔税抜き〕－原材料費・販売経費等）÷

裁的納付金（後述）の支払いが課されている。
[299] L'emploi des travailleurs handicapés dans le établissements de 20 salariés ou plus du secteur privé en 2007, Premières Informations Synthèses, octobre 2009, n° 44.3, p. 4. L'emploi des travailleurs handicapés dans le établissements de 20 salariés ou plus du secteur privé : bilan de l'année 2008, Dares Analyses, octobre 2010, n° 68, pp. 1-2. Chiffres Clés Les personnes handicapées et l'emploi, Mai 2012, p. 2.

法定最低賃金（SMIC）×2000＊
＊適応企業又はESATから障害労働者を出向（la mise à disposition）させる役務供給契約（contrat de prestation de service）の場合，分母はSMIC×1600となる（R. 5212-7条）。

②研修生の雇用（150時間以上の研修を受ける者について）（R. 5212-10条）

見なし分＝研修時間÷当該企業の年間労働時間

《具体例[300]》

従業員数300名のA事業所（うち20名はトラック運転手：特別の適性を要する雇用）で，雇用義務対象者を7名雇用しており，さらに，保護労働セクターとSMIC8000時間分の契約（雇用義務対象者を4人雇用していることに相当）をしている場合。A事業所が雇用しなければならない雇用義務対象者は，18名（300×0.06）で，不足数は，これから，7＋4を引いた数となる。

→　不足数＝18－（7＋4）＝7

2．雇用維持・直接雇用等の雇用努力，重度障害者の雇用（D.5212-23条）

次に，納付金の額は，企業の雇用努力や重度障害者の雇用等を勘案して，減額される。使用者の雇用努力に対し認められる減額事由には，恒久的に認められるものと，雇用初年度にのみ認められるものの2種類がある。

①恒久的に適用される減額係数：
－26歳未満又は51歳以上の雇用義務対象者の雇用について0.5；
－適応企業，CDTD，ESATから退出した障害者の雇用について1。
②雇用の初年度のみに適用される減額係数：
－初めての障害労働者の雇用について0.5；
－長期失業者（12か月以上）の雇用について1。
③重度障害認定[301]を受けた者の雇用について1。

300　具体例は，Mémo social 2008, Groupe Liaisons, 2008, pp. 1066-1068からの引用である。
301　重度障害認定は，AGEFIPH（2011年6月30日までは，県の労働・雇用・職業訓練局長）が，使用者や自営障害労働者が提出した書類を検討して行うものである。障害労働者のカテゴリー分類（A・B・C）の廃止に伴い，納付金額の計算及び雇用助成金の支払いのために採用された。重度障害認定における「重度障害」とは，効率性の低減によって，縮小できない，永続的な超過コストが発生していることを言う。永続的な超過コストには，①定期的で，計算可能な，実際に生じている追加的負担や，②障害によって引き起こされ，労働環境の調整によっては補うことのできない負担が含まれる。ただし，AGEFIPHや他の機関によって既に助成がなされている超過コストは，

（注：助成金ではなく，納付金の減額を選んだ場合。）
《具体例》
　A事業所で雇用された雇用義務対象者7名のうち，1人は54歳の重度障害者（0.5＋1），1人は長期失業後に雇用された者（1），もう1人は適応企業からの退出後に雇用された者（1）であるという場合，不足数は，下記の通りとなる。
　→　不足数＝7－（0.5＋1＋1＋1）＝3.5

3．特別の適性を要する雇用（D.5212-24条）

　さらに，事業所に特別な適性を要する雇用がある場合にも，納付金の減額が認められる。
　特別な適性を要する雇用の割合が80％未満の場合の減額係数は，下記の通り：

　　減額係数＝1－（1.3×特別の適性を要する雇用の割合）

　（注）80％以上の場合は，納付金の額は，次の計算方法で算出される：
　　　　不足数×40×SMIC（D.5212-21条）
《具体例》
　A事業所の特別の適性を要する雇用の割合は，20／300×100＝6.66％。この場合，減額係数は：
　　　1－（1.3×6.66％）＝0.91
　よって不足数は，下記の通りとなる：
　　　不足数＝3.5×0.91＝3.18

4．企業規模（事業所の規模ではなく，企業規模）（D.5212-26条）

　最後に，企業規模ごとに，不足数に下記の数値が掛けられる。
　　従業員数20名から199名　　：SMICの400倍
　　従業員数200名から749名　　：SMICの500倍
　　従業員数750名以上　　　　：SMICの600倍
《具体例》
　A事業所が，従業員数700名の企業に属している場合，納付金の額は，
　　3.18×500×8.44（SMIC）＝13,149.60ユーロ
　なお，最終的に得られた納付金額は，不足数×50×SMICを下回ってはなら

負担から控除される。詳細は，拙稿「障害者雇用政策における障害者の範囲——フランスにおける障害認定制度を通じた基礎的検討」荒木尚志・岩村正彦・山川隆一（編）『労働法学の展望（菅野和夫先生古稀記念論集）』有斐閣（2013年）71-92頁を参照。

ない（D. 5212-23条）。

(d) 制裁的納付金・罰金等

雇用義務（率）制度は，実効性確保のための手段も用意している。

まず，3年以上にわたり，納付金以外の方法によって雇用義務を果たしていない企業には，企業規模にかかわらず，法定最低賃金（SMIC）の1500倍の納付金が課せられる（2010年より施行）（L. 5212-10条2項）[302]。この額は，労働者1人を最低賃金で1年間雇ったときの費用に等しいとされる。

次に，雇用義務を全く果たしていない企業（納付金の支払いもしていない企業）には，SMICの1875倍に当たる額の国庫への支払いという制裁が科せられる（L. 5212-12条）。制裁的納付金の支払先が，障害者職業参入基金管理運営機関（AGEFIPH）なのに対して，これは，国庫に支払われる点に注意が必要である。

さらに，公的機関の行う入札では，雇用義務の遵守状況を示す文書の提出が要求されることがあり，雇用義務の不遵守は，入札への参加拒否事由にもなりうることとなっている（公取引法典45条Ⅳ）。

(e) AGEFIPHによる各種助成

AGEFIPHは，徴収した納付金を原資として，障害者の雇用を促進するために，使用者及び障害者本人に対し，様々な助成をしている。AGEFIPHが提供する助成金には，2009年3月現在，以下のようなものがある：

①企業による障害者の永続的雇用での採用を促進し，社会的最低所得を受給している障害者の雇用へのアクセスを助成する「参入助成金」，②企業や非営利組織による障害者の期間の定めのない労働契約での採用を促進するための「永続的契約助成金」，③社会的職業的参入に特別の困難を抱えている障害者の雇用促進を目的とする「雇用発意助成金」，④障害者の企業での職業的統合を用意にするために使用者に支払われる「職業訓練助成金」，⑤障

---

[302] 納付金の支払いしかしていない企業は，特に，les EQZ（les établissements à 'quota zero'）と呼ばれ，その減少が目指されている。制裁的納付金の制度が開始された2010年には，EQZの数は，前年比 - 17% の8923事業所となった。TABLEAU DE BORD Les chiffres de l'emploi et du chômage des personnes handicapées, N° 39 — Bilan à fin juin 2012, AGEFIPH, p. 6.

害や健康状態が悪化した高齢障害者の雇用維持を促進するための「労働時間調整支援金」，⑥重度障害者の雇用により生じる負担を保障する「雇用助成金」（障害者に最低賃金を保障するための助成金。下記C(a)を参照），⑦通勤に係る超過コストを補償する「可動性（mobilitié）支援金」，⑧労働ポストの調整を行うための「労働環境適応支援金」，⑨障害が生じた又は悪化した労働者の雇用維持を目的とする「雇用維持支援金」，⑩障害を補うための「技術的支援・人的支援」，⑪企業が障害者雇用を人的資源管理の中に統合し，その行動計画を検討することを支援する「雇用戦略実施支援金」，⑫職業資格の取得により企業へのアクセスを容易にするための「職業資格取得契約支援金」，⑬若年障害者の企業へのアクセスを用意にするための「見習い支援金」，⑭障害者の既得経験を特定し，⑮職業計画の検討を可能にするための「職業能力評価職業指導助成金」，⑯企業内外のチューターの利用を支援する「チューター支援金」，⑰障害者が雇用に必要な知識や能力を獲得できるよう支援する「職業訓練支援金」，⑱適応企業やESATからの退出者の雇用を促すための「保護・適応環境退出障害者雇用支援金」等[303]。

こうした助成の中には，差別禁止原則により求められる「適切な措置」の実施に係る負担を支援するものもある。納付金を原資とする豊富な助成が障害者の雇用の獲得や維持に寄与していると言える。

(f) 2005年法の影響及び効果

最後に，2005年法が与えた雇用義務制度へのインパクトをまとめておきたい。まず，AGEFIPHが，2008年第1四半期に，従業者数20名以上の民間事業所を対象として行った調査の結果を確認し，次いで，2006年以降の納付金額の変遷を見ることとする。

まず，2008年のAGEFIPHの調査では，民間事業所の障害者の雇用に対する意識の変化が確認されている。事業所の17％が，2005年に比べて2007年には，雇用した障害者の数が増えたと回答しており，事業所の14％が，人事異動（障害者の雇用又は辞職）に際して，事案の55％において，自らの対応を変えたと回答している。そして，事業所の3分の1が，障害者を対象とする特別な戦略を実施していると回答した。2005年法が，企業の人的資源管理に

---

[303] http：／／www.agefiph.fr／

与えた影響も大きい。2005年法について知っていると解答した72％の事業所のうち52％は、2005年法は、人的資源管理に影響を持った、あるいは、持つことになると回答している。この傾向は、大規模事業所において、特に、顕著であった。また、事業所の95％が、2005年から2007年の間に採用を行っているが、33％は、その採用に際して障害者を雇用している。そして、2005年又は2006年に採用された障害者のうち73％は、2008年第1四半期の調査のときまで、その雇用を維持することができている[304]。以上のような調査結果が、2005年法以降に得られている。

2005年法は、AGEFIPHに支払われる納付金額にも、大きな影響をもたらした。まず、2005年法が施行された2006年を基礎に計算をする2007年の納付金徴収額は、大きく増大した。この変化は、雇用率の計算方法の変更（雇用義務対象事業所の拡大）及び納付金額の引上げによるもの、すなわち、使用者への雇用義務の強化によるものである。しかしながら、その後、AGEFIPHに支払われる納付金額は、減少する（図表3を参照）。この減少は、納付金の支払いによらない義務の履行が増えたこと、すなわち、障害労働者の直接雇用、保護労働セクターへの仕事の発注、並びに研修生の受入れにより6％の雇用義務を達成する事業所が増えたこと、及び、労働協約の締結による雇用義務の履行を行う事業所が増加したことによる。こうした変化によって、納付金の支払いをしている事業所の数は、2007年以降、大きく減少し（2007年には、5万8132事業所だったのに対し、2011年には、4万7520事業所まで減少している）、AGEFIPHに支払われる納付金額も減少することとなった。なお、2011年における納付金額の減少については、2010年に施行された制裁的納付金制度によって、納付金の支払いしかしていない事業所が減少したことの影響が大きい。

事業所・企業の障害者雇用に対する意識の変化や、上記のような数値の変化は、2005年法による雇用義務の強化の成果と言うことができよう。

(g) 小 括

フランスでは、6％という高い水準の雇用義務が、使用者に課されている。

---

[304] Atlas national 2008 L'emploi et l'insertion professionnelle des personnes handicapées, AGEFIPH, p. 78.

図表 3　納付金額の変遷

単位：百万ユーロ

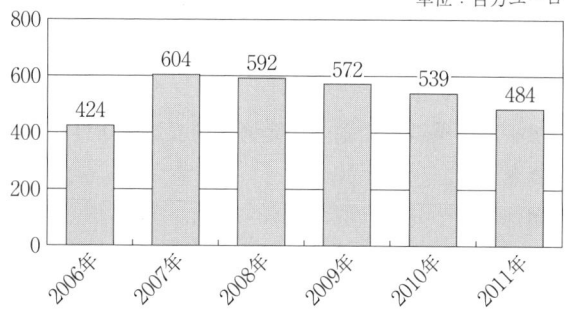

2006年	2007年	2008年	2009年	2010年	2011年
424	604	592	572	539	484

出典：Rapport d'activité 2011, AGEFIPH, p. 16

　1987年法が採用した 6 ％という率は，2005年法でも維持されたが，その計算方法は大きく見直され（除外率制度，重複カウント制度の廃止），また，納付金額が引き上げられたことによって，使用者の負う義務はより重いものとなった。

　使用者は，労働協約を締結している場合を除くと，6 ％の雇用義務を，①障害者の直接雇用，②保護労働セクターへの仕事の発注，③障害者の研修での受入れ，④納付金のAGEFIPHへの支払いによって果たすことができる。したがって，障害者の実雇用率は，2.7％（2009年）と 6 ％には及ばない数値に留まっている。しかしながら，②と③による義務の履行には，それぞれ，雇用義務の50％まで，全従業員の 2 ％までという上限が設定されており，直接雇用の促進に向けた配慮が見える。また，2005年法による納付金額の引上げも，障害者の直接雇用を促す効果を有すると言えよう。

　納付金以外の方法での義務の履行を 3 年以上にわたって行っていない使用者には，納付金が割増されるという制裁的な制度も用意されている。また，義務を全く履行しない使用者には，罰金も科されることとなっている（2010年施行）。資力のある企業は，実際に障害者を雇用することなく，雇用義務の履行をすべて金銭で解決することも可能ではあるが，制裁の額が高く設定されていることから（制裁的納付金の額は，労働者 1 人を最低賃金で 1 年間雇ったときの費用に等しく，罰金の額はそれ以上である），企業には，障害者雇用への強いインセンティブが与えられている。こうした制度の効果もあり，フラ

ンスでは，納付金を支払っている事業所の数が，大きく減少しているところである。

C 賃金等，就労条件の保障

それでは，次に，一般企業で働く障害労働者に労働条件を保障する規定等を確認していきたい。

(a) 最低賃金保障

まず，通常の労働市場で働いている障害者には，最低賃金保障がなされている。すなわち，通常の労働市場で働く障害者の賃金は，労働協約や法令で定められた額を下回ってはならない（労働法典L. 5213-7条）。

2005年法改正以前は，障害者の生産性の減退が明らかな場合には，賃金の減額が認められており，その減額分を補う補足金（complément）を支給する制度が存在した（障害労働者所得保障制度〔GRTH：garantie de ressources pour les travailleurs handicapés〕）。この制度によって，福祉的就労の場（労働支援センター〔CAT：Centres d'aide par le travail：現在のESAT〕）で働く障害者には，法定最低賃金（SMIC）の55％～110％，保護作業所（現在の適応企業）で働く障害者にはSMICの90％～130％，通常の環境で働く障害者にはSMICの100％～130％が保障されることとなっていた[305]。しかし，2005年法は，この制度を廃止し[306]，通常の労働市場における使用者に対して，最低賃金の遵守を義

---

[305] 障害を持たない者と同じ職務に就き，同じ生産性を有する者に対しては，障害を持たない者と等しい賃金が支払われる。なお，CAT及び保護作業所の補足金は国が負担し，通常の環境で働く者への補足金は，1997年予算法以降，AGEFIPHが負担することとなっていた。CTNERHI, Guide Néret Droit des personnes handicapées, Groupe Liaisons, 2005, pp. 104-105.

[306] GRTHの見直しの背景には，CATや保護作業所において，GRTHが，その機能を十分に果たすことができなくなっていたことがある。CATでは，最高でSMICの110％，保護作業所では，SMICの130％が保障されることとなっていたが，実際には，CATで働く障害者には，SMICの55～65％の就労所得しか保障されず，保護作業所で働く障害者にも，SMICの90～100％しか保障されていなかった。こうした現状に鑑みて，2005年法において，GRTHの徹底的な見直しがなされることとなり，使用者やCATの経営者が支払う賃金に応じて，個別に補足金を支払うメカニズムに代えて，ポストに対し助成金を支払う単純化された仕組みが導入されることとなった。その中で，通常の企業については，最低賃金の支払いの義務付けと引き換えに，従来の賃金減額に代

務付けた[307]。法改正以前にも，通常の労働市場で働いている障害者については，GRTHによって結果的に最低賃金が保障されていたため，実質的には，法改正の前後で，当該障害者が受け取る総額は変わらない可能性も高い。しかしながら，賃金の減額を認めず，障害者への最低賃金の保障を明確にしたことの意味は大きいと言えよう。

なお，最低賃金保障をすることで，生産性が最低賃金に見合っていない障害者を雇用した場合には，使用者に負担が生じることになる。そこで，この負担については，対象となる障害者を雇用している使用者に対してAGEFIPHから「雇用に対する助成」がなされることになっている（L.5213-11条）。この雇用助成金の額は，重度障害者の雇用によって生じる負担が法定最低賃金（SMIC）年額の20％以上になる場合には，フルタイムのポスト1つにつきSMICの450倍（年額），生じる負担がSMIC年額の50％以上の場合には，SMICの900倍（年額）となっている[308]。

(b)　再配置義務等

次に，労働者が，私傷病を原因として労働医から従前従事していた雇用について労働不適性を宣告された場合，使用者には，能力に適した他の雇用を提示する義務が課せられている。使用者に課せられるのは，例えば，配置転換，労働ポストの改善，労働時間の調整等である（L.1226-2条）[309]。

また，雇用義務の対象となる障害者が解雇される場合には，3か月を超えない範囲で，解雇予告期間が通常の2倍となる（L.5213-9条）[310]。障害者は，求職活動における困難がより大きいことからの配慮である。また，経済的理

　　えて，AGEFIPHから助成金を支払う仕組みが採用されることとなった。Rapport, n° 210, Sénat (2003-2004).

307　2005年法施行以降も，障害労働者に最低賃金を下回る給与が支払われていた事例につき，これを障害を理由とする差別に該当するとしたHALDE勧告（Délibération n° 2008-244 du 3 novembre 2008）がある。

308　ただし，この助成金は，重度障害者の雇用により納付金の割引を受けている場合には，支給されない。

309　これらは，差別禁止原則によって障害者に提供される「適切な措置」の1つとも言える。

310　労働協約や慣行で3か月を超える解雇予告期間がおかれている場合には，同規定の適用はない。

由による集団解雇の場合にも，障害者には，より保護された地位が保障されている。すなわち，経済的理由に基づく集団解雇を行う場合，使用者は，家庭負担（特に，一人親の負担），勤続年数，再就職を困難にする社会的状況（例えば，障害者や高齢者であること），職業資格を考慮に入れた解雇基準を定めなければならないとされている（L. 1233-5条）。これも，再就職が困難な障害者に対する配慮である[311]。

(c) 労使交渉義務

さらに，障害者の就労促進に関する労使交渉も，2005年法によって義務化された。これは，労使に障害問題により関心を持ってもらうことを目的として導入されたものである[312]。労使交渉の義務化によって，現在，労使は，産業別に3年に1回，企業別に毎年，「障害労働者の参入と雇用維持のための措置」について交渉しなければならないこととなっている（L. 2241-5条，L. 2242-13条）。また，全国レベルの産業別協約については，障害者の労働権の実現に関する規定を含むことが，拡張適用のための条件とされている（L. 2261-22条Ⅱ11項）[313]。

(d) 職業リハビリテーション

この他，労働法典では，障害者の職業リハビリテーションについても，規定が置かれている。まず，すべての障害労働者は，リハビリテーション（réadaptation），機能回復指導（rééducation），及び，職業訓練を享受することができる（労働法典L. 5213-3条）。障害労働者は，平等取扱原則に基づき，すべての通常の職業訓練制度（企業内職業訓練プラン，個別職業訓練休暇，個別職業訓練権等）を利用することが可能とされており（L. 6112-3条），その際，その障害に応じて，特別な調整（aménagement）[314]を受けることも認められてい

---

311 これに関しては，解雇順序に関するルールの不遵守の結果生じた損害につき，使用者に損害賠償金の支払いを命じた裁判例がある（破毀院社会部2006年10月11日判決〔n°04-47168〕）。

312 Projet de Loi pour l'égalité des droits et des chances, la participation et la citoyenneté des personnes handicapées, n° 183, Sénat.

313 例えば，食品小売・卸売業では，2006年3月の付加協定で「障害者の雇用」に関する規定がおかれている（Emploi des personnes handicapées Avenant n° 15 du 9 mars 2006）。

314 例えば，パートタイムでの訓練や，断続的訓練，適応した方法での訓練が認められる。

る（L. 5211-4条）[315]。

　他方，障害者は，障害者を対象とする特別職業訓練を受けることも可能である。この特別職業訓練は，フランス全土に散在する職業リハビリテーションセンターで提供される[316]。また，障害者権利自立委員会（CDAPH）によって，職業リハビリテーションセンター等への方向付けが困難であるとされた障害者に対しては，職業プレオリエンテーションセンターにおいて，8週から12週のプレオリエンテーション研修が提供される。そして，研修終了後，同センターが作成した，障害者の希望や適用能力について報告書に基づいて，CDAPHが，改めて，障害者の職業訓練等に関する裁定を行うこととされている（R. 5213-2条〜R. 5213-6条）。

D　適応企業・CDTD

　最後に，適応企業・在宅労働供給センター（CDTD）[317]について，確認しておこう。適応企業・CDTDは，既に述べたように，通常の労働市場に属する企業である。適応企業・CDTDに関する規定は，労働法典で定められており，ここで働く障害者には，労働法典の適用がある。また，適応企業で働く障害者には，最低賃金の保障もなされている[318]。2005年法改正以前，適応企業・CDTDの前身である保護作業所（Ateliers protégés）には，保護雇用の場としての位置付けがなされていた。しかし，2005年法改正によって，適応企業・CDTDは，通常の労働市場に属することが確認されることとなった[319]。

315　障害を理由とする差別禁止に関する労働法典L. 5213-6条においても，障害者のニーズに適応した職業訓練が提供されるように，使用者は，適切な措置を講じなければならないとされている。

316　Fédération des APAJH, Handicap Le guide pratique, 8th edition 2010, Prat Editions, pp. 147・148.

317　CDTDは，障害者に対し，在宅で行うことのできる手仕事や知的労働を提供することに特化した適応企業である。

318　CDTDについては，規定なし。

319　2005年法改正前は，職業指導・再配置専門委員会（COTOREP）により，通常の労働市場，保護作業所，労働支援センター（CAT〔現在のESAT〕）の3つのうちのどこで働くのかについての方向付けの決定がなされていた。現在，障害者権利自立委員会（CDAPH）が行う決定は，通常の労働市場での就労（適応企業を含む），及びESAT

保護作業所から適応企業・CDTDへの改編は，適応企業・CDTDに対し，通常の労働市場における特別だが完全な地位を与えることにあった。

このような経緯で新たな位置づけがなされた適応企業・CDTDは，障害労働者を80％[320]以上雇用する企業であることから，この後で見るように，国から様々な助成が行われる。また，通常の企業と福祉的就労の場である就労支援機関・サービス（ESAT）との中間に位置付けられ，通常の企業での雇用に向けた踏み台としての機能を有しているとも言われる。

なお，この適応企業・CDTDは，公共団体や公的機関，民間機関によって設立されるものである。営利企業（sociétés commerciales）による設立も可能であるが，その場合には，設立を取り仕切った法人とは別法人で組織されなければならない。適応企業・CDTDは，3年ごとに地方圏知事と目標契約（contrat d'objectifs）を締結することとされており，この目標契約の締結が，適応企業・CDTDの認可となっている（労働法典L. 5213-13条）。

(a) 適応企業・CDTDの利用対象者

適応企業・CDTDは，障害者権利自立委員会（CDAPH）によって，通常の労働市場での就労が可能とされた障害労働者を雇用する（R. 5213-63条）。

適応企業・CDTDでは，生産性の低減した障害労働者が，自らの能力に適応した条件の中で，賃金の支払いのある職業活動を行うことができる。また，障害労働者の職業計画（projet professionnelle）への助成もなされ，障害労働者が，適応企業・CDTD内で，又は，他の企業に向けて，自らの価値を引き上げ，可動性（mobilité）を確保できるようになっている（R. 5213-62条）。

(b) 就労条件

適応企業・CDTDで働く障害労働者には，労働法典が適用される（L. 5213-14条）。障害労働者は，適応企業・CDTDと期間の定めのある労働契約又は期間の定めのない労働契約を締結し，適応企業・CDTDと労働契約関係に入る。適応企業・CDTDは，労働法上の使用者であり，障害労働者は，

での就労の2つしかない。

320　障害労働者の生産活動（production）の必要に応じて，適応企業・CDTDは，全従業員の20％まで，障害を持たない労働者を雇用することができる（R. 5213-64条）。この20％の中に，幹部職やサポート職（有資格者，会計，営業，研究，福祉等）は含まれない。

労働者である。したがって，適応企業・CDTDで働く障害労働者は，労働者としての地位に付随する様々な利益を当然に享受できる（医療保険や年金等の社会保障（Sécurité Sociale）に関する権利もここに含まれる）。

賃金については，特に，L. 5213-15条で，最低賃金の保障が定められている。同条は，適応企業で働く障害労働者の賃金は，法令や当該産業で適用される協約を参照した上で，従事している雇用や資格を考慮して決定される旨を定めた上で（1項），当該賃金は，最低賃金を下回ることはできないことを明確にしている（2項）。なお，この最低賃金の保障のために，適応企業・CDTDには，国からポストへの助成金（後述）が支給されることとなっている。

(c) 国からの助成

適応企業・CDTDは，生産性の低減した障害者を数多く雇用していることから，一定の条件の下で，国から助成金や補助金を支給される。

(i) ポストへの助成金（Aide au poste）

まず，ポストへの助成金がある（L. 5213-19条1項）。これは，生産性の低減した障害労働者に対し最低賃金を支払うことを主たる目的とする助成金である。助成額は，対象障害労働者1人につき，適応企業・CDTDで適用される労働時間×法定最低賃金（SMIC）の80％に等しい。パートタイムでの雇用の場合には，労働時間数に比例して減額される（R. 5213-76条）。

なお，このポストへの助成金が認められるのは，原則として，職業紹介機関（Pôle Emploi又はCap Emploi）からの提案で採用された障害者のみである（R. 5213-74条）。そうでない者がこの助成金を得るには，2006年2月13日のアレテ[321]が定める効率性の減退基準を満たしていなければならない（R. 5213-75条)[322]。

---

[321] Arrêté du 13 février 2006 relatif aux critères d'efficience réduite ouvrant droit aux aides de l'Etat dans les entreprises adaptées, JORF n° 38 du 14 février 2006, p. 2266

[322] 例えば，ESATからの退出者や他の適応企業・CDTDから移ってきた者，医療機関や社会支援サービスからの退出者で，障害労働者認定から1年を経ても雇用を得ていない者は，効率性の減退基準を満たすとされる。Arrêté du 13 février 2006 relatif aux critères d'efficience réduite ouvrant droit aux aides de l'Etat dans les entreprises adaptées, JORF n° 38 du 14 février 2006, p. 2266.

(ii) 特別補助金（Subvention spécifique）

適応企業・CDTDには，上記のポストへの助成金の他に，効率性の低減した障害者を多く雇用していることから生じる超過コストを勘案して，特別補助金も支給される。これは，労働ポストに就いている障害者への社会的なフォローや特別な職業訓練を可能にすることを目的とする補助金である（L.5213-19条2項）。特別補助金には，以下のものがある（D.5213-77条，D5213-78条）：

－障害労働者ごとに支払われる定額補助金：900ユーロ（年額）（2006年2月13日のアレテ[323]1条）；
－定額補助金に上乗せされる2種類の変額補助金；
　・社会経済の現代化の基準（①経済的発展と生産手段の現代化，②高齢障害労働者の雇用維持，③労働市場での雇用へ向けた移行促進策）に応じて支給されるもの（同2条）[324]；
　・適応企業・CDTDの発展又は立直しに関するプロジェクトの支援を目的として支給されるもの（同4条）。

なお，操業を開始して初めの2年間は，始動助成金が，特別補助金に代替して支給されることがある。始動助成金が支給されるのは，その額が，定額補助金と経済社会の現代化の基準に応じて支給される補助金との合計よりも大きい場合である（D.5213-79条）[325]。

(d) 一般企業への移行促進策

さらに，障害者が，適応企業・CDTDから退出し，通常の企業で働くこと

---

[323] Arrêté du 13 février 2006 relatif aux conditions d'attribution de la subvention spécifique aux entreprises adaptées et centres de distribution de travail à domicile, JORF n° 38 du 14 février 2006, p. 2266.

[324] ①を目的とする補助金の額には，障害労働者1人につき1100ユーロまでという上限が設定されている。②については，50歳から55歳の障害労働者1人につき600ユーロ，56歳以上の障害労働者1人につき1060ユーロの支給がなされることとなっている。さらに，③については，労働市場での他の雇用に就くことができた場合に，障害労働者1人につき4600ユーロが支給される（2006年2月13日のアレテ3条）。

[325] 始動助成金の額は，創設された障害労働者の雇用1件につき4600ユーロである。ただし，この名目で支払われる助成金の総額は，9万2000ユーロを超えない（同アレテ5条）。

第1節　障害者雇用政策　　　　　　　　　　175

ができるよう，適応企業・CDTDから通常の企業への移行を容易にするための様々な手段も，用意されている。

(i) 優先雇用

まず，通常の企業で働くために，自ら適応企業・CDTDを辞職した障害労働者が，適応企業・CDTDでの再雇用を希望する場合，当該障害者には，解約から1年間，適応企業・CDTDへの優先雇用が保障される（L.5213-17条）。

こうした優先雇用の存在により，通常の企業での就労が上手く行かなかった場合にも，適応企業・CDTDに復職できるため，障害労働者が思い切って通常の企業へ飛び込むことが可能となっている。

(ii) 出向（mise à la disposition）

次に，適応企業で働く障害者は，合意により，他の使用者の下に出向して働くことができる（L.5213-16条）。この出向は，出向先で雇用の可能性を見出すために行われる[326]。

出向に際しては，出向の条件を定める契約が，適応企業と出向先企業，及び，適応企業と出向する障害労働者との間で，書面により締結される（D.5213-82条）。出向の期間は，最大1年間で，更新は1回のみ可能である。出向には，労働監督官の承認が必要で，また，適応企業及び出向先企業双方の企業委員会（企業委員会不在の場合従業員代表）への諮問の対象にもなる（D.5213-83条）。

(iii) AGEFIPHからの助成

さらに，適用企業や労働支援機関・サービス（ESAT）から退出した障害労働者を採用した通常の企業には，一定の条件の下，障害者職業参入基金管理運営機関（AGEFIPH）から助成金（保護・適応環境から退出した障害者の雇用に対する助成金）が支給される。この助成金は，使用者に，被用者の重度障害認定手続き[327]のための時間を与えるためのもので，雇用の1年目のみに支給される。

適応企業からの退出者を採用した場合の助成金の額は，下記の通りである（2009年3月現在[328]）：

326　出向中も，助成金・補助金への権利は認められ続ける（D.5213-81条1項）。
327　重度障害認定については，注301を参照。
328　http：//www.agefiph.fr/

－労働時間がフルタイムかフルタイムの80％以上：4500ユーロ；

　－労働時間がフルタイムの50％〜80％：3375ユーロ；

　－労働時間がフルタイムの50％未満で週16時間以上：2250ユーロ。

(e)　小　　括

　適応企業・CDTDでの労働は，通常の労働市場での労働に分類され，これらで働く障害労働者には，労働法典の適用がある。賃金についても，最低賃金が保障されている。これらの点は，後述するESATとは大きく異なっている。しかしながら，適応企業・CDTDは，効率性の低減した障害者を多く雇用することから，その負担を軽減するために，国から様々な助成金や補助金を支給される。特に，ポストへの助成金は，障害者への最低賃金の支払いを支援するものであり，重要な意味を持っている。

　また，適応企業・CDTDから通常の企業への移行を容易にするための手段（優先雇用，出向，受入れ企業への助成）も整えられている。障害労働者のモビリティを高める活動をした場合に適応企業に支払われる補助金も，適応企業から通常の企業への移行促進策と言えよう。

(3)　保護された環境下での就労の保障

　最後に，保護された環境下で働く障害者を対象とする制度を確認していきたい。フランスでは，障害者の就労は，可能な限り，通常の労働市場での就労を優先すべきであると考えられているが，何らかの支援や適切な措置を行ってもなお，通常の労働環境での就労が困難な障害者もいる。そこで，こうした障害者も職業活動に従事できるよう，保護された環境下での就労の場として労働支援機関・サービス（ESAT）が用意されている[329]。これは，日本で言う「福祉的就労」の場に相当する。

A　労働支援機関・サービス（ESAT）

　ESAT（Les établissements ou services d'aide par le travail）は，労働法典ではなく，社会福祉・家族法典の規定に服する医療・社会福祉機関である（社会福祉・

---

[329] 2005年法により，従来の労働支援センター（CAT）からESATに改名された。

家族法典L. 312-1条Ⅰ5項a)[330]。ESATは，障害者に対して，彼らの個人的社会的な発展を促進する観点から，様々な職業活動を提供すると同時に，医療・福祉的，教育的支援を提供している（L. 344-2条）。ESATでの労働は，通常の労働環境との対比で，保護された環境下での労働とされる。

B 対象者

ESATで就労するのは，障害者権利自立委員会（CDAPH）により，一時的又は永続的に，通常の企業や適応企業・CDTDにおいてフルタイム又はパートタイムでの就労に従事することが不可能であると判断された障害者，又は，自営での職業活動が不可能であると判断された障害者である（L. 344-2条）。具体的には，稼得能力の喪失が3分の2以上であるが，ESATでの労働能力は有する障害者（R. 243-1条），稼得能力は3分の1以上有しているが，医学的，教育的，社会的，心理学的支援を必要とする障害者（R. 243-3条1項）がESATで就労することになる。

なお，CDAPHによるESATへの方向付け（orientation）は，必ず，ESATで働かなければならないという類のものではない。CDAPHによるESATへの方向付けによって，障害者にはESATで働く権利が認められる。多くの地域圏で，ESATへの入所のための待機リストが作成されているが，その期間は，時に，非常に長いものとなっている[331]。

C 就労条件

ESATで受け入れられた障害者は，医療・福祉機関の利用者と位置付けられる[332]。彼らがESATと締結する契約は，労働契約ではなく労働支援契約

---

[330] ESATの設立は，県知事のアレテにより認められる。設立主体は公的機関でも民間機関でも良い。

[331] 2010年2月実施のFEGAPEIでのヒヤリング調査により得た回答。FEGAPEI（Féderation national des associations gestionnaires au services des personnes handicapées：全国障害者サービス管理運営組織連合）は，障害者サービスの管理運営を行う非営利組織（associations）の全国連合で，障害者の親や近親者によって設立された組織である。障害者サービスの管理運営を行う非営利組織の支援，利益の擁護，そして，非営利組織の管理方法や価値の促進等を行っている。http：//www. fegapei. fr/

[332] ESATの利用には，日本の就労継続支援事業所に見られるような利用料の支払いは

（contrat de soutien et d'aide par le travail）である（L. 311-4条4項）[333]。ESATでの就労には，安全衛生及び労働医に関する規定の他は労働法典の適用はなく（R. 344-8条），したがって，ESATで受け入れられた障害者は，被用者としての地位に付随する様々な利益を享受することはできない。ただし，同時に，解雇の対象にもならない[334]。

社会保険（雇用保険を除く）に関しては，ESATで働く障害者も，商工業の被用者を対象とする一般制度（場合によっては農業制度）に加入することになっている。国が負担する保障報酬部分（ポストへの助成金：下記参照）に係る保険料（使用者負担分）については，国が負担する（L. 243-6条，R. 243-9条）。

2005年法は，このようなESATでの就労に価値を付与すべく，各種権利の確認や保障報酬制度の導入を行ったので，以下で確認する。なお，ESATでの就労条件は，すべて，社会福祉・家族法典で規定されている。

(a) 保障報酬（rémunération garantie）

2005年法は，ESATで働く障害者への就労所得の保障として，従来の障害労働者所得保障制度（GRTH）に代えて，保障報酬制度を導入することとした。保障報酬制度の導入の背景には，ESATの前身であるCATでは，GRTHが十分機能せず，CATで働く障害者の所得は，法定最低賃金（SMIC）の60％〜65％を超えることがなかったことがある。こうした状況の中で，新しい制度によって，福祉的就労の場での就労に価値を付与することが目指されることとなった[335]。

新たに導入された保障報酬制度では，ESATで働く障害者に対し，最低賃金の55％〜110％を保障する保障報酬[336]が支払われる（L. 243-4条，R. 243-5条

課されていない（ただし，食費の費用負担はある）。

[333] この契約によって，就業活動や医学・福祉的，教育的支援に関する権利や相互の義務が定められる。契約期間は1年で，黙示に更新される（社会福祉・家族法典Annexe3-9）。

[334] ESATで働く障害者は，被用者としての地位を有しないため，失業しても，失業手当は支給されない。Personnes handicapées Le guide pratique, 6e édition, Editions PRAT, 2008, p. 183.

[335] 詳細は，注306を参照。Projet de Loi, Exposé des Motifs, No183, Sénat.

[336] 保障報酬は，労働法典の意味での賃金ではない。しかし，社会保険料（社会保

1項)。保障報酬は，ESATが直接に支払う部分と，国からの助成による部分（ポストへの助成金）とで構成され，障害者1人についてのESATの最低負担分は法定最低賃金（SMIC）の5％，国の最高負担分はSMICの50％となっている。ESATの負担分が，SMICの5％～20％の場合，国からの助成は50％まで認められ，ESATの負担分がSMICの20％を超えると，1％増えるごとに国からの助成が50％から0.5％ずつ差し引かれることになる（R.243-6条1-3項）。また，パートタイムの場合には，時間に応じて減額がなされることとなる（R.243-5条3項）。

なお，ESATで働く障害者の多くは，成人障害者手当（AAH）（詳細は，本章第2節を参照）を受給している（2009年9月現在，月額681.63ユーロ[337]）。そのため，AAHと保障報酬の間には，併給調整の仕組みが設けられている。AAHと保障報酬との合計がSMICの151.67時間分を超える場合には，超えた分につき，AAHが減額される（社会保障法典D.821-5条1項）。しかし，実際には，この上限を超えることは，ほとんどないと言われている。なお，この計算において考慮される保障報酬については，ESATが直接支払う額に応じて一定の控除がなされる。ESATが支払う額が，SMICの5％以上10％未満の場合には3.5％，SMICの10％以上15％未満の場合には4％，SMICの15％以上20％未満の場合には4.5％，SMICの20％以上50％以下の場合には5％の控除がある。以降の控除は，就労所得の場合と同じである（D.821-10条）。わずかではあるが，就労インセンティブが損なわれることがないよう，配慮がなされていると言える。

参考までに，ESATで働く障害者の総収入（保障報酬＋AAH）を示すと，下記の表の通りとなる（2009年現在）[338]。

(b) 休暇への権利

次に，ESATで働く障害者には，休暇への権利が認められている。従前より休暇の取得は認められていたが，それは，法的根拠を伴わないものであっ

　〔疾病・障害・老齢・死亡・寡婦（夫）・出産等のリスクをカバー〕，労災，家族手当等）の算定に際しては，算定の基礎となる就労所得として扱われる（L.243-5条）。
[337]　2012年9月現在は，776.59ユーロ。
[338]　Les resources des personnes handicapées, FEGAPEI, 15 octobre 2009（パワーポイント資料）。

表9 ESATでフルタイム就労する障害率80％以上の者の総収入

ESATが支払う報酬（％SMIC）	5％	10％	15％	20％	25％	30％
ESATが支払う報酬（ユーロ）	54.7	109.4	164.1	218.8	273.5	328.2
ポストへの助成金	546.7	546.7	546.7	546.7	519.4	492.0
AAH	419.0	384.1	349.6	315.4	297.1	278.8
手取り総収入	1020.4	1040.2	1060.4	1080.9	1090.0	1099.0

表10 ESATでフルタイム就労する障害率50～80％の者の総収入[339]

ESATが支払う報酬（％SMIC）	5％	10％	15％	20％	25％	30％
ESATが支払う報酬（ユーロ）	54.7	109.4	164.1	218.8	273.5	328.2
ポストへの助成金	546.7	546.7	546.7	546.7	519.4	492.0
AAH	272.2	237.3	202.8	168.6	150.3	132.0
手取り総収入	873.6	893.4	913.5	934.1	943.2	952.2

表11 ESATでパートタイム（半日）就労する障害率80％以上の者の総収入

ESATが支払う報酬（％SMIC）	5％	10％	15％	20％	25％	30％
ESATが支払う報酬（ユーロ）	27.3	54.7	82	109.4	136.7	164.1
ポストへの助成金	273.3	273.3	273.3	273.3	259.6	246.0
AAH	624.7	605.3	589.0	571.9	562.8	553.6
手取り総収入	925.3	933.3	944.3	954.6	959.1	963.7

た。そこで，2005年法において，年次有給休暇[340]，出産休暇，育児休暇，

---

339 障害率50～80％の障害者の方が，障害率80％以上の障害者よりも手取り収入が低くなるのは，前者には，税制上の障害控除が適用されないことによる。すなわち，障害率80％以上の障害者は，最終的な課税所得が，障害率50～80％の者よりも小さい額となる。その結果，障害率80％以上の障害者のAAHの支給額は，障害率50～80％の者よりも大きくなる。

子の看護休暇等[341]の休暇の取得に法的根拠が付与されることとなった（社会福祉・家族法典L. 344-2-2条，L. 344-2-3条）。

(c) 職業訓練等へのアクセス

さらに，2005年法は，ESATに対し，受け入れた障害者に職業訓練や教育活動等へのアクセスを保障するよう義務付けた。また，獲得経験の有効化（VAE：validation des acquis de l'expérience）[342]も，ESATにおいて実施される（L. 344-2-1条）。

(d) 利益配分手当（prime d'intéressement）

最後に，ESATで就労する障害者は，経営により生じた黒字の一部を利益配分手当として受け取ることもできる（R. 314-51条Ⅱ3°）。ただし，各障害者に支給される手当の額は，黒字が確認された活動に就いていた労働者に対してESATが直接支払っている保障報酬の年額10％までという上限がつく。なお，この手当は，社会保険料（社会保険，労災，家族手当等）の算定基礎ともなる（R. 243-6条5項）。

D 一般労働市場への移行促進策

以上のように，ESATで働く障害者の就労条件を保障する規定が置かれている一方で，ESATから通常の労働市場への移行に向けた移行促進策も用意

---

340 ESATに受け入れられて1か月が経つと，1か月に2.5日の年次有給休暇が支給される（R. 243-11条）。

341 その他，結婚に際し4日，子の誕生・養子縁組に際し3日，配偶者（事実婚，PACSを含む）及び子の死亡に際し2日，子の結婚に際し1日，両親（義理の両親を含む）・兄弟姉妹の死亡に際し1日の欠勤も認められる（R. 243-12条）。なお，PACSは，1999年11月15日の法律により創設された「異性または同性の，成年に達した2人の自然人によって締結される契約」であり，法律婚をしていないカップルの共同生活を公認する意義を持つ。PACSを締結したカップルは，税制や社会保障制度，賃貸借において一定のメリットを享受することができる。サビーヌ・マゾー＝ルヴヌール／大村敦志（訳）『個人主義と家族法』ジュリスト1205号79-83頁。

342 VAEは，職業生活を送るすべての者が，獲得した職業経験を審査委員会（jury）により有効としてもらうことで，免状や職業資格を獲得できるようにする制度である（労働法典L. 900-1条，L. 935-1条，教育法典L. 335-3条，L. 335-6条，L. 613-3条，L. 613-4条）。目指す免状又は資格と関係する，3年以上にわたる職業活動，無償活動又はボランティア活動で獲得した経験が，考慮される。

されている。

(a) 出　　向

　まず，ESATで就労する障害者は，ESATに所属したまま企業に出向することができる（L. 344-2-4条）。出向は，通常の労働市場での就労が，障害者の個人的職業的な発展を促進し，その雇用能力を発展させると考えられた場合に，本人の合意を得た上で，行われる。その間，当該障害者は，ESATが保障する医療・福祉的，職業的支援を享受し続けることができる（R. 344-16条）。

　出向に際しては，書面での契約が，ESATと出向先の企業との間で締結される。契約には，出向する障害労働者の氏名[343]や，従事する就労活動の内容，労働時間や就労場所等が記載される（R. 344-17条）。

　障害労働者を個別に出向させる場合，その期間は最大2年間であり，契約への署名の日から15日以内に，当該契約について県障害者センター（MDPH）に通知しなければならない。2年を超えて出向を延長する場合には，障害者権利自立委員会（CDAPH）の同意が必要である（R. 344-18条）。

(b) 支援付き労働契約の締結

　次に，ESATで働く障害者が，支援付き労働契約[344]や職業訓練を補足する有期労働契約を締結した場合，ESATと使用者との間で締結される取決めに基づいて，当該障害者と使用者に対し，支援がなされることになっている。なお，これらの契約の甲斐なく，最終的に通常の労働市場での採用に至らなかった場合，当該障害者は，ESATに復職できる（L. 344-2-5条）。

(c) AGEFIPHからの支援

　さらに，適応企業からの退出者を採用した場合と同様，ESATからの退出

---

[343] 編成が変わりうるチームを出向させる場合，チームを構成する障害労働者の数を示せば良い。

[344] 支援付き労働契約は，労働法典に定めのある契約で，雇用へのアクセスに困難を抱える者の雇用への復帰促進を目的とするものである。支援付き労働契約を締結した使用者には，助成金や社会保険料の使用者負担分の免除等が認められる。支援付き労働契約は，2010年1月1日以降，統一参入契約（CUI：Contrat unique d'insertion）（労働法典L. 5134-19-1条以下）に統合されている。民間セクターの使用者との間で締結される統一参入契約―雇用発意契約（CUI-CIE）と，公的セクターの使用者や非営利組織との間で締結される統一参入契約―雇用支援契約（CUI-CAE）の2種類がある。

者を採用した場合にも，障害者職業参入基金管理運営機関（AGEFIPH）から助成金が支給される。

助成金の額は，下記の通りである（2009年3月現在）：
- 労働時間がフルタイムかフルタイムの80％以上：9000ユーロ；
- 労働時間がフルタイムの50％〜80％：6750ユーロ；
- 労働時間がフルタイムの50％未満で週16時間以上：4500ユーロ。

ESATからの退出者を採用した場合の方が，適応企業からの退出者を採用したときよりも，助成額は大きくなっている。

E 小 括

ESATでの労働は，通常の労働市場での労働との対比で，保護された環境下での労働とされる。安全衛生等に関する一定の規定の他は労働法典の適用はない。しかしながら，社会福祉・家族法典において，ESATでの就労条件がいくつか規定されている。とりわけ，ESATで働く障害者は，国がその一部を負担する保障報酬によって，最低賃金の55％〜110％の報酬を保障される点は，ESATで働く障害者への就労所得の保障の観点から重要である。また，その他にも，休暇に対する権利や職業訓練等へのアクセスが法によって保障されており，ESATにおける就労条件を向上させるための規定が整えられている。さらに，ESATで働く障害者は，社会保障に関しては，商工業の労働者を対象とする一般制度（場合によっては農業制度）に加入することとされており，社会保障（社会保険〔疾病・障害・老齢・死亡・寡婦（夫）・出産等のリスクをカバー〕，労災等）に関する権利を認められている。

この他，ESATから通常の労働市場への移行を容易にするために，出向やAGEFIPHからの助成金などの諸手段が採られている。障害者のESATから通常の労働市場への移行促進策が講じられていると言える。

3 ま と め

以上，フランスの障害者雇用制度について概観してきた。最後に，フランスの現行障害者雇用政策の特徴を整理しておきたい。特徴の整理は，第1章と同様，障害者に就労所得を提供することとなる就労機会の保障方法（(1)），及び，賃金保障の在り方（(2)）の2つの観点から行いたい。

(1) 就労機会の保障

A 通常の労働市場

　まず，通常の労働市場での就労機会の保障方法として，フランスは，差別禁止原則と雇用義務（率）制度とを並存させている。フランスでは，両者は，相対立する制度であるとは考えられていない[345]。

　1990年法によって確立された差別禁止原則は，2005年法により，平等取扱いの促進のために障害者に対してなされる「適切な措置」概念が導入されたことで，いっそうの発展を見せた。「適切な措置」概念の導入に際し，使用者による「適切な措置」の拒否は，差別に該当することも確認され，現在，使用者には，過度の負担が生じる場合を除き，「適切な措置」を講ずることが求められている。問題は，負担が過度か否かの判断であるが，フランスでは，その判断において，使用者に対してなされる様々な助成が考慮されることとなっている。助成の主たる原資は，雇用義務（率）制度から発生する「納付金」である。雇用義務の不遵守を原因として徴収された納付金が，「適切な措置」への助成となり[346]，差別禁止原則の履行に貢献すると同時に，適切な措置（差別禁止原則）によって生じた新たな雇用が，雇用義務の達成にも貢献するという構造になっている点を指摘することができよう。両制度が，相補的関係に立っていることが分かる。

　他方，もう1つの柱である雇用義務（率）制度について見ると，フランスでは，6％という（日本と比較すると）非常に高い雇用率が設定されている。ただし，雇用義務の履行方法には，多様な選択肢（保護セクターへの発注，研修生での受入れ等）が存在しているため，障害者の実雇用率は，2009年で2.7％と，6％には及ばない数値に留まっている。この6％の雇用率は，1987年の法律によって採用された率であるが，2005年法でも維持されること

---

[345] 両制度の関係について述べる高等差別禁止平等対策機関（HALDE）勧告として，Délibération n° 2010-274 du 13 décembre 2010がある。同勧告において，HALDEは，まず適用されるべき原則として差別禁止原則があるが，障害者のための特別の制度（雇用義務〔率〕制度）が，障害者の職業上の参入を容易にする観点から補足的になされる場合には，それが実施され得る旨を提示している。

[346] 2007年には，4億6520万ユーロもの金額が，AGEFIPHから障害者雇用の促進のために支出されている。Rapport annuel 2007, AGEFIPH, p. 13.

となった。ただし，2005年法は，6％の雇用率を維持しつつも，6％の計算方法を変更したり（雇用義務対象企業の拡張），納付金額を引き上げたりすることで（不足する1人につき課される納付金の引上げ，制裁的納付金の導入），使用者の負う義務を一層重いものとした。そして，その成果が，現在，納付金を支払っている事業所数の減少や，納付金収入の減少という形で表れているところである。

B 福祉的就労

通常の企業で働くことが困難な障害者のためには，①適応企業や，②ESATでの就労が用意されている。

①の適応企業は，2005年法によって通常の労働市場に属することが確認された企業であり，通常の企業と同様に，経済的競争にもさらされている。しかしながら，適応企業は，労働能力の低減した障害者を多く雇用することから，様々な公的な助成を受けることができる。こうした助成によって，障害者の適用企業での雇用が確保されている。

②のESATは，社会福祉・家族法典の定める医療福祉機関で，職業活動を提供すると同時に，医療福祉的・教育的支援も提供する機関である。ESATでの就労は，保護された環境下での就労と位置づけられており，これが，労働能力の低減した障害者にとっての重要な就労の場となっている。

以上のような形で，障害者の働く場所を確保する一方で，これらの場所で働く障害者が，通常の企業・労働市場で働くことができるよう，様々な移行促進策も講じられている。とりわけ，適応企業やESATに在籍したまま出向し，通常の企業での職業経験を積む方法は，通常の企業での雇用へと結びつく期待が高いものである。また，仮に，通常の企業での雇用に結びつかなかった場合にも，適応企業やESATが受け皿としての機能を発揮できるようになっている点も，注目される。

(2) 賃金保障等

賃金保障に関しては，通常の労働市場で働く障害者には，最低賃金の保障がなされている。フランスでは，2005年法改正以前にも，障害労働者所得保障制度（GRTH）が存在し，使用者が直接支払う報酬と補足金（complément）

によって，CAT（現在のESAT）では法定最低賃金（SMIC）の55％～110％，保護作業所（現在の適応企業）ではSMICの90％～130％，通常の環境ではSMICの100％～130％が保障されることとなっていた。しかし，2005年法は，最低賃金の減額を前提とする同制度を廃止し，通常の労働市場で働く障害者（一般企業及び適応企業等で働く障害者）の賃金減額を認めず，使用者に最低賃金の支払いを義務付けることとした。ただし，最低賃金の保障のために，生産性の低減した障害者を雇用している使用者に対しては，障害者職業参入基金管理運営機関（AGEFIPH）から雇用助成金が支給されることとなっており（適応企業の場合は，国から），使用者の負担の軽減も図られている。

　他方，保護された環境（ESAT）で働く障害者には，保障報酬制度によって，SMICの55％から110％が保障されることとなっている。ESATで働く障害者は，この保障報酬と成人障害者手当（AAH）とによって生活を保障されることになる。保障報酬とAAHとの合計額は，労働能力の低減した障害者への重要な所得保障となっている。

　なお，一般企業で働く障害者には，当然，労働法の適用があるが，適応企業で働く障害者にも，労働法典の適用がある（したがって，労働者の地位に付随する様々な権利を享受できる）。しかし，ESATでの就労は，保護された環境下での労働とされ，ここで働く障害者には，安全衛生等に関する一定の規定の他は労働法典の適用はない。ただし，ESATでの就労については，社会福祉・家族法典で一定の保障がなされている。加えて，ESATで働く障害者も，社会保障の一般制度（場合によっては，農業制度）に加入することとなっており，社会保障上の権利を享受することが可能となっている。

(3) 小　括

　フランスでは，差別禁止原則と雇用義務（率）制度の並存体制により，通常の労働市場での雇用機会が障害者に保障されている。その中で，6％という高い雇用率，及び，これによって生じる納付金を原資とする様々な助成（適切な措置に係る費用等を助成）が果たしている役割は，非常に大きいと言える。他方，通常の企業での就労を優先することを目標としつつも，これが困難な者（労働能力が低減した障害者）に対しては，適応企業やESAT（福祉的就労の場）での就労機会の保障を行っている。障害者の多様性を考慮に入れ

た，現実的な政策であると言えよう。

　賃金については，通常の労働市場（通常の企業及び適応企業）で働く障害者については，最低賃金保障がなされている。この最低賃金保障のために，使用者には，公的な助成金が提供される。また，ESATでも，公的な助成金によって，最低賃金の55％〜110％の就労所得が保障されることとなっている。助成金は，通常の企業で働く障害者については，障害者職業参入基金管理運営機関（AGEFIPH）から支給され（すなわち，助成金の原資は納付金である），その他の適応企業やESATで働く障害者については，国から支給される。障害者への賃金保障の分野において，雇用義務（率）制度及び国が果たしている役割が大きいのは，フランスの特徴と言えよう。

第2節　フランスの障害者所得保障制度

　第2節では，フランスにおける社会保障・社会扶助制度による障害者への所得保障制度（狭義の所得保障）を調査・分析する。障害者の中には，障害により労働能力が低減し，労働のみによって十分な所得を得ることの難しい者もいる。フランスでも，こうした障害者の生活を保障するために，就労機会や就労所得の保障とは別に，社会保障・社会扶助制度による障害者所得保障制度が整えられている。

1　沿　革

　初めに，フランスにおける障害者所得保障制度の沿革を簡単に振り返っておきたい。障害者を対象とする社会保障・社会扶助制度には，様々なものがあるが，以下では，とりわけ，成人障害者の所得保障に関連する制度に着目して，その変遷を追うこととする[347]。

---

[347] 主たる参考文献：Code de l'action sociale et des familles, 4ᵉ édition, 2008, p. 231. Bernard Allemandou, Histoire du handicap, Les Etudes Hospitalières, 2001, pp. 141-153. Henri-Jacques Stiker, Corps infirmes et sociétés, 3ᵉ édition, 2005, pp. 239-243. 以上の文献からの引用については，個別に明記しない。

(1) 公的扶助・社会保障制度の誕生

　今日，障害者（personnes handicapées）と呼ばれている人々は，古くから，公的救済（secours publics）の対象となってきた。フランス革命後の1791年9月3日の憲法においても，「孤児の養育，貧困に陥った障害者（infirmes）の救済，健康な困窮者への仕事の提供のために，公的救済（secours publics）を行う一般施設が創設され，組織される」[348]ことが確認されている。

　しかしながら，フランスにおいて，障害者に対する実効性のある公的救済制度が導入されたのは，20世紀に入ってからのことであった。1791年憲法から100年以上を経て制定された1905年7月14日の法律[349]によって，漸く，障害者を対象者の1つとする公的救済制度が，実効性を持つ形で整えられることとなったのである。

　他方で，19世紀末から20世紀初頭にかけて，労災や職業病の被害者に対する給付制度も，公的救済制度と並行する形で発展していった。被災労働者を対象とする治療制度や年金制度が整えられ，彼らに対する救済が開始されることとなったのである（1898年4月9日の法律及び1919年10月27日の法律）[350]。こうした制度の導入の背景には，産業革命による賃金労働の一般化によって，19世紀末には，障害が，「健康な人が一時的又は決定的な労働不能状態に陥る過程」として捉えられるようになっていたことがある[351]。産業化社会の

---

[348] 『東京大学社会科学研究所資料第5集　1791年憲法の資料的研究』東京大学社会科学研究所（1972年）29頁では，「遺棄された子を育て，病弱の貧困者を励まし，かつ，労働を得ることができなかった壮健な貧困者に労働を供与するために，『公の救助』の総合的施設が創設され，かつ，組織される」と訳されている。

[349] 1905年法は，障害者（infirmes）を，知的障害児や不治の病の者，高齢者と同じ制度の下に置きつつ，公共団体に対し，金銭給付又は施設収容（主として施療院（hospices））の形で，上記の者らに扶助を提供する厳格な義務を課すものであった。

[350] 1898年法の適用対象となる事業は，当初，建設業，炭坑業等に限定されていた。しかし，他の事業で働く労働者にも救済の機会を保障する観点から，労災補償制度の適用対象事業は，農業（動力機械によって生じた労働災害）（1899年），商業（1906年），林業（1914年），農業一般（1922）年，家内労働者（1923年）等へと順次拡大されていった。岩村正彦「労災補償」藤井良治・塩野谷祐一（編）『先進諸国の社会保障6　フランス』東京大学出版会（1999年）145-146頁。

[351] 産業化以前，障害（infirmité）は，多かれ少なかれ不公平な運命によって生じるものと捉えられていた。しかし，労災問題が発生するようになると，障害は，次第に，

到来と共に，労災問題が社会的関心を集めるようになったことを受けて，障害概念にも，変化が生じたのである。

そして，第1次世界大戦後の1919年には，傷痍軍人や戦争孤児・未亡人に支給される軍人年金の制度も整えられる。1914年から1918年にかけての第1次世界大戦は，多くの戦死者を出すと共に，働くことのできない障害者を数多く生み出した。こうした傷痍軍人や戦争被害者への対応が，政府の重要課題となる中で，傷痍軍人及び戦争未亡人・孤児のための年金制度も整えられていった（1919年4月2日の法律）。

その一方で，1928年，1930年には，労災や戦争を原因としない，すなわち，私傷病を原因とする障害を保障する年金制度も登場する。労働者を対象とする社会保険制度の登場である。フランスでは，19世紀から20世紀にかけて，老齢や疾病のリスクを保障する自主的な保障組織（共済組合〔sociétés de secours mutuels〕等）が発展してきていた。しかし，第1次世界大戦後には，次第に，その限界が露呈するようになっていた。そして，そうした状況の中で，第1次世界大戦の終結によって，ドイツの社会保険立法の適用を受けていたアルザス・ロレーヌ地方がフランスへ返還されたことが，社会保険制度導入の機運を高めることとなった[352]。こうして，1928年には，年間所得（家族手当を除く）が1万8000フラン[353]を超えない被用者を対象として，疾病，障害，老齢，死亡，家族負担，出産，非自発的失業を保険事故とする社会保険制度が導入されることとなった（1928年4月5日の法律[354] 1条1・2項）。1928年法は施行前に，その修正法である1930年4月30日の法律[355]によって取って代わられたが[356]，新たに制定された1930年法でも，疾病，障害，老

社会によって生み出されるものと捉えられるようになった。Henri-Jacques Stiker, (2004), *op. cit.,* p. 7.

[352] 嵩さやか『年金制度と国家の役割──英仏の比較法的研究』東京大学出版会（2006年）193頁。

[353] この額は，被保険者の扶養児童1人につき（第2子以降）2000フラン増額され，扶養児童のいない被保険者については3000フラン減額される（1条2項）。

[354] Loi sur les assurances socials, JORF du 12 avril 1928, p. 4066.

[355] Loi modifiant et complément la loi du 5 avril 1928 sur les assurances sociales, JORF du 1er mai 1930, p. 4819.

[356] 前掲・嵩書（2006年）190-191頁。

齢，死亡，家族負担，出産を保険事故とし，年間所得（家族手当を除く）が1万5000フラン[357]を超えない被用者を被保険者としてカバーしていくことが定められた（1930年法による改正1928年法1条1・2項）[358]。こうして，フランスにおいても，ついに，私傷病障害を保障する年金制度が整えられることとなった。

(2) 第2次世界大戦後の社会保障・社会扶助制度の発展

第2次世界大戦後には，戦後の社会保障構想を示したラロック・プランに基づいて，社会保障（sécurité sociale）制度の整備が行われた。その際，拠り所とされたのが，一般化原則，単一金庫原則，自立性原則の三大原則である。一般化原則とは，社会保障の人的適用範囲を全国民に拡大すること，単一金庫原則とは，社会保障の管理運営組織を，全国社会保障金庫を頂点とする単一の組織とすること，自立性原則とは，金庫の財源を労働者や使用者の保険料で賄い，かつ，労働者等の関係当事者が直接金庫の管理運営にあたるということを意味する[359]。

こうして社会保障制度の整備が行われる中で，障害年金については，1945年10月19日のオルドナンス[360]で，以下のような規定が設けられることと

---

[357] この上限は，人口20万人以上の都市及びデクレで定められたリストに掲載された工業区域では，1万8000フランとされた。また，被保険者に扶養児童が1人いる場合には2000フラン，2人いる場合には4000フラン増額され，扶養児童が3人以上いる場合には，上限は2万5000フランとされた（1条3・4項）。

[358] 障害年金については，障害や疾病の結果，労働能力が3分の2以上減退した被保険者に対して，障害年金を支給することが定められた（10条1項）。その支給額は，例えば，30歳未満で社会保険に加入していた者については，平均年収の少なくとも40％とされた。そして，30年を超える保険加入期間がある者については，その保険加入年数に応じて，平均年収の50％まで引き上げられうることも定められた（10条4項）。

[359] 前掲・嵩書（2006年）206-209頁。しかしながら，こうした社会保障制度改革の大きな野心は挫折する。挫折の理由は多々あるが，特に，多くの特別制度が創設され，職域ごとの複数制度併存体制が承認されることとなったことが大きい。そして，こうした動きは，扶助（assistance）への回帰（→1953年社会扶助改革）を引き起こした。Henri-Jacques Stiker, Sens et enjou du secteur social et médico-social XXe-XXIe siècles, Bulletin d'informations du CREAI Bourgogne, n° 240, Septembre 2004, p. 7.

[360] Ordonnance n° 45-2454 du 19 octobre 1945 fixant le régime des assurances sociales applicable

なった。すなわち、労働・稼得能力の3分の2以上を失った被保険者に対して、障害年金を支給するという規定である（51条）。そして、働くことができる者に対しては、過去10年の平均年収[361]の30％に等しい障害年金を、働くことが全くできない者に対しては、上記平均年収の40％に等しい障害年金を、働くことができず、かつ、日常生活上の行為を行うのに第3者の介護を必要とする者に対しては、上記平均年収の60％（ただし、9000フランまでの上限あり）を支給することが規定された（55条、56条1・2・3項）。そして、障害年金の額が少額になることを防ぐために、7200フランの最低保障額も、定められることとなった（56条4項）。

その一方で、社会扶助の分野では、1945年7月3日のオルドナンス[362]で、盲人（aveugles）を対象とする社会的保護の規定が設けられた。この当時、盲人の保護は、盲人を対象とする諸活動や非営利組織（association）に任されていた。しかし、民間の慈善活動は、一貫性に欠けることが多く、また、すべての盲人をカバーするものではなかった。そこで、こうした欠点を埋め、公的サービスと民間の活動とを調整するために、上記オルドナンスが制定されることとなった。所得保障に関することでは、働く盲人[363]を対象とする補足手当（1905年法の定める加算手当に代わる手当）が創設され（4条）、働く盲人の所得保障が改善されることとなった。そして、続く1949年8月2日の法律[364]において、他法による年金を受給できない盲人及び重度障害者（＝恒久的障害率が80％以上の者）に対する社会的保護の規定が設けられ、彼らに対して年金を支給すると同時に、第3者の介護を必要とする場合には、1905年法の定める加算手当を年金に付加して支給することが定められた（5条）。

さらに、1953年に実施された社会扶助改革（1953年11月29日のデクレ[365]）

---

aux assurés des professions non agricoles, JORF du 20 Octobre 1945, p. 6721.

361　保険加入期間が10年に満たない者については、加入期間の平均年収。

362　Ordonnance n° 45-1463 du 3 juillet 1945 relative à la protection sociale des aveugles, JORF du 4 juillet 1945, p. 4059.

363　労働により自らの生活に必要なものを部分的に確保できる盲人の多くは、1905年法の定める加算手当の適用範囲外とされていた。

364　Loi n° 49-1094 du 2 août 1949 ayant pour objet de venir en aide à certaines catégories d'aveugles et de grands infirmes, JORF du 6 août 1949, p. 7714.

365　Décret n° 53-1186 du 29 novembre 1953 portant réforme des loi d'assistance, JORF du 3

においても，障害者に関する制度の整備が行われた。フランスでは，第2次世界大戦後，伝統的な救済立法（législation d'assistance）は，戦後の社会保障制度改革（特に，社会保障の一般化）の中で消えゆく運命にあると考えられた。しかしながら，実際には，社会保障制度改革の挫折もあって，救済立法の適用を受ける人々はかつてよりも増え，そのための支出も増大していた。こうした中で，伝統的な救済政策を続行し，深化させるための大改革が必要とされるようになり，1953年，社会扶助改革が実施されることとなった[366]。

障害者に関しては，この改革で，以下のことが定められるに至った。まず，労働や職業リハビリテーションに対する不適性が認定された16歳以上の障害者はすべて，共同体からの扶助（aide des collectivités）を受け取る旨が規定された（35条1項）。そして，特に，盲人と重度障害者に対しては，一定の所得要件の下，毎月手当が支給されることも定められた（39条1項）。この手当は，他法による給付を受け取っている場合には，当該手当の上限額を超えない範囲で支給されるという性格を持つものであった（35条2項）。そして，さらに，第3者の介護を必要とする者には，加算手当が支給されることも規定された（39条2項）。こうした内容の社会扶助改革を経て，その後，次第に，障害者の再参入（réinsertion）や再適応（réadaptation）という考え方が，フランス社会に浸透していくこととなる。

(3) 障害者基本法の制定
A 1975年法改正直前の動き

被災労働者や戦争被害者に対する年金制度の発展，社会保障制度及び社会扶助制度の発展の中で，障害者への所得保障制度は，徐々に，発展していった。しかしながら，フランスの障害者所得保障制度は，問題を抱えていた。

---

décembre 1953, p. 10759.

[366] Michel Borgetto et Robert Lafore, Droit de l'aide et de l'action sociales, 5ᵉ édition, Montchrestien, 2004, p. 26. 1953年デクレは，それまでの入り組んで複雑な救済立法を抜本的に改革したものである。その過程で，従来用いられてきた「救済（assistance）」という用語は，人権尊重の観点から「社会扶助（aide sociale）」に変更されることとなった。林信明「社会扶助」藤井良治・塩野谷祐一『先進諸国の社会保障 6 フランス』東京大学出版会（1999年）230頁。

その問題を具体的に指摘して，改革の必要性を主張したのが，Bloch-Lainéである。Bloch-Lainéは，1967年に発表した報告書の中で，伝統的な社会扶助（Aide sociale）は，すべての障害者を対象とすることができていないこと，及び，障害者が提起する諸問題を処理することができていないことを指摘して，社会扶助の不十分性を明らかにした。そして，その上で，「障害者（handicapé）」という新しい呼び方で括られる人々を対象とする一貫した支援を行うための包括的な改革の必要性を説いた[367]。

こうした状況の中で，最初の試みが，1971年7月13日の法律[368]によって行われた。同法律によって，成人障害者への所得保障として，家族の所得の多寡にかかわらず支払われる手当が創設されたのである。この新しい手当の創設は，すべての障害者に対して最低所得を保障する制度の発端となると同時に，障害者が共同体に対して有している権利の基本原理として，扶助の原理（principe d'assistance）を掲げることを放棄し，連帯の原理[369]を掲げるきっ

---

[367] François Bloch-Lainé, Etude du problème général de l'inadaptation des personnes handicapées (Rapport présenté au Premier Ministre (1967)) (L'intégration des personnes handicapées, PUAM, 2008, pp. 20-40掲載)。

[368] Loi n° 71-563 du 13 juillet 1971 relative à diverses mesures en faveur des handicapés, JORF du 14 juillet 1971, p. 6942.

[369] 公的扶助（assistance publique）と連帯（solidarité）との違いについて，Henri-Jacques Stikerは，以下のように説明している。まず，公的扶助は，フランス革命期に国家の責任論から誕生したものであり，国に不可侵かつ神聖な義務を課すものである。しかし，公的扶助を求める権利には，労働の義務が付随する。それゆえ，公的扶助の対象となるのは，働くことができない困難な状況に置かれた者（児童，高齢者，障害者，病者等）に限られる。公的扶助の権利は，働くことができない等の基準により，権利を正当化できた場合に認められるものであり，常に，「良き貧困」と「悪しき貧困」（働くことができるのに働かない）との間に区別を設けることになる。加えて，公的扶助は，集団から個人に対してなされるもので，抑圧的でパターナリスティックな性格も備えている。他方，連帯は，19世紀末に登場した考え方である。確かに，公的扶助の考え方にも，連帯の考え方に通じるところがある。しかし，連帯は，国と個人の垂直的関係を示すのではなく，各人が再分配に貢献しなければならないという水平的関係を示す。「持てる者は持たざる者に与えなければならない。我々はみな，尊く等しい神の子であるのだから」というキリストの倫理学が，共同体の専門的制度（système technique）となったのが，連帯である。Henri-Jacques Stiker (2004), *op. cit.*, pp. 6-7. なお，1971年法の立法過程では，「扶助の原則」は，主として，家族の所得

かけとなったとされている[370]。

しかしながら、1971年法によって導入された成人障害者手当は、額が非常に小さく（月額150フラン）、社会扶助を受けている障害者の境遇を実質的に改善するものではなかった。また、この新たな手当の創設によって、障害者の所得保障制度が、根本から大きく修正されることもなかった[371]。この点において、1971年法は、限界を持つものであった。

B　障害者の所得保障の状況

ところで、1970年代初頭のフランスにおける障害者所得保障制度には、次のような問題があった。まず、様々な制度が並存する結果、制度全体が非常に複雑なものとなっていた。そして、これによって引き起こされた障害者間の所得格差は、非常に大きなものとなっていた。所得格差の要因は、障害の原因によって適用される制度が異なり、その結果として、保障される所得も、障害の原因によって異なることとなっていたことにある。①傷痍軍人は軍人年金、②労災被害者は労災年金、③業務起因性のない原因により障害を負った労働者は社会保険の障害年金、④社会保険給付（障害年金）の支給がある職業生活に入る前に障害を負った先天性又は後天性の障害者は社会扶助と、障害の原因によって適用される制度が異なっていたのである[372]。

こうした状況の中で、最も弱い立場に追いやられたのが、社会保険からの給付（障害年金）を受給することができず、十分な所得保障を受け取ることのできない者たち（すなわち、上記④の者）であった。これらの者は、伝統的に社会扶助の対象とされてきた。しかしながら、社会扶助は、次のような欠点を持つものであった。すなわち、社会扶助の支給には、扶助の原理によって、家族の所得をも考慮に入れた（＝障害者が持つ扶養債権を考慮した）所得要件が課せられるという欠点である。また、社会扶助には、支給要件が異なる多様な手当が存在しており、制度が複雑であったがために、社会扶助制度の下では、すべての者に等しい最低所得保障が提供されないという問題

をも考慮に入れた所得要件を課すという意味で、使用されている。

370　Projet de loi n° 951, Assemblée Nationale, Exposé des motifs, p. 3.
371　Rapport n° 1353, Assemblée Nationale, p. 47.
372　障害の原因により適用される制度が異なるという状況は、現在も残っている。

もあった。そして，こうした状況は，「ニーズは，すべての障害者が同じく持っているものであり，類似の条件下で満たされるべきである」とする考え方と，正面から衝突することとなっていた。

そうした中で，次第に，次の2つの必要性が認識されるようになっていった。すなわち，①法律を単純化し，すべての障害者に保障される真の所得保障を構築することの必要性，及び，②障害者自身を独立した成人と認め，配偶者以外の扶養義務者の所得を考慮しない障害者自身の個人的権利を創設することで，扶助の原理に代えて連帯の原理を採用する必要性である[373]。

C 成人障害者手当（AAH）の創設

こうした背景の中で，1975年6月30日の法律[374]によって，成人障害者手当（AAH：Allocation aux adultes handicapés）が創設されることとなった。1975年法は，上記の問題に答える形で，次の3つの給付，すなわち，①1971年法が創設した成人障害者手当[375]，②国民連帯基金の補足手当[376]，③社会扶助から支給される様々な金銭給付又は現物給付[377]の3つを再編して，AAHを創

---

[373] Rapport nº 1353, Assemblée Nationale (1974-1975), pp. 46-47.

[374] Loi nº 75-534 du 30 juin 1975 d'orientation en faveur des handicapés, JORF du 1er juillet 1975, p. 6596.

[375] 1971年法が創設した成人障害者手当の支給要件は，以下の通りである：①80％以上の無能力（incapacité）を引き起こす障害を有している，②20歳以上（障害児手当の受給権を失っている）65歳未満，又は，労働不適性を理由に老齢手当（avantage de vieillesse）を受給できる場合は60歳未満である，③フランス国籍を有している，又は，フランス本土もしくは海外県に居住している，④個人所得が，一定額を超えていない（ただし，扶養義務者の所得は参照しない）。Rapport nº 1353, Assemblée Nationale, p. 48.

[376] 全国連帯基金を創設する1956年6月30日の法律（Loi nº 56-639 du 30 juin 1956 portant institution d'un Fonds national de solidarité, JORF du 1er juillet 1956, p. 6070）によって創設された給付で，以下の条件を満たす者に支給された：①フランス国籍を有している，又は，フランス本土もしくは海外県に居住している，②老齢手当の1つもしくは複数を受給している，又は，60歳未満の場合には障害年金を受給している。Rapport nº 1353, Assemblée Nationale, p. 51.

[377] 当時の社会扶助は，障害者を次の2つのカテゴリーに区分していた。すなわち，①恒久的障害率が80％未満の者，及び，②恒久的障害率が80％以上の者である。社会扶助の受給のためには，15歳以上であること，先天性又は後天性の障害を有しているこ

設したのである[378]。

1975年法によって新たに創設されたAAHは、原則として、恒久的な障害率が80％以上で、一定額以上の所得（他の社会保障制度からの給付や就労所得等）を有しない者を支給対象とするものであった（1975年法35条Ⅰ）。しかし、障害率が80％未満の場合にも、その障害の状況ゆえに職を得ることが不可能であると認められた者については、その支給対象とし（35条Ⅱ）、彼らに対する所得保障を図ることとした。また、1975年法は、恒久的な障害率が80％以上で、日常生活の基本的な動作について第3者の介護を必要とする者、又は、職業活動に従事する際に特別な経費が必要となる者に対しては、補償手当を支給することも規定した（39条）[379]。

こうして、1975年法によって、ようやく、労災年金や軍人年金、障害年金（一般制度）の受給資格を持たない障害者にも、AAHを通じた最低所得保障が、実施されることとなった。

D 障害者施策の一般的方針の提示

なお、1975年法は、障害者施策の基本方針を明らかにした点においても重

と、労働や職業リハビリテーションへの適性がないことが要求された。他方、社会扶助給付は、家族に対する扶養債権を考慮にいれた所得要件を満たしていることも条件とした。社会扶助からの金銭給付には、次のようなものがあった：①単純住宅手当（障害率80％未満の者が対象、最大3000フラン〔年額〕）、②家事サービス手当（市町村により家事サービスの現物給付がなされない場合に支給）、③月払支援手当（障害率80％以上の重度障害者及び盲人が対象、最大3,000フラン〔年額〕）、④第3者介助加算手当（障害率80％以上の重度障害者及び盲人が対象、5882.84フランから1万1765.60ユーロ〔年額〕）、⑤重度障害労働者補足手当（働いている障害率80％以上の重度障害者及び盲人が対象）。Rapport n° 1353, Assemblée Nationale, pp. 53-54.

378 これら3つの給付が、当時、社会保険制度からの給付を受給することができなかった障害者、あるいは、少額の年金しか受給することができなかった障害者に支給されていた。

379 なお、AAHは、家族給付（prestation familiale）として支給され、その管理・運営は、家族手当金庫（場合によっては農業社会共済金庫）が行うこととされた（37条、40条1°）。他方、補償手当の管理・運営は、AAHとは異なり、県知事（県が担当する社会扶助）に委ねられることとなった（40条2°）。1975年法原文の他、平山卓「フランスの障害者対策関係法制の概要（短報）」レファレンス（1981年）105頁を参照。

要な法律であった。1975年法は，障害者が，自立を達成し，自らを成長（épanouissement）させ，可能な限り社会で統合されるように，障害者のための諸施策を1つの法律に整理することを目指すものであった[380]。実際のところ，1975年法の立法理由では，次の2つのことが立法の目的として示されている。すなわち，①障害者の権利を全般的に明確にすると同時に，教育，治療，労働，個人への最低所得保障，社会的統合に関し，効果的に実施される諸手段を提示すること，及び，②相次ぐ立法の結果，複雑化していた法体系を単純化することである[381]。上述の成人障害者手当（AAH）の再編も，この一環として行われたものであると言うことができる。

そして，これらの立法目的を受けて，1975年法1条1項では，「身体的又は精神的障害，感覚器官の障害を有する未成年者及び成人に対して，障害の予防や検診，治療，教育，職業訓練・職業指導，雇用，最低所得保障，社会的統合，スポーツ・余暇へのアクセスを保障することは，国家の義務である」ということが確認された[382]。このように，1975年法は，障害者に対する公的活動（action publique）に関し，新しい考え方を確立した点においても，重要な法律である。

(4) 障害者の権利と機会の平等，参加，市民権に関する法律（2005年法）

さて，フランスでは，1975年法によって，障害者施策の基本方針が示されると同時に，成人障害者手当（AAH）による障害者への所得保障が実現されることとなった。フランスの障害者施策は，以降，この1975年法に基づいて展開されることとなる。

しかしながら，この1975年法に基づく障害者施策は，2005年2月11日の法

---

[380] 1975年法は，当時，第6次経済社会発展プランで示されていた障害者施策の一般的方針をさらに推し進めるためのものであった。同プランは，障害者施策の一般的方針として，障害の予防や障害者の職業生活への参入によって，障害者の自立を保障し，障害者やその家族に対する連帯をより効力のあるものにすることを掲げていた。Projet de loi n° 951, Assemblée Nationale, Exposé des motifs, p. 2.

[381] *ibid.*, p. 3.

[382] 同原則は，2002年1月17日の法律（社会現代化法）によって補完・発展させられた（本節1(4)Cを参照）。この規定は，現在（2009年9月）では，「すべての障害者は，国家共同体全体の連帯に対する権利を有する」という一文に置き換えられている。

律[383]によって，実に30年ぶりに，大きく見直されることとなる。以下で，2005年法による障害者施策の大改正の経緯とその内容を振り返りたい。

A ペリュシュ判決

1975年法以降，目立った改正の行われなかった障害者施策が，2005年法によって大改正されるに至ったそもそもの端緒は，2000年11月の破毀院判決（原告の名前をとってペリュシュ判決と呼ばれる）[384]にあると言える。同判決は，風疹への罹患の有無に関する医師・検査機関の誤診のために先天性障害を持って生まれてきた子の医師・検査機関に対する損害賠償請求を認めたものであるが，これは，いわゆるロングフル・ライフ（Wrongful Life）訴訟[385]を認めたもので，フランス社会に非常に大きな衝撃を与えた。そして，同判決は，法曹界のみならず，様々な分野（倫理学[386]，社会学，医学等）において活発

---

[383] Loi n° 2005-102 du 11 février 2005 pour l'égalité des droits et des chances, la participation et la citoyenneté des personnes handicapées, JO n° 36 du 12 février 2005, p. 2353.

[384] Cass. Ass. plén., 17 nov. 2000：Bulletin 2000 A. P. n° 9 p. 15. ペリュシュ判決に関連する邦語文献は，数多い。ここでは，ペリュシュ判決から2005年法改正までの動きを追った山野論文を挙げておく。山野嘉朗「障害児の出生と医師の民事責任――フランス破毀院大法廷2000年11月17日判決を機縁として」愛知学院大学論叢法学研究42巻3・4号（2001年）40-74頁，同「医療過誤による先天性障害児の出生と賠償・補償――フランスの新立法とその影響」愛知学院大学論叢法学研究44巻3号（2003年）113-126頁，同「医療過誤による先天性障害児の出生と賠償・補償――フランスの新立法とその影響（その2）」愛知学院大学論叢法学研究44巻4号（2003年）160-170頁，同「医療過誤による先天性障害児の出生と賠償・補償――フランスの新立法とその影響（その3）」愛知学院大学論叢法学研究45巻1・2号（2003年）121-134頁，同「医療過誤による先天性障害児の出生と賠償・補償――フランスの新立法とその影響（その4）」愛知学院大学論叢法学研究45巻4号（2004年）180-192頁，同「医療過誤による先天性障害児の出生と賠償・補償――2002年法制定後の裁判例及び2005年の立法的解決（その5・完）」愛知学院大学論叢法学研究47巻2号（2006年）96-114頁。

[385] ロングフル・ライフ（Wrongful Life）訴訟は，子が先天性障害を持って出生した場合に，「子自身が，医師の過失がなければ，障害を伴う自分の出生は回避できたはずである」と主張して提起する損害賠償請求訴訟」を言う。丸山英二「アメリカにおける先天性障害児の出生と不法行為責任：Wrongful Birth訴訟とWrongful Life訴訟の近況」唄孝一・石川稔編『家族と医療：その法学的考察』弘文堂（1995年）171頁。

[386] 全国倫理諮問委員会は，Guigou雇用連帯大臣の付託を受けて，ペリュシュ判決によ

な議論を引き起こし，それが，最終的に，1975年障害者基本法を30年ぶりに大改正させることとなった[387]。ペリュシュ判決をめぐる議論によって再確認されたのは，特に，障害者施策の不十分性，そして，障害に関してあらゆる手段を講ずべき政治的責任の重要性であった[388]。ペリュシュ判決から2005年法の制定に至るまでの過程では，この2つが，常に意識され続けたと言って良いだろう。

以下で，ペリュシュ判決から2005年法の制定に至る過程を振り返ることとする。

B 反ペリュシュ判決法の制定

まず，ペリュシュ判決の効果を覆すために，いわゆる反ペリュシュ判決法[389]が制定されることとなった。同法は，破毀院が認めたロングフル・ラ

り引き起こされた問いに対し，2001年5月29日付で勧告を出している（HANDICAPS CONGENITAUX ET PREJUDICE, n° 68, 29 mai 2001)。同勧告は，ペリュシュ判決について，同判決は重度障害児に対する補償の必要から医療上のフォートと子の状況との間に因果関係を認めたものであるとの分析を行いつつ，同判決の持つ「優生学的要素を含む規範的圧力の危険性」（すなわち，拒否と苦痛のうちに生きるよりは，その子に死を与ええる方が良いという考え方に両親を導く危険性）を指摘した。そして，その上で，このような判決が下されるに至った背景として，障害児・障害者に対する保障の不十分性，すなわち，政治や市民社会の重大なる義務の怠慢を指摘し，「連帯する社会」を優先課題として，障害に関してあらゆる手段を講じる政治的責任の重要性を説いた。また，同勧告は，障害に対する補償は，障害が医療上のフォートに原因がある場合を特別扱いにすべきではなく（つまり，障害者間差別を生じさせ得る損害賠償請求制度で対応すべきではなく），社会の構成員に対する社会の集団的な責任の表れとして行われるべきであることを明示した。

[387] 関心の高まりは，Chirac元大統領が，自身の2期目の優先課題として障害者の問題を掲げたほどであった。http：//www.elysee.fr/elysee/elysee.fr/francais/les_chantiers_prioritaires/les_chantiers_prioritaires.26693.html

[388] 前々注の全国倫理諮問委員会勧告を参照。

[389] ペリュシュ判決に終止符を打つための条文は，同じく国会で審議中であった「患者の権利と医療制度の質に関する2002年3月4日の法律」（Loi n° 2002-303 du 4 mars 2002 relative aux droits des malades et à la qualité du système de santé, JORF du 5 mars 2002 p. 4118）の第1編に挿入された。この第1編が，一般に「反ペリュシュ判決法」と呼ばれている。

イフ（Wrongful Life）訴訟を否認し，「何人も出生の事実のみをもって損害を主張することはできない」ことを確認した（1条Ⅰ）。障害を持って生まれてきた本人の損害賠償請求権を否定したわけである。

その一方で，反ペリュシュ判決法は，親については，その固有の損害賠償請求権を認めることとした。しかし，「子の生存期間中に障害によって生じる特別な費用」は，その損害の中には含まれないとし，これについては，「国民連帯によって賄う」ことを確認した（1条Ⅰ）。そして，これを保障するために，「すべての障害者は，その障害の原因にかかわらず，国民集合体の連帯に対する権利（droit à la solidarité de l'ensemble de la collectivité nationale）を有する」ことを確認した（1条Ⅱ）。

このような形で，反ペリュシュ判決法により，①障害によって生じる特別な費用は国民連帯によって賄うという考え方，及び，②障害者は国民集合体の連帯に対する権利を有するという考え方が，はっきりと打ち出されることとなった。

C 社会現代化法における障害者の権利の確認

しかしながら，反ペリュシュ判決法の目的は，ペリュシュ判決の効果を終結させることにあった。そのため，反ペリュシュ判決法は，「国民連帯」の具体的内容までは，その検討の対象としなかった。そこで，これに関しては，同時期に議会で審議されていた社会現代化法[390]が，障害者の以下の権利を確認することで，2005年法改正への橋渡し的役割を果たすこととなった。すなわち，社会現代化法において，障害者は，機能障害の原因・性質，年齢，生活様式が何であれ，①障害の結果を補償される権利，そして，②日常生活における基本的ニーズ全体をカバーできる最低所得保障への権利を有するということが確認されることとなったのである（53条：社会福祉・家族法典L. 144-1条を修正）。

そして，社会現代化法は，障害者に対する国家の義務に関する一般原則を修正して，障害者施策における原則を再確認することも行った（53条）。こ

---

[390] Loi n° 2002-73 du 17 janvier 2002 de modernisation sociale, JORF du 18 janvier 2002 p. 1008.

れにより，社会福祉・家族法典L. 114-1条（当時）は，「障害の予防・検診，身体・知的障害又は感覚器官の障害を有する障害児・成人障害者の全市民に認められた基本的権利へのアクセス，とりわけ，医療，教育，職業訓練・職業指導，雇用，適応した最低所得保障，社会的統合，移動の自由，法的保護，スポーツ，休暇，観光，文化へのアクセスは，国家の義務である」と修正されることとなった。

D　全国自立連帯金庫（CNSA）の創設

ところで，上記①の権利（＝障害の結果を補償される権利）の保障のためには予算の確保が必要である。これに関しては，2004年6月30日の法律[391]により新たに自立連帯負担金を創設することで，障害者の自立のための活動の予算を確保することが行われた。具体的には，高齢者及び障害者の「自立」に必要な予算を確保する観点から，祝日を1日廃止し，その日を「連帯の日」と称される新たな無給の労働日とすることが，決められた（労働法典L. 3133-7条）[392]。そして，「連帯の日」の労働によって生じる収益を自立連帯負担金（＝疾病保険の使用者負担保険料と同じ賦課基礎に0.3％を乗じた額）として徴収する仕組みが導入されることとなった（社会福祉・家族法典L. 14-10-4条1°）。この自立連帯負担金を徴収し，管理・運営する機関として創設されたのが，全国自立連帯金庫（CNSA：Caisse Nationale de solidarité pour l'autonomie）である。CNSAの創設は，5つめの社会的保護（protection sociale）の分野[393]の創設としても，大きな注目を集めるものであった。

---

[391] Loi n° 2004-626 du 30 juin 2004 relative à la solidarité pour l'autonomie des personnes âgées et des personnes handicapées, JORF n° 151 du 1 juillet 2004 p. 11944. 同法律は，高齢者と障害者の自立のための連帯に関する法律である。

[392] 「連帯の日」を紹介するものとして，嵩さやか「フィールド・アイ　フランスから③　自由，平等，『連帯』？」日本労働研究雑誌553号96-97頁がある。

[393] 1945年に社会保障（Sécurité sociale）制度が確立された際に想定されたリスクは，疾病，高齢，家族，労災の4つであったが，新たなリスクとして，介護（dépendance）が現れ，新たな対応が要請されることとなった。この要請に対し，政府は，全国自立連帯金庫（CNSA）を創設し，高齢及び障害の結果を保障することとした。CNSAは，正確には，社会保障（Sécurité sociale）制度によって負担される5つめのリスクを管理する機関ではない。そのため，Jean-Pierre Raffarin首相（当時）は，CNSAを5つめの

なお，高齢者及び障害者の自立のための予算の確保にあたって，政府は，赤字国債の発行あるいは増税という選択肢を退けることとした。とりわけ，増税は，フランスの非常に高い失業率が，税及び社会保険料の高負担に起因していることに鑑みて，不可能な選択肢であるとされた。また，政府は，新たな社会的負担は，追加的な富の創出を前提としなければ，被用者の購買力を悪化させることになることも，懸念した。そこで，被用者の購買力を低下させることなく，社会的保護の改善のための予算を獲得する手法として，労働日を増やし，その日に生じる利潤を徴収するという手法が，採用されることとなった[394]。

E 障害者の権利と機会の平等，参加，市民権に関する法律

ペリュシュ判決以降の以上のような立法により，障害者施策の改正に向けた下準備が整えられた。そして，その集大成として，障害者関連政策の大改正が，2005年の「障害者の権利と機会の平等，参加，市民権に関する法律」によって実施されることとなった。2005年法は，障害者関連政策を全般的に見直すものであったため，その改正の内容も，非常に多岐にわたっている（教育，雇用，所得保障，障害の結果に対する補償，アクセシビリティの確保等）。

2005年法が，立法目的として提示したのは，①障害者施策の不十分性（＝ペリュシュ判決により喚起された問題），②医学の進歩による障害者を取り巻く環境の変化[395]への対応，③障害に対する眼差し（regard）の変化[396]への対応であった。そして，この立法目的を実現するための改革の方針として，

　　社会的保護のリスクを管理する機関と表現した。Journée de solidarité, Journée supplémentaire de travail Contribution solidarité autonomie, Liaisons Sociales, Vendredi 23 juillet 2004, n° 8506, p. 5.

394　Plan pour la dépendance, Suppression d'un jour férié (lundi de Pentecôte), Liaisons Sociales, Lundi 17 novembre 2003, n° 76/2003, pp. 2-3.

395　医学の進歩により障害者の平均寿命が延びたことや新技術により，障害者に新たな人生の展望が開かれるようになったことが指摘されている。

396　世界保健機関（WHO）による新国際機能分類（ICF：International Classification of Functioning, Disability and Health）にみられるように，障害の捉え方が，障害者の社会参加に際する困難や，こうした困難の悪化や軽減において環境が果たしうる役割の方へと移行していることが指摘されている。

2005年法は，①権利及び機会の平等（差別禁止），②生活設計における選択の自由の保障，③アクセシビリティの保障，④障害者中心の法制度の構築の4つの柱を掲げた[397]。

上述のように，2005年法による改正の内容は多岐にわたるが，所得保障の分野で特に重要なのが，「障害補償給付（PCH：Prestation de compensation du handicap）」の創設である（PCHの詳細は，第3節で取り上げる）。PCHの創設は，反ペリュシュ判決法が「国民連帯によって賄う」とした「障害によって生じる特別な費用」をカバーするものとして，また，社会現代化法が定めた「障害の結果を補償される権利」を具体化するものとして，大きな注目を集めるものであった。そして，このPCHの創設に伴い，障害者のための所得保障制度として1975年に創設された成人障害者手当（AAH）は，生活の基本的部分を保障する給付として，改めて，位置づけられることとなった。AAHが，生活の基本的部分を保障し，PCHが，障害の結果生じる特別な費用を保障するという役割分担が，明確なものとされるに至ったのである。

この他にも，2005年法では，障害者の所得保障を改善するための見直しが実施された。まず，働くことのできる障害者の就労インセンティブを阻害しないように，AAHの支給に際して考慮される収入の計算に際して，就労所得の一部が，一定の割合で控除されることとなった。こうした新たな仕組みの導入によって，AAHの減額により働いたことが無となってしまう事態が避けられることとなった。また，2005年法は，AAH受給者の所得保障水準の改善のために，働いていない障害者を支給対象とする「所得補足手当」及び「自立生活加算（MVA）」の創設も行った。これらの給付の創設に伴って，2005年法以降，働くことができない障害者については，AAHと「所得補足手当」との合計金額が，最低所得保障額となることとなった。

(5) 小　括

フランスでは，障害者は，古くから公的救済の対象とされてきた。20世紀初頭に，公的救済が，実効性を持つ形で制度化される一方で，19世紀末から20世紀初頭にかけて，被災労働者や戦争被害者を対象とする年金制度も整え

---

[397] Projet de loi n° 183, Sénat, Exposé des motifs.

られていく。産業化社会の到来に伴って、労災問題が社会的関心を集めるようになったこと、また、第1次世界大戦により大量に発生した戦死者・傷痍軍人への対応が、政府の重要課題となったことが、その背景にはある。そして、1930年には、被用者を被保険者とし、疾病、障害、老齢、死亡等を保険事故とする社会保険制度も導入されるに至り、労働能力が3分の2以上減退した被保険者（被用者）に対して、障害年金が支給されることとなった（＝私傷病障害を保障する年金制度の開始）。

　第2次世界大戦後には、社会保障（sécurité sociale）の人的適用範囲の全国民への拡大（社会保障の一般化）を目的の1つとして、社会保障制度の整備が行われた。しかしながら、この野心は挫折し、むしろ社会保障の拡大により消えゆくものと考えらた社会扶助の分野において、盲人（aveugles）や重度障害者を対象とする手当制度が整えられていくこととなる。

　このようにして、障害者への所得保障制度は、徐々に発展していったが、1970年代初頭には、これが抱える問題が露呈するようになる。その1つが、障害者間の所得格差であった。そうした中で、最も弱い立場に追いやられたのは、社会保険からの給付（＝障害年金）を受け取ることができない者たちであった。彼らは、社会扶助の対象とされたが、社会扶助には、①支給要件が異なる多様な手当が存在し、制度が複雑で、すべての者に等しい最低所得保障が提供されていないという問題、及び、②支給に際し、扶養債権を考慮した上での（すなわち、家族の所得も計算に入れた）所得要件が課されるという問題が存在した。

　こうした状況の中で、1975年法により、従来の手当や給付が再編され、配偶者以外の扶養義務者の所得を考慮に入れない成人障害者手当（AAH）の制度が整えられることとなった。これにより、以後は、労災年金や軍人年金、障害年金等の受給資格を持たない障害者にも、AAHによって最低所得保障がなされることになる。

　その後のフランスの障害者施策は、1975年法に基づいて展開される。しかし、1975年法に基づく障害者施策は、高い社会的関心の中で障害者関連政策の全般的な見直しを行った2005年2月11日の法律によって、実に30年ぶりに大きく修正されることとなる。所得保障に関しては、とりわけ、障害補償給付（PCH）の創設が重要である。PCHの創設によって、成人障害者手当

(AAH) は，生活の基本的部分を保障する給付として，PCHは，障害の結果生じる特別な費用を保障する給付として位置付けられ，両者の役割分担と関係とが明確にされるに至った。加えて，2005年法では，AAH受給者の所得保障の改善のために，①AAHの支給に際する収入認定において就労所得を一定の割合で控除する仕組みの導入や，②働いていない障害者を支給対象とする所得補足手当や自立生活加算（MVA）の創設も行われた。現在では，AAHと所得補足手当の合計金額が，働くことのできない障害者に対する最低所得保障額となっている。

2 現行制度

それでは，次に，現行の障害者所得保障制度について，具体的な検討を行っていきたい。まず初めに，障害者所得保障制度を理解する上で重要となる，社会福祉・家族法典で定められた障害者に関する基本的規定及び組織を確認し（(1)），次いで，障害者に対する所得保障給付の内容を見て行くこととする（(2)）。

(1) 障害者政策に関連する基本的規定及び組織

A 障害者に関する基本的規定

(a) 障害の定義

初めに，社会福祉・家族法典が置いている「障害（handicap）」の定義を確認しておく。フランスでは，2005年法によって初めて，法律上の「障害」の定義が明確にされた[398]。2005年法改正以前は，とりわけ，精神障害（hand-

---

398 2005年法制定前は，社会福祉・家族法典L. 114-1条1項（改正前）において，「……身体障害児・者，感覚器官の障害児・者，又は，知的（mental）障害児・者の治療，教育，職業訓練，雇用，最低所得保障，社会的統合……等へのアクセスは，国の義務である」という規定が置かれていたに留まる。ここに精神障害者（personnes handicapées psychiques）は含まれていないが，実際の運用では，精神障害者も制度の対象とされていた。

なお，1975年法では，障害の定義を置くことは，意図的に避けられた。当時，最も良いとされた障害の定義は，「多かれ少なかれ重大な様々な理由により，他者のようにあること，そして，他者のように行動することが多かれ少なかれ困難な児童・青少年・成人は，属する社会に適応できない者である」というものであった。しかし，こ

icap psychique）の扱いが曖昧であった。それゆえ，精神障害が，「障害」の定義の中で明確に示された点は，2005年法のポイントの1つとして指摘されている[399]。

2005年法が導入した障害の定義は，次の通りである。すなわち，障害とは，「1つ又は複数の身体・感覚器官・知能・認識・精神に関する機能の実質的永続的決定的悪化，重複障害（polyhandicap）[400]，又は，健康上のトラブルを理由として，障害者が，その環境において被る活動の制限又は社会生活への参加の制約のすべて」を言う（社会福祉・家族法典L. 114条）。フランス法が定めている障害の定義は，意図的に広いものとされている点に特徴がある。また，心理学的医学的なアプローチによって障害を捉えるのではなく，「障害の結果」を重視する定義の仕方となっている点にも，特徴があると言える[401]。

ただし，各制度の対象となる障害の範囲や程度は，それぞれの制度ごとに定められている。例えば，障害年金制度では，障害は労働・稼得能力の減退を意味し，労働・稼得能力が3分の2以上減退している場合に，障害年金の支給がある。また，成人障害者手当（AAH）制度では，障害は障害率で示さ

れは，障害を「不適応」という言葉で定義しているに過ぎず，「正常（normalité）」とは何か，「不適応」とは何かという新たな問題を生じさせる。そのため，障害を定義することは，事実上，不可能であると考えられたことが理由にある。また，定義は，その主要な部分が変動，相対化することにより，急速に当を得ない，時代遅れのものとなる危険があることも指摘された。Projet de loi n° 951, Assemblée Nationale, Exposé des motifs, p. 4.

[399] Les ambitions de la loi pour "l'égalité des droits et des chances, la participation et la citoyenneté des personnes handicapées", CONFERENCE DE PRESSE, 28 janvier 2004, Ministère de la Santé, de la Famille et des personnes handicapées.

[400] 重複障害とは，重度の知的障害及び運動機能障害により，知覚や表現，関係構築の可能性及び自立が極めて制限されている状態を言う（社会福祉・家族法典D. 312-83条を参照）。

[401] Code de l'action sociale et des familles, op. cit., p. 18. なお，この定義は，2001年に世界保健機関（WHO）が採択した国際生活機能分類（ICF）に着想を得たものと言われている。Alexandre Chretien, Présentation générale de la loi n° 2005-102 du 11 février 2005 pour l'egalité des droits et des chances, la participation et la citoyenneté des personnes handicapées, L'intégration des personnes handicapées, PUAM, 2008, p. 45.

れ，障害率が80％以上である場合や，障害率が50％以上80％未満であり，かつ，一定の条件を満たす場合に，AAHの支給が認められる。さらに，障害補償給付（PCH）制度では，障害は，活動（行為）の実現における困難のことを指している。

(b) 障害者の権利

次に，社会福祉・家族法典は，「すべての障害者は，国家共同体全体の連帯に対する権利[402]を有する」ことを確認している。この連帯に対する権利によって，障害者は，すべての市民に認められた基本的権利へのアクセス，及び，市民権の完全なる行使を保障される（L. 114-1条1項）。また，国には，フランス全土における障害者の平等取扱いを保障することが義務付けられている（同条2項）。

さらに，障害者は，障害の原因や種類が何であれ，また，年齢や生活様式に関わりなく，障害の結果の補償に対する権利（droit à la compensation des conséquences de son handicap）を有することも確認されている（L. 114-1-1条1項）。この権利は，既に沿革で確認したことではあるが，ペリュシュ判決以降の議論の中で導入されたものである。補償は，障害者のニーズ[403]に応えることを目的とするものであり（同条2項），この補償に対する権利を具体化するものが，後述の障害補償給付（PCH）である。

B 障害者政策に関わる組織

(a) 県障害者センター（MDPH）

県障害者センター（MDPH：Maisons départementales des personnes handicapées）

---

[402] 使用される用語（概念）の進展に合わせ，2005年法によって，従来の「国の義務（l'obligation national）」に代えて「国家共同体全体の連帯に対する権利」という概念が導入された。

[403] ここで言うニーズには，例えば，乳幼児の家庭への迎え入れ（accueil），就学，教育，職業的参入，市民権や自立の完全なる行使に必要な住宅や労働環境の改善，障害者の周囲の人々に休息時間を提供するためのサービスの発展と改善，相互扶助グループや特別施設の定員の発展，通常環境又は適応した環境で生活するためのあらゆる種類の対人又は対施設支援，さらには，障害に関する特別の制度や手続きへのアクセス，あるいは，成年後見（protection juridique）の実施を支援する諸給付へのアクセスにおけるニーズが含まれる。

は，2005年法により創設された新しい機関である。各県に設置され，障害者にとってのワン・ストップ・サービス窓口（guichet unique）として，機能を有している。

2005年の法改正以前には，障害に関連する組織が複数存在し（県特別教育委員会〔CDES：Commission départementale de l'éducation spéciale〕，職業指導・再配置専門委員会〔COTOREP：Commission technique d'orientation et de reclassement professionnel〕，社会保険金庫，県の社会扶助窓口等），障害者やその家族がその権利の取得のために行わなければならない手続きは，複雑なものとなっていた。そこで，2005年法によって障害者にとっての「唯一の窓口」としてMDPHが創設され，あらゆる種類の支援・給付[404]に関する手続きが，MDPHで行えるようにされた[405]。MDPHの創設は，障害者中心の法制度の構築の一環として行われたもので，行政のロジックではなくサービスのロジックを採用することで，障害者やその家族が行わなければならない手続きを単純化したものとされている。

（i）MDPHの使命

MDPHは，以下のことを主たる使命としている（L. 146-3条，L. 146-7条）：
- 障害者とその家族の受入れ，彼らに対する支援[406]，助言，情報提供；
- 全市民を対象とする，障害に対する関心喚起活動；
- 生活計画に基づいて障害者のニーズを評価し，個別補償プランの提案を行う学際チーム（équipe pluridisciplinaire）の設置，組織；
- 障害者権利自立委員会（CDAPH）の設置，組織；
- 県の障害補償基金（FDC：Fonds Départemental de Compensation）の管理・運営；
- 障害者又はその代理人の個別の苦情を受け付け，その苦情を管轄の機関

---

[404] ここには，障害者手帳，障害補償給付（PCH），障害児教育手当（AEEH：Allocation d'éducation de l'enfant handicapé），成人障害者手当（AAH）及びその補足手当等の支給，職業訓練や雇用，保護された環境（労働支援機関・サービス〔ESAT〕）での就労へのアクセスに向けた支援が含まれる（L. 146-3条1項）。

[405] Code de l'action sociale et des familles, op. cit., p. 115.

[406] 特に，生活計画（projet de vie）の作成に必要な支援，CDAPHの決定の実施に必要な支援や仲裁を提供する。

へ振り分けることを使命とする指導員（référent）の指名；
– 職業的参入を担当する指導員（référent）の指名；
– CDAPHの管轄に属するすべての権利又は給付に関する申請の受付け；
– 障害者が要求した内部調停手続き（procédure de conciliation interne）の実施；
– 障害に関連する公衆衛生制度や医療・社会福祉制度との諸調整；
– 緊急時呼出しのためのフリーダイヤルの設置；
– 障害者の権利や虐待対策に関する情報提供パンフレットの定期的な発行。

(ii) MDPHの法的地位

　以上のような使命を与えられたMDPHは，県，国，一般制度の疾病保険及び家族手当の地方組織を構成メンバー[407]とする公益団体（groupement d'intérêt public）[408]である。県が，その行政及び財政上の監督権限を有することとなっており，MDPHの所長は，県会議長によって任命される（L.146-4条）。

(b) 障害者権利自立委員会

　MDPH内には，障害者権利自立委員会（CDAPH：Commission des droits et de l'autonomie des personnes handicapées）が設置される。CDAPHは，2005年法により，従来のCOTOREPとCDES[409]とを統合して創設された新しい機関であり，各種給付の支給や障害労働認定等，障害者のあらゆる権利に関する決定を行う権限を有している（L.241-6条）。

(i) CDAPHの構成

　CDAPHは，23名で構成される。委員には，県の代表，国の代表（医師を

---

[407] その他の法人（例えば，障害者施設・サービスの管理運営組織を代表する法人，県の障害補償基金（FDC）の予算に関与している法人等）も，MDPHの構成メンバーとなることを要求することができる。

[408] 少なくとも1つの公法上の法人を含む複数の法人によって構成される法人で，定められた期間，法律の定める研究開発，スポーツ，文化等の特定の領域での活動を共同で行うこと，あるいは，そのための施設を管理することを目的とする。山口俊夫（編）『フランス法辞典』東京大学出版会（2002年）260頁。

[409] COTOREPが，成人障害者の職業指導やAAH（成人障害者手当）等の支給に必要な障害認定等を所管したのに対し（改正前社会福祉・家族法典L.243-1条，労働法典L.323-11条），CDESは，障害児の進路指導（教育）や障害認定等を所管した（改正前社会福祉・家族法典L.242-2条）。

含む），労使代表，障害者施設の運営機関の代表，障害者団体の代表等が含まれており，委員の少なくとも3分の1は，障害者団体の代表でなければならないとされている（L. 241-5条，R. 241-24条）。

(ii) CDAPHの権限

CDAPHは，以下の権限を有している（L. 146-9条，L. 241-6条）：

- 障害者への進路相談・職業指導・助言（orientation），及び，障害者の学校・職業・社会への参入を保障するための諸手段の決定；
- 障害児のニーズに対応した施設・サービスの指定，又は，成人障害者のリハビリテーション・教育・再配置・受入れを行う施設・サービスの指定；
- 障害児教育手当（AEEH）やその補足手当の支給要件である障害児の障害の状態，障害率の評価；
- 成人障害者手当（AAH）やその補足手当の支給要件である成人障害者の障害の状態，障害率の評価；
- 障害補償給付（PCH）の支給要件である障害児・成人障害者の補償ニーズの評価；
- 所得補足手当の支給要件である労働能力の評価；
- 障害労働者認定；
- 成人障害者施設に入所する61歳以上の高齢障害者の支援に関する決定。

(iii) CDAPHの決定に不服がある場合の調停手続き・訴訟

CDAPHによる上記の事項に関する決定に不服がある場合，障害者（未成年の場合は両親）又はその法定代理人は，以下の行動を取ることができる。

まず，CDAPHの決定が，自らの権利を侵害していると判断した場合には，決定の日から2か月以内であれば，調停の提案権限を有する有資格者（personne qualifiée）[410]の介入（調停手続きの実施）を請求することができる。この調停手続きは，MDPH内で実施される。なお，この手続きの開始は，裁判所への出訴期間を中断させるが，これを妨げるものではない（L. 146-10条）。

---

[410] 調停を行う有資格者のリストは，MDPHが作成する。調停員には，MDPHの外部の者がなり，その職務の実行のために2か月が与えられる。最終的に，調停員は，障害者本人及びMDPHに通知する報告書を作成する。Code du Handicap 2011, Dalloz, 2010, p. 17.

次に，①障害者への進路相談・職業指導・助言（orientation）や障害者の参入のための諸手段に関する決定，②入所又は利用する施設・サービスの指定，③成人障害者手当（AAH）やその補足手当，障害補償給付（PCH）等の支給要件である障害の状態に関する評価に関して，CDAPHの決定に不服がある場合には，社会保障技術的紛争裁判所（juridiction du contentieux technique de la sécurité sociale）への提訴が可能である。また，①障害者への職業相談・職業指導・助言（orientation）や障害者の参入のための諸手段に関する決定，②障害労働者認定に不服がある場合は，行政裁判所に提訴することもできる（L. 241-9条）。

(c) 小　括

社会福祉・家族法典では，障害の定義や障害者の権利が明らかにされている。障害の定義は，2005年法によって初めて，法律上明らかにされたものであり，意図的に広いものとされている点に特徴がある。また，障害者の権利に関しては，「連帯」が重要なキーワードとなっている。すべての障害者は，「国家共同体全体の連帯に対する権利」を有することが確認されており，これが，障害者施策を支える重要な理念となっている。

障害者施策に関わる組織としては，2005年法により新たに創設された県障害者センター（MDPH）及び障害者権利自立委員会（CDAPH）が，重要である。MDPHは，障害者にとって最も身近なワン・ストップ・サービス窓口としての機能を有しており，障害者が，まず初めに訪れる場所としての役割を担っている。CDAPHは，MDPH内に設置された，障害者を対象とする諸給付等に関する決定を行う機関である。MDPHとCDAPHとによって，障害者の日常生活は支えられることとなっている。

(2) 所得保障給付

それでは，次に，現行の障害者所得保障制度を確認していきたい。

フランスでは，社会保険給付として疾病保険から支給される障害年金，無拠出制給付として家族手当金庫（CAF：Caisse d'allocations familiales）から支給される成人障害者手当（AAH）が，障害者に対する主たる所得保障の制度となっている[411]。これらが，障害者の生活の基本的部分を保障するものとしての機能を果たしている。また，就労していない障害者に対しては，AAH

を補足する手当として，自立生活加算（MVA：Majoration pour la vie autonome），及び，所得補足手当（Complément de ressources）も用意されている。以下で，これらの給付について，その内容を見ていきたい。

A　拠出制給付（障害年金）

まず，社会保険給付として支給されるのが，障害年金である。日本では，障害のリスクを老齢のリスクと同じ年金制度でカバーしているが[412]，フランスでは，障害は疾病の延長とみなされ，障害年金は，疾病保険制度から支給される。障害年金は，支給が認められると，老齢年金の受給が開始されるまで，支給されることとなっている。

以下では，フランスの社会保障制度の中核を担う一般制度（商工業の労働者を対象とする）が提供している障害年金（社会保障法典第3編第4部）を紹介していきたい[413]。

(a)　支　給　要　件

フランスの障害年金で言うところの障害（invalidité）は，「労働・稼得能力

411　この他，障害を負った原因に応じて，労災年金や障害軍人年金等の制度もある。

412　日本において，障害リスクが，老齢リスクと同じ年金制度でカバーされている理由は，次のように説明されている：国民の貧困化を招く事故のうち，疾病・負傷・失業等は，比較的短期間のうちに消滅する事故であり，同一人について何回も起こりうる性質を有している。それに対し，老齢・障害・死亡という事故は，比較的長い期間継続するものであり，かつ，同一人物について1回限りの性質を持っている。この事故の性質の相違に従って，社会保険は，短期保険と長期保険とに区別されており，前者には，健康保険や国民健康保険等の疾病保険と失業保険，後者には，厚生年金保険および国民年金が含まれる。厚生省保険局厚生年金保険課（編）『厚生年金保険法解説（昭和37年版）』社会保険法規研究会（1962年）2－3頁。

413　フランスの疾病保険は，職域ごとに細分化された多数の制度が並存する，複雑な構造となっている。商工業の労働者を対象とする一般制度（régime général），特定職域の労働者を対象とする特別制度，非労働者を対象とする自営業者社会制度（régime social des indépendants），及び，農業従事者を対象とする農業制度が並存しており，それぞれの制度について独立した保険者が存在している。笠木映里『公的医療保険の給付範囲――比較法を手がかりとした基礎的考察』有斐閣（2008年）169頁。江口隆弘「医療保険制度と医療供給体制」藤井良治・塩野谷祐一（編）『先進諸国の社会保障6　フランス』東京大学出版会（1999年）205頁。

の減退」として定義される。したがって，障害年金の支給には，「労働・稼得能力の減退」に関する条件が課せられている。

支給条件は，労働・稼得能力の減退に関する条件も含めて，以下の通りである：

- 疾病保険の被保険者であること（社会保障法典L. 341-1条）；
- 私傷病の結果[414]，労働・稼得能力が3分の2以上減退していること（L. 341-1条，R. 341-2条）；
- 労働の停止又は障害の確認があった月の初日の時点で，12か月以上の被保険者期間があること（L. 341-2条，R. 313-5条）；
- 労働の停止又は障害の確認の前の12か月（又は365日）に800時間の労働時間（見なし労働時間を含む）がある，又は，SMICの2030倍にあたる賃金に課せられる保険料を納付していること（同上）。

障害年金は，社会保険給付であることから，その支給にあたっては，労働の停止・障害の確認の時点[415]において一定の被保険者期間があること，及

---

[414] 労働災害・職業病に起因する障害は，労災補償制度により保障される（社会保障法典第4編）。なお，被保険者の故意に起因する障害に対しては，障害年金の支給はない（L. 375-1条）。

[415] 被用者が疾病を理由として休業する場合には，3日間の待機期間の後（すなわち，休業の4日目から），疾病保険により傷病手当金（indemnités journalières）を支給される（社会保障法典L. 323-1条，R. 323-1条1項）。保障期間は，最大3年間である（R. 323-1条2項）。傷病手当金の額は，初めの6か月は，原則として，基準賃金日額（休業日前3か月の平均日額賃金）の2分の1である（3人以上の子がある場合，31日目から3分の2）。6か月を超えると，基礎賃金日額の51.49％が支給される（3人以上の子がある場合，68.66％）（L. 323-4条，R. 323-5条2・3項）。傷病手当金は，健康状態が安定していない場合には，障害年金との併給が可能となっている（Mémo social 2008, Groupe Liaisons, 2008, p. 1179.）。

この他，全国レベルの全産業を対象とした労使協定の適用により，使用者から上乗せ的な賃金保障も提供される。この協定による賃金保障制度は，3年間の勤続を支給要件とする。この制度の対象者は，10日間の待機期間の後，はじめの30日間は賃金の90％，次の30日間は賃金の66％を保障される（傷病手当金や他の共済制度から支給される金額の分だけ減額がある）。保障期間は，勤続年数に応じて延長がある。また，産業別協約や企業別協定により，より有利な所得保障が適用されることも多い。以上，社会保障法典の規定の他，中野妙子『疾病時所得保障制度の理念と構造』有斐閣（2004年）6－7頁，Jean-Jacques Dupeyroux, Droit de la sécurité sociale, 15e édition,

び，保険料納入に関する条件が満たされていることが求められる。そのため，障害年金による所得保障を受けることができるのは，被保険者資格を取得してから1年を経た後に障害を負った者に限られ，それ以前に障害を負った者は，保障の対象外となる（これらの者は，後述の成人障害者手当（AAH）を受給することになる）。

なお，障害年金の支給決定は，初級疾病保険金庫（CPAM：Caisse primaire d'assurance maladie）が行うこととなっている（L. 341-7条）。労働・稼得能力が3分の2以上減退しているか否かの判断においては，被保険者の残された労働能力，一般的状況，年齢，身体的精神的能力，そして，その適性や職業訓練が考慮される（L. 341-3条）。

(b) 支給内容

障害年金の額は，被保険者期間のうちで賃金の高かった10年[416]の平均年収を基に計算され，受け取る額は，就労を継続しているか否か，第3者による介護が必要か否かに応じて異なる。

まず，就労が可能な者（カテゴリー1）には，被保険者期間のうちで賃金の高かった10年の平均年収[417]の30％が支給される（L. 341-4条，R. 341-4条）。

次に，就労は不可能だが，第3者の介護を必要としない者（カテゴリー2）には，同平均年収の50％が支給される（L. 341-4条，R. 341-5条）。

最後に，就労が不可能で，第3者の介護を必要とする者（カテゴリー3）には，同平均年収の50％に加え，第3者介護加算として，同平均年収の40％がプラスして支給される（L. 341-4条，R. 341-6条）。

就労所得が期待できない者についてはより高い額の年金が支給され，さらに，第3者による介護が必要な者には，それにかかる費用を考慮して加算がなされることとなっている。

なお，障害年金は，報酬比例年金であることから，算定基礎となる平均賃金が低ければ年金額も少なくなる。そこで，年金額が少額になることを防ぐために，最低保障額がデクレで設定されている（L. 341-5条）[418]。

Dalloz, 2005, p. 484-487を参照。
[416] 被保険者期間が10年に満たない場合には，被保険者期間中の平均賃金。
[417] 保険料の計算の基礎になった賃金。
[418] 最低保障額は，カテゴリー1・2の者については，月額276.39ユーロ，カテゴリー

(c) 支給停止・廃止

障害年金は，一定の条件にあてはまると，支給を停止・廃止される。

まず，障害年金受給者の稼得能力が50％以上となった場合には，支給が停止又は廃止される（L.341-13条，R.341-16条）。次に，障害年金と賃金の合計が，2四半期にわたり，労働の停止の前年における四半期ごとの平均賃金を超えた場合にも，支給の一部又は全部の停止がなされる（L.341-12条，R.341-17条1項）。

なお，年金の支給が停止・廃止される場合であっても，再配置や職業再教育の観点から講習や研修等を受けている場合には，所得の多寡にかかわらず，年金の50％までを受給し続けることができる（L.341-14条，R.341-18条）。

障害年金は，労働・稼得能力の減退に対する保障であるため，稼得能力が回復した場合には，支給の停止・廃止がある。

(d) 財　源

障害年金は，保険料の拠出を前提として，疾病保険から支給される社会保険給付である。疾病保険は，使用者及び被用者が拠出する保険料を主たる財源としている。2012年1月1日現在，保険料率は，使用者負担分が12.8％，被用者負担分が0.75％である[419]。1997年には，一般社会拠出金（CSG：Contribution sociale généralisée）が疾病保険財政に投入されることとなり，以降，CSGが医療財政に占める割合は増加してきている（租税代替化）[420]。

B　無拠出制給付（成人障害者手当〔AAH〕）

以上が，疾病保険から支給される障害年金であるが，他方で，この障害年金の支給条件を満たさず，障害年金を受給できない者も存在する（例えば，就労生活に入る前に重度障害を負った者等）。そこで，障害年金の支給条件を満

　　3の者については，1358.82となっている（2013年1月1日現在）。
419　租税代替化の過程で，被用者負担分は，6.8％から0.75％へと段階的に引き下げられた。
420　疾病保険の財源の租税代替化に関しては，柴田洋二郎「フランス社会保障制度における財源政策──租税代替化（fiscalisation）とCSG」法学66巻5号（2002年）606-608頁，柴田洋二郎「フランスにおける医療保険制度の動向──近年の改革による一般化の実現」海外社会保障研究157号（2006年）64・65頁に詳しい。

たさない者で，かつ，一定の条件を満たす者に対しては，無拠出制の給付として，成人障害者手当（AAH）が支給されることとなっている。AAHは，国による障害者への最低所得保障の制度として性格付けられ，他の給付が支給されない場合に補足的に支給される点に特徴がある。

なお，AAHの支給決定は，MDPH内に設置された障害者権利自立委員会（CDAPH）が行い，支払いは家族手当金庫（CAF）が行うこととなっている。

(a) 支給要件

AAHは，以下の条件を満たす者に対し支給される（社会保障法典L. 821-1条）：

- 年齢：20歳以上の成人[421]；

  ただし，家族手当の受給条件を満たさなくなった場合には，16歳以上20歳未満の者にも支給がある（R. 821-1条）。

- 障害率：80％以上（D. 821-1条1項)[422]；

---

[421] 60歳になると，原則として，AAHに代えて老齢給付（avantage vieillesse）が支給されることになる。しかし，本人の障害率や状態によりAAHの支給が必要とされる場合，老齢手当と満額のAAHの差額分が，差額手当としてCAFから支給される（L. 821-1条6項）。差額手当を受け取りたい場合には，県障害者センター（MDPH）に請求し，障害者権利自立委員会（CDAPH）の決定を受けなければならない。

[422] 障害率を判定する認定基準としては，障害者の機能障害及び能力障害（incapacités）の評価のための基準（社会福祉・家族法典Annex 2-4，以下，評価基準と記す）が用いられる。評価基準は，序文と障害の種類に対応した8つの章で構成されている（各章のタイトルは，下記の通り；第1章：知的障害及び行動困難，第2章：精神障害，第3章：聴覚障害，第4章：言語障害，第5章：視覚障害，第6章：内部障害，第7章：運動機能障害，第8章：審美障害）。

評価基準は，障害を機能障害，能力障害（incapacité），不利（désavantage）の3つの側面から判定することとしている。第1の機能障害は，身体的精神的機能の喪失又は悪化を言い，損傷の側面に対応する。第2の能力障害は，機能障害に起因して生じる諸活動の実現能力の部分的又は全体的減退を言い，諸活動の制限という概念に対応する。第3の不利は，通常の社会的役割の遂行に制限がある，さらには，その遂行が不可能である状態を言う。不利は，機能障害を持ち，能力障害の状態に置かれた者と環境との間の相互作用の結果生じるものとされている。これら3つの側面は，緊密に結びついているが，他方で，それぞれの強さは，必ずしも比較できるものではなく，障害者ごとに大きく異なりうるものとされている。

以上の3つの側面から判定される障害の程度は，以下のような障害率の幅で示され

ただし，障害率が50〜80％の者であっても，1年以上にわたり雇用につけておらず，雇用へのアクセスが実質的永続的に困難な者に対しては，支給がある（L. 821-2条，D. 821-1条2項）。
- 所得（等）要件；
  - AAHと同額以上の高齢・障害を対象とする給付を受給していないこと；
  - AAHの12か月分[423]を超える他の収入（ressources）を持っていないこと（L. 821-3条1項，D. 821-2条1項）。

所得（等）要件において収入として考慮されるのは，フランス国内で受け取った課税所得である。これらに0.8の係数を掛けたものが，収入と認定される。また，カップルの場合には，双方の所得が考慮されることになる[424]。

なお，障害者のために積み立てられた一定の終身年金（rentes viagères）（上限あり）や，家族が介護した場合に障害補償給付（PCH）（人的支援）によって支払われる賃金，労働支援機関・サービス（ESAT）によって支払われる利益配分手当等は，この計算から排除される（R. 821-4条Ⅱ1º）。また，通常

る。すなわち，軽度：障害率1〜15％，中度：障害率20〜40％，中重度（important）：障害率50〜75％，重度（sévère ou majeure）：障害率80〜90％である。章ごとに，3ないし5段階の区分が用意されているが，4段階の区分が一般的である。障害率が50％や80％に達すると，AAHを含む様々な給付の受給が認められることになる。なお，障害率50％とは，社会生活における顕著な不自由を引き起こす中重度（important）の障害のことを指す。中重度の障害は，まず，生活の中で具体的に見られるものでなければならない。そして，社会生活の維持のために，補われ得るものであるが，そのためには多大な努力と特別な補償が必要である状態を指す。加えて，中重度の障害では，日常生活の基本的行為において，自立は維持された状態にあるとされる。他方，障害率80％は，日常生活に重大な支障を引き起こし，個人の自立を侵害するような重大な障害のことを指す。障害者が，日常生活において自分ですべき活動（行為）を行うにあたり，全部又は一部，支援を必要とする場合，監視を必要とする場合，又は，重大な困難がある場合に，障害率は80％に達しているとされる。最後に，障害率100％は，例えば，植物状態や昏睡状態のような完全な能力障害の状態を指す。

423 上限は，カップル（法律婚・事実婚・PACS）の場合は2倍となる。また，扶養すべき子供1人につき，この上限の0.5倍が加算される（D. 821-2条2項）。

424 Code du Handicap 2011, *op. cit.*, p. 111. なお，所得に0.8を掛ける措置は，2007年7月10日のデクレ（Décret nº 2007-1080 du 10 juillet 2007）3条により挿入されたものである。

の労働市場での就労により得た所得も，その一部が控除される（L. 821-3条2項）。2005年の法改正以前には，就労所得を控除する規定はなく，AAHを受給している障害者の就労インセンティブを阻害していた。そこで，就労所得の控除を導入することで，この点が改善されることとなった[425]。控除は，現在，以下の計算方法で実施されている。すなわち，月の平均収入が，151.67時間で計算される最低賃金月額の30％以下である場合には，80％の控除がなされ，月の平均収入が，上記月額の30％を超える場合は，40％の控除がなされる（D. 821-9条)[426]。

(b) 支給内容

AAHの月額は，満額で776.59ユーロである（2012年9月現在)[427]。他の年金・手当や所得（上記計算後のもの）等がある場合には，満額のAAHとこれらの差額分が支給されることになる（D. 821-2条3項）。すなわち，AAHと他の所得との合計がAAHの額を超える場合には，超えた部分だけ，AAHは減額される。また，AAHの支給額は，医療施設や福祉施設に入所して60日が

---

[425] 就労所得の控除制度の導入は，とりわけ，パートタイムで働く障害者にとって，喜ばしいものであった。控除導入前は，パートタイム就労によって得た収入（通常，わずかな額）の分だけAAHの減額がなされ，障害者のパートタイムでの就労を阻害していた。Projet de Loi pour l'égalité des droits et des chances, la participation et la citoyenneté des personnes handicapées, n° 183, Sénat（2004）．

[426] 控除は，2010年11月12日のデクレ（Décret n° 2010-1403 du 12 novembre 2010 modifiant les modalités d'évaluation des ressources prises en compte pour le calcul des droits à l'allocation aux adultes handicapés, JORF n° 0265 du 16 novembre 2010, p. 20419 ）による見直し以前は，就労による所得が法定最低賃金（SMIC）の300倍未満のときは40％，300倍以上700倍未満のときは30％，700倍以上1100倍未満のときは20％，1100倍以上1500倍未満のときには10％の割合で行われることとなっていた（旧D. 821-9条）。この計算方法は，複雑であったため，政府は，控除の仕組みを単純化することを目指し，現在では，上記の方法により控除がなされている。

[427] Sarkozy元大統領は，14億ユーロの追加的予算を充て，2012年までにAAHの水準を25％引き上げるという目標を掲げた。その第1段階として，2008年9月には，3.9％の引上げがなされ，AAHの月額は652.60ユーロとなった（Décret n° 2008-988 du 18 septembre 2008 relatif à la revalorisation de l'allocation aux adultes handicapés et de ses compléments, JORF n° 0221 du 21 septembre 2008, p. 14637）。以降，半年ごとにAAHの支給水準の引上げがなされ，2012年9月，AAH月額は776.59ユーロに達することとなった。

経過すると，原則として，その月の初日から，30％に減額される（L. 821-6条1項，R. 821-8条Ⅰ）。

なお，AAHは，一般の社会扶助給付とは異なり，資力を取り戻した場合に受給者本人に課せられる，あるいは，受給者から贈与や遺贈を受けた場合に受贈者や受遺者に課せられる，返還（récupération）や回収（recouvrement）の対象とはされていない[428]。この点において，AAHは，一般の社会扶助給付とは区別されている。

(c) AAHを補足する手当

以上のような内容のAAHに加えて，2005年法では，障害者の自立生活の促進を目的として，新たに2つの手当が導入された。1つめが，所得補足手当（Complément de ressources）であり，もう1つが，自立生活加算（MVA：Majoration pour la vie autonome）である[429]。

(i) 所得補足手当（Complément de ressources）

1つめの所得補足手当は，働くことのできない障害者に支給されるもので，永続的な就労所得の不在を補う機能を持っている。月額は，179.31ユーロ（2012年9月1日現在）であり，以下の条件を満たすAAH受給者が対象となる（L. 821-1-1条）：

－障害率が80％以上である；
－60歳未満である；

---

[428] 社会扶助給付は，受給者の所得が不足する場合に初めて支給されるという補足的性格を有している。そのため，社会扶助給付については，受給者本人が資力を回復した場合や，相続財産を得た場合，並びに，受給者が遺産を残した場合（請求は受遺者や受贈者に対してなされる）に，給付の返還・回収が行われることとなっている（社会扶助・家族法典L. 132-8条）。Michel Borgetto et Robert Lafore, op. cit., p. 182. しかし，AAH，及び，次のAAHを補足する手当については，この返還・回収は行われない。Handicap Le guide pratique, op. cit., p. 218. 社会保障（sécurité sociale）制度から支給される無拠出制給付の中では，高年齢者連帯手当（allocation de solidarité pour les personnes âgées）のみが，一定の条件の下で，返還の対象とされることとなっている。稲森公嘉「フランスの社会扶助給付回収制度について」法学論叢164巻1～6号（2009年）546-547頁。

[429] これらは，従来のAAH補足手当（Complément d'AAH）に代わるものと位置付けられている。

- 労働能力が5％未満である（D. 821-4条）；
- 1年以上にわたり就労所得を得ておらず，就労活動をしていない（同上）；
- 独立した住居を持っている；
- 満額のAAH又は他の年金等を補足するAAHを受給している。

なお，所得補足手当は，医療施設や福祉施設に入所して60日が経過すると，原則として，支給が停止される（R. 821-8条Ⅱ）。

所得補足手当と満額のAAHとの合計は，955.90ユーロであり（2012年9月1日現在），これが，働くことのできない障害者への所得保障として機能している。この額は，税等控除後の法定最低賃金（SMIC）の約80％に相当する。

(ii) 自立生活加算（MVA）

他方，MVAは，働くことはできるが働いていない障害者の自立生活の促進を目的として支給されるものである。上記の所得補足手当との併給はできない。月額は，104.77ユーロ（2012年9月1日現在）であり，以下の条件を満たす者を対象とする（L. 821-1-2条）：

- 障害率が80％以上である；
- 個別住宅支援を受ける独立した住居を持っている；
- 満額のAAH又は他の年金等を補足するAAHを受給している；
- 就労活動による所得を得ていない。

MVAは，働くことができるが働いていない者に支給される給付であるが，特に，支給期間に関する条件は定められていない。ただし，MVAも所得補足手当と同様に，医療施設や福祉施設に入所して60日が経過すると，原則として，支給は停止される（R. 821-8条Ⅱ）。

(d) 財　源

AAH及びその補足手当は，家族手当金庫（CAF）から支給される。CAFからは，家族政策に関連する給付と貧困対策（lutte contre précarité）に関連する給付とが支給されるが，前者が，社会保険料及び一般社会拠出金（CSG）を主たる財源とするのに対し，後者は，国や自治体からの分担金を財源とする。AAHは後者に属し，国が，全国家族手当金庫（CNAF：Caisse national d'allocations famililiales）に対し，AAH及びその補足手当の支給分を出資する構造に

なっている（L. 821-5条）。

3 まとめ

　フランスでは，障害者への所得保障制度として，社会保険給付として疾病保険から支給される障害年金，及び，無拠出制給付として家族手当金庫（CAF）から支給される成人障害者手当（AAH）の2つが，重要な位置を占めている。

　まず，両者の関係から見ると，障害年金の支給要件を満たす者には，疾病保険から拠出制の障害年金が支給され，その要件を満たさない者には，国が行う最低所得保障として無拠出制の成人障害者手当（AAH）が支給されるという構造が見られる。このAAHの補足的な性格によって，少なくとも障害率が80％以上の障害者については，本人及び配偶者の収入が一定額以下の場合に，公的な所得保障が何もなされないという状態に置かれることはない。

　次に，障害年金及びAAHのそれぞれについて，その特徴を整理すると，以下の点を指摘することができる。まず，障害年金は，「労働・稼得能力の減退」を保障リスクとする社会保険給付である。社会保険給付であることから，これを受給するためには，事前の社会保険料拠出等の一定の要件を満たしていなければならない。すなわち，障害年金の受給には，①12か月以上の被保険者期間があること，②直前の12か月（又は365日）に800時間の労働時間（見なし労働時間を含む）がある，又は，法定最低賃金（SMIC）の2030倍にあたる賃金に課せられる保険料を納付していること等の要件を満たしていることが必要である。社会保険に加入する機会を得られなかった者（例えば，就労生活に入る前に重度障害を負った者等）は，障害年金の支給の対象外となる。

　他方，以上のような障害年金を受給できない者等に対して，補足的に支給されるのが，成人障害者手当（AAH）である。AAHは，無拠出制の公的扶助給付であり，国による障害者への最低所得保障制度としての性格付けがなされている。原則として，AAH満額の12か月分以上の収入を持たない，障害率80％以上の重度障害者を支給対象とするが，障害率50％〜80％の者についても，1年以上にわたって雇用に就くことができていない場合には，AAHの支給が認められる。中程度の障害者についても，就労との関係で保障の必

要性が高い場合には，AAHが支給されることとなっており，単純に，障害率のみで支給が決まることにはなっていない。

なお，AAHの支給を受けるには，AAHの12か月分を超える他の収入がないことが必要である（所得〔等〕要件）。また，AAHの12か月分に満たない就労所得等の他の収入がある場合には，その分だけ，AAHの減額がなされることになる。しかし，就労所得については，障害者の就労インセンティブを削ぐことがないように，収入認定に際して，その一部が，一定の割合で控除されることとなっている（2005年法により導入）。こうした計算方法によって，AAH受給者が働いたことが無にならないよう，配慮がなされている。

この他，働いていない障害者に対しては，AAHを補足する手当として，所得補足手当又は自立生活加算（MVA）が支給されることとなっている。特に，永続的な就労所得の不在を補う所得補足手当とAAHとの合計額は，働くことのできない障害者にとっての最低所得保障額となっており，重要な意味を持っている。

第3節　障害に起因する特別な費用の保障
——障害補償給付

以上で検討した給付（特に，成人障害者手当〔AAH〕）は，障害者の基本的生活を支えるために必要な所得を保障するためのものであるが，他方で，障害者には，障害の結果生じる特別な費用（例えば，福祉サービスの利用費や装具の購入費等）がかかることがある。こうした特別な費用によって，障害者の生活が損なわれないようにする必要がある。

2005年法は，この「障害の結果生じる特別な費用」を保障するために，新たに，障害補償給付（PCH）を創設した。PCHの創設は，2005年法の目玉の1つであったが，これが，障害者の生活に与えた影響は大きい。第3節では，この新たに創設されたPCHを紹介，分析したい。

1　沿　革

障害補償給付（PCH）は，2005年法によって，新たに創設された給付である。ペリュシュ判決以降の議論の中で，PCHが創設されることとなった背

景の詳細については、本章第2節1を参照されたい。

なお、PCHが創設される以前にも、フランスには、補償手当（AC：Allocation compensatrice）と呼ばれる給付が存在していた（1975年法により創設）。これは、恒久的な障害率が80％以上で、日常生活の基本的な動作について第3者の介護を必要とする者、又は、職業活動や公選の職務に従事する際に特別な費用がかかる者に支給されていた給付であり（旧社会福祉・家族法典L.245-1条）、障害者の介護費用等は、このACによって補償されていた。

しかしながら、ACには、所得要件が課せられていたため（同L.245-6条）、介護ニーズを有するすべての障害者にACが支給されてはいなかった。また、ACが補償するのは、第3者による介護に必要な費用、及び、職業活動や公選の職務に従事する際にかかる特別な経費のみであった。そこで、2005年法において、こうしたACの問題点を解消した、ACに代わる新たな給付を創設することが試みられることとなった。そうして創設されたのが、所得制限がなく、給付範囲もより広いものとなったPCHである。

2　現行制度

(1)　支給要件

障害補償給付（PCH）は、障害の種類や原因、在宅か施設入所か[430]を問わず、その支給が認められるものである（社会福祉・家族法典L.245-1条）。障害の結果、生活の基本的活動（行為）の1つ[431]を行うことが極めて困難である者[432]、又は、基本的活動（行為）の少なくとも2つを行うことに重大な困難がある者[433]が、支給の対象となる（社会福祉・家族法典Annexe 2-5の1）[434] [435]。

---

[430] 医療施設や福祉施設に入所している場合の支給条件・支給額は、別途、デクレで定められる（L.245-11条）。

[431] 基本的活動（行為）は、①可動性（起立、歩行、住宅内の移動、外出等）、②セルフケア（着衣、食事、排泄、入浴）、③コミュニケーション（発話、聞く、見る、コミュニケーションツールの利用）、④一般的責務と要請（tâches et exigences générales）・他者との関係（時間の把握、空間の把握、安全の確保、他者との関係において行動を抑制できる）の4つに大きく分類される（社会福祉・家族法典Annexe 2-5の1(a)）。

[432] 「極めて困難である」とは、自分の力ではある行為を全くできない場合を指す。

[433] 「重大な困難がある」とは、ある行為をかろうじてできる、あるいは、通常よりも損なわれた方法でしかできない場合を言う。

2005年法の当初案では、障害率80％以上の者を支給対象とする旨が定められていた。しかし、障害率は、主として医学的に判断されるもので、それぞれの環境に応じた障害者の具体的なニーズを考慮するものではないとして、多くの障害者からの批判の対象となった[436]。そこで、上院の修正において、障害率ではなく、障害者の持つ補償に対する「ニーズ」をPCHの支給基準とする旨の変更がなされることとなった[437]。この補償に対する「ニーズ」を考慮に入れた基準として、「困難」が採用されている。障害率ではなく、生活の基本的活動（行為）における「困難」が、支給要件となっている点に、特徴があると言える。

なお、この困難は、永続的なもの、又は、1年以上継続することが予測されるものでなければならないが、障害者の状態が安定している必要はないとされている（Annexe 2-5の1(b)）。また、困難の水準は、健康に問題のない同年齢の者の活動（行為）の実現を参照しつつ、障害者の機能上の能力や、支援がない場合の能力を分析して決定されることとなっている。決定に際しては、長期に進行し、困難を悪化させうる症状（痛み、不快、疲労、緩慢等）も考慮される（Annexe 2-5の2）。

(2) 給付の種類

PCHには、①人的支援（aides humaines）、②技術的支援（aides techniques）、③住宅・自動車の改修費支援・交通に係る超過費用（aménagement du logement, du véhicule et surcoûts resultant du transport）、④特別・例外的負担（charges spécifiques ou exceptionnelles）、⑤動物による支援（aides animalières）の5種類がある（L. 245-3条）。これらは、障害者の選択により、金銭給付又は現物給付で支給される（L. 245-1条Ⅰ1項）。

---

[434] PCHの支給対象は、原則として、60歳未満の者である（20歳未満の者も障害児教育手当〔AEEH〕の支給基準を満たせば、支給対象となる）。ただし、60歳までに障害を負った者については、75歳までPCHの受給ができる（L245-1条., D. 245-3条）。

[435] ただし、社会保障制度から同じ性格の給付がある場合には、減額がある（L. 245-1条Ⅰ2項）。例えば、カテゴリー三の障害年金受給者に支給される第三者介護加算を受け取っている場合には、PCHの減額がある。

[436] Rapport, n° 210, Sénat（2003-2004）.

[437] Rapport, n°1599, Assemblés Nationale（2004）.

A 人的支援

　まず，人的支援は，生存のための基本的活動（行為）[438]に第3者の支援，あるいは，定期的な訪問（surveillance）[439]が必要な場合，さらには，職業活動や公選の職務の遂行に追加的費用[440]が係る場合に，支給されるものである（L. 245-4条）。しかし，職業活動や公選の職務の遂行に係る追加費用に，労働ポストでの付き添い費用（frais liés à l'accompagnement de la personne sur son poste de travail）は，含まれていない（R. 245-6条）。

　人的支援では，個別自立手当（APA：Allocation personnalisées d'autonomie，高齢者の福祉サービスの利用を保障する金銭給付）では認められる家事支援（日常の用足し，食事の準備，掃除，洗濯，アイロン等）は負担されないこととなっている。ただし，家事支援に対するニーズは，1か月に30時間の範囲内で，県が提供する社会扶助（Aide sociale départementale）によって負担される（所得制限あり）[441]。

　人的支援は，障害者の選択に基づき，直接雇用した1人又は複数の被用者に賃金を支払うため（家族に賃金が支払われることもある[442]），又は，承認さ

---

[438] 生存のための基本的活動（行為）としては，①入浴，着衣，食事，排泄といった個人の行為，②住宅内の移動（移動，歩行，階段の昇り下り，車椅子の操作），又は，障害者本人の立ち会いを必要とする障害関連の手続きを行うための外出，③社会生活への参加（外出，余暇・文化等にアクセスするためのコミュニケーション）があげられる。Code du Handicap 2011, *op. cit.,* p. 46.

[439] 定期的な訪問は，障害者の安全が危険にさらされることがないように行われる。1つ又は複数の知的，精神的機能，認知機能の実質的，永続的又は決定的な悪化により，危険にさらされている者がこの対象となる。また，基本的行為の大部分についてのトータル支援，治療や日常生活の運営への支援に対するニーズのために，（ほぼ）恒常的に他者の存在を必要とする者も対象となる。Code du Handicap 2011, *op. cit.,* p. 46.

[440] 例えば，手話通訳者による支援等，コミュニケーションを保障するための支援が，ここに含まれる。*Ibid.*

[441] *Ibid.*

[442] 配偶者（事実婚，PACSを含む），又は，1親等内の扶養義務を負う親族を雇い，賃金を支払うことは，原則としてできない。しかし，障害者の状況が，必要不可欠な行為のほとんどについて支援を必要としている場合には，配偶者，又は，1親等の扶養義務者による介護にも人的支援を利用できる（R. 245-8条）。

表12　人的支援の種類及び単価（2009年2月現在）

支援の種類		時間単価	上限（月額）
家族支援者（1）	就労しておらず，就労にいかなる影響もない者	3.36€	865.05€
家族支援者（2）	介護のために，就労活動の全部又は一部を停止している者	5.05€	865.05€
直接雇用	1人の被用者につき週40時間まで	11.57€＊	被用者1人につき1851.20€（被用者4.2人で7775.04€）
委任方式	使用者としての事務は非営利組織（association）が行う。障害者自身が，使用者。	12.73€	9165.06€（30日の給付に対して）
派遣方式	非営利組織がすべての事務を行い，非営利組織が使用者。	17.19€	1万2376.08€（30日の給付に対して）

＊　直接雇用の場合，サービスを利用する障害者は労働契約上の使用者となる。この単価には，障害者が使用者として負担する社会保険料分も含まれている。

出典；MDPH77（Saine‐et‐Marne県）作成資料

れた在宅支援サービスに利用料を支払うために使用される。また，人的支援として，家族支援者を選択することもできる（L. 245-12条）。この家族支援者には，PCH受給者の配偶者（事実婚，PACSを含む），又は，4親等内の親族がなることができる（R. 245-7条）。

　支給額は，在宅支援者を直接雇用する場合には，1時間につき11.57ユーロである（2009年2月現在）。在宅支援サービスに利用料を支払う場合は，契約の締結方法[443]として委任方式（service mandataire）を利用する場合には1時

---

[443] 居宅サービスを利用する場合，契約の締結方法には，委任（mandataire）方式と派遣（prestataire）方式とがある。委任方式では，利用者，サービス提供団体・CCAS（市町村社会福祉センター），そして，ホームヘルパーの3者が関わる。この場合，利用者とホームヘルパーとの間で，利用者を使用者，ホームヘルパーを被用者とする労働契約が締結されるが，利用者は，ホームヘルパーの使用者としての行為・管理事務をサービス提供団体に委任する。そして，その委任に基づき，当該団体は，ホームヘルパーの使用者としての義務を代行すると同時に，派遣するホームヘルパーを決定する。他方，派遣方式は，利用者が，サービス提供団体やCCASとホームヘルパーの派

第3節　障害に起因する特別な費用の保障——障害補償給付　　227

間につき12.73ユーロ，派遣方式（service prestataire）を利用する場合には1時間につき17.19ユーロとなる（ただし，別途県議会が価格を定めている場合は，この限りではない）。そして，家族支援者を利用する場合には，1か月につき865.05ユーロの範囲内で，1時間3.36ユーロが支払われる（職業活動を全部又は一部停止している場合には，1時間5.05ユーロ）。

　なお，社会保障制度から同じ性格の給付がなされる場合，その給付の分だけ，PCHは減額される（R.245-40条）。例えば，カテゴリー3の障害年金を受給している場合（すなわち，第3者による介護を必要とする障害者に支給される第3者介護加算を受給している場合），この加算分だけ，人的支援の支給額は減額されることになる。

B　技術的支援

　技術的支援は，障害者の活動（行為）の制限を補う器具（instrument），設備（équipement），そして，特別仕様の技術システムの購入・レンタルに係る費用に対する支援を行うものである（D.245-10条）。

　2005年12月28日のアレテ[444]に記されたリスト（Annexe I-2）にあるもの，及び，疾病保険の払戻対象製品・給付リスト（LPPR：Liste de produits et prestations remboursables）にあるものが，技術的支援で負担される[445]。

　技術的支援は，それが，①1つ又は複数の活動（行為）について障害者の自立を維持・改善する場合，②障害者の安全を保障する場合，又は，③支援者の介入を容易にするために必要な手段を実施する場合に支給される。また，技術的支援は，障害者の生活習慣や環境も考慮に入れた障害者のニーズに適

　　遣契約を締結するものである。この契約に基づき，当該団体は，使用しているホームヘルパーを利用者に派遣する。嵩さやか「フランスにおける社会福祉サービスと契約への規制」岩村正彦編『福祉サービス契約の法的研究』信山社（2007年）158-159頁。
[444]　社会福祉・家族法典L.245-3条2°，3°，4°及び5°に定める補償給付の諸要素の料金を定める2005年12月28日のアレテ：Arrêté du 28 décembre 2005 fixant les tarifs des éléments de la prestation de compensation mentionnés aux 2°, 3°, 4° et 5° de l'article L. 245-3 du code de l'action sociale et des familles, JO n° 303 du 30 décembre 2005, p. 20533.
[445]　複数の同等の選択肢がある場合には，個別補償プランで最も安価なものが選ばれる。Guide des personnes handicapées (édition 2008), La documentation Française, 2008, pp. 106-107.

合していること，また，そのニーズを満たすものであることが求められる[446]。

上記アレテに記載されたものについては価格の75％までが，疾病保険の払戻対象製品・給付リスト（LPPR）に掲載されているもの（すなわち，疾病保険からの償還があるもの）については，疾病保険で償還されない部分が，技術的支援によって保障される。原則として，3年間で最高3960ユーロ（2013年1月現在，以下同じ）が支給される[447]。

C　住宅・交通に対する支援

住宅に対する支援には，障害者の自立の維持・改善の観点から行われる住宅の改修や，アクセシビリティの確保された住宅への引越しに係る費用等が含まれている（D. 245-14条）。

住宅の改修は，日常生活で使用する場所（寝室，居間，台所，トイレ，浴室）だけでなく，場合によっては，就労活動や余暇に当てている部屋についても行われうる。また，必要な場合には，教育や育児を行う上で必要な改修も行われうる[448]。住宅の改修が不可能な場合や，コストがかかりすぎる場合には，障害者は，アクセシビリティの確保された住宅への引越しを選択することができ，その引越しの費用が，PCHにより補償される。住宅の改修費としては，10年間で最高1万ユーロ[449]が支給され，引越しの費用としては，10年間で3000ユーロまでが支給される。

交通に対する支援としては，①自動車（障害者自身が運転する車，又は，同乗する車）の改修費用への支援，及び，②交通に係る超過費用に対する支援がある（D. 245-18条）。後者の交通に係る超過費用には，日常的に必要な交通費だけでなくバカンス（départ annuel en congés）に係る費用も含まれるとされる（D. 245-20条）。

自動車の改修費としては，5年間で最高5000ユーロ[450]が支給される。交

446　Code du Handicap 2011, *op.cit.*, pp. 50・51.
447　支給額については，http：//vosdroits. service-public. fr/を参照（以下，同じ）。
448　Code du Handicap 2011, *op.cit.*, pp51-52.
449　住宅改修費が1500ユーロまでは，費用の100％，1500ユーロを超えると，費用の50％が障害補償給付（PCH）により支給される。

通費の支援については、1キロメートルにつき0.50ユーロの支給がある。その他の交通手段の利用については、費用の75％までがPCHにより保障される。交通費の支援の上限は、5年間で5000ユーロである。ただし、自宅と職場との間、及び、自宅と病院や社会福祉施設との間の移動を第3者に頼んでいる場合、あるいは、その距離が往復50キロメートル以上の場合には、上限は1万2000ユーロに引き上げられる。

D　特別・例外的負担

特別負担には、障害に起因する恒久的・予見可能な費用で、他の項目でカバーされない費用が含まれる[451]。他方、例外的負担には、一時的な費用で、他の項目でカバーされない費用が含まれる[452]（D. 245-23条）。

特別負担としては、費用の75％まで、1か月につき最大100ユーロが、例外的負担としては、3年間で最大1800ユーロが支給される。

E　動物による支援（盲導犬・介助犬）

動物による支援は、それが障害者の自立生活の維持・改善に貢献する場合に認められるものである（D. 245-24条）。盲導犬や介助犬に係る費用の支給を受けるには、盲導犬・介助犬が、認証を受けた機関で、資格ある指導員によって訓練されていなければならない（L. 245-3条5°）。

最大支援額は、5年の期間ごとに3000ユーロ、又は、1か月につき50ユーロである。

(3) 補償給付の内容決定手続き

PCHに関する手続は、各県に設置されている県障害者センター（MDPH）で行われる。PCHの支給を希望する者は、障害者にとってのワン・ストップ・サービスであるMDPHに赴けば良い（R. 146-25条）。支給決定は、MDPH内に設置された障害者権利自立委員会（CDAPH）が行う（L. 245-2条）。

---

[450]　自動車の改修費が1500ユーロまでは、費用の100％、1500ユーロを超えると、費用の75％が障害補償給付（PCH）により支給される。
[451]　例えば、栄養剤の購入や車椅子等の維持費。
[452]　例えば、医療用ベッドの修理費。

PCHの内容の決定に際しては，まず，障害者本人が，生活計画（projet de vie）を作成し，自らのニーズを提示する（L. 114-1-1条，R. 146-26条）[453]。そして，それを基にMDPH内に設置される学際チーム（équipe pluridisciplinaire）[454]が，本人又は法定代理人[455]の意見を聴取し，話し合いを行いつつ，障害者の補償に対するニーズの評価を行い[456]，個別補償プラン（Plan personnalisé de compensation）を作成することとなっている（例えば，人的支援に必要な時間数が，ここに書き込まれることになる）（L. 146-8条，R. 146-28条，R. 146-29条1項）。

なお，障害者の補償に対するニーズの決定に際しては，障害者本人が作成した生活計画の他に，次の2つが考慮されることとなっている。1つめは，活動（行為）や参加を「制限」している要素として考慮されるもので，機能障害や関連するトラブル，能力障害（incapacité），及び，環境が，ここには含まれる。2つめは，活動（行為）や参加を「容易」にしている要素として考慮されるもので，障害者自身の潜在的能力（capacités）や獲得能力（compétences：過去の経験や獲得した知識），環境（家族環境，社会的環境，文化的環境を含む），そして，既に実施されているあらゆる種類の支援（人的支援，技術的支援，住宅の改修等）が，ここには含まれる（社会福祉・家族法典Annexe 2-5の3）[457]。

---

[453] 本人が，自らの意思を表明することができない場合には，法定代理人が生活計画を作成する（L. 114-1-1条3項）。

[454] 学際チームを構成しうる者としては，医療又はパラメディカルの専門家，心理学，ソーシャルワーク，学校教育・大学教育，雇用・職業訓練の分野の専門家が挙げられている。このような多様な分野の専門家からなる構成によって，請求がどんな種類のものであれ，また，障害の種類が何であれ，障害者の補償ニーズが測られることとなっている。なお，学際チームの構成は，補償ニーズの評価を受ける障害者の持つ障害の性質に応じて異なる（L. 146-8条，R. 146-27条）。

[455] 未成年の場合は，両親。ただし，未成年者自身に，判別・識別能力がある場合には，未成年者本人に意見の聴取が行われる。

[456] 評価に際しては，障害者本人，その両親又は法定代理人は，自らが選任した者による援助を受けることができる。

[457] 具体的な障害者のニーズの評価にあたっては，GEVA（Guide d'EVAluation，評価手引き）が参照される（社会福祉・家族法典L. 146-8条）。GEVAには8つの側面が含まれており，これにより，障害者のおかれた状況全体を考慮することが可能とされてい

個別補償プランが確定すると，同プランは，本人又は法定代理人に通知されることとなる。その際，本人又は法定代理人には，同プランに対する意見表明のために15日間が与えられる。そして，最後に，同プランと意見書がCDAPHに送られ，CDAPHが，PCHの支給に関する最終的な決定を行うこととなる（R. 146-29条3項）。

個別補償プランの作成に障害者本人が積極的に参加できる手続きとなっているが，これは，2005年法が立脚する「障害者を制度の中心に据える」という原則に従ったものである。

(4) 自己負担率

PCHの支給には，所得（収入）要件は課せられておらず[458]，PCHには，普遍的給付（prestation universelle）としての性格が与えられている。「障害の結果生じる特別な費用」は，所得にかかわらず生じるものであるという観点から，

る。8つの側面とは，①家族や社会的身分，収入に関する側面，財政的側面，②住居や生活環境に関する側面，③教育や職業に関する側面，④医学的側面，⑤心理学的側面，⑥活動（行為）や機能に関する側面，⑦実施されている支援に関する側面，⑧総合的観点から見た側面，である。特に，活動（行為）や機能に関する側面では，活動（行為）の遂行における困難の有無，実際に活動（行為）を実現している程度，活動（行為）の実現を容易にする要因，さらには，困難にする要因等が詳細に検討されることとなっている。

GEVA（評価手引き）のモデルは，Arrêté du 6 février 2008 relatif aux références et nomenclatures applicables au guide d'évaluation des besoins de compensation des personnes handicapées prévu à l'article R. 146-28 du code de l'action sociale et des familles, JORF n° 0106 du 6 mai 2008, p. 7489（社会福祉・家族法典R. 146-28条に定められた，障害者の補償ニーズの評価ガイドに適用される基準及び目録に関する2008年2月6日のアレテ）のAnnexe 2で定められている。

[458] PCHは，給付の返還や回収（注428を参照のこと）の対象にならないことも重要である（L. 245-7条2・3項）。PCHにおいては，社会扶助の原則の修正がなされている。なお，PCHの前身である補償手当（AC）において，既に，受給者が資力を取り戻した際の回収は，廃止されていた（2002年社会現代化法54条）。また，これ以前にも，相続人が，配偶者，子，又は，障害者の介護を実際に絶えず引き受けていた者である場合には，受給者の遺産に対する返還請求は，行わないこととされていた（1975年法39条Ⅱ）。社会扶助給付の返還・回収に関しては，前掲・稲森論文（2009年）530-551頁が詳しい。

所得（収入）要件は設けられていないが，この点は，PCHの重要な特徴であると言える。

しかしながら，PCHの支給には，受給者の収入に応じて異なる負担率が課せられている。すなわち，収入が 2 万4698.40ユーロ（2010年 1 月 1 日現在）以下の者の自己負担率は 0 ％であるのに対し，これを超える収入を有する者の自己負担率は20％とされている（L. 245-6条 1 項，R. 245-46条，2005年12月28日のアレテ 1 条[459]）[460]。ただし，負担率の決定に際し考慮される収入に，以下のものは含まれないこととなっており（245-6条 2 項），「障害の結果生じる特別な費用」を有する障害者への配慮がなされている：

- 本人の就労所得；
- 労災被害者及びその被扶養者に支給される一時金や給付，終身年金；
- 一定の代替所得（法令又は協約に基づく高齢・障害に対する給付）；
- 配偶者（事実婚，PACSを含む），同居し実際に支援を行っている家族支援者，両親（同居の場合）の就労所得；
- 終身年金（障害貯蓄契約や遺族年金）（本人，または，両親・法定代理人・祖父母・兄弟姉妹・子が本人のために設定したもの）；
- 固有の目的を有する一定の社会給付（例：家族給付，住宅手当等）。

なお，この点に関しては，立法過程において，非常に活発な議論が展開された。2005年法の当初案では，プラグマティックな観点から，障害者の収入に応じて，自己負担率と支給額とが設定される旨が規定された。しかし，これに対しては，多くの障害者から，2002年の反ペリュシュ判決法が示した「国民連帯による障害補償原則」に反するとして批判が寄せられることとなった。そこで，こうした批判を勘案して，上院の報告書において，障害者の収入を考慮する場合には，その範囲を厳格に決めなければならない旨が提示された。そして，上院での修正において，自己負担率の決定に際して考慮する収入は限定することが決められ，配偶者の所得，就労所得，終身年金，固有の目的を有する一定の社会給付については，収入の計算に含めないこと

---

[459] Arrêté du 28 décembre 2005 fixant les taux de prise en charge mentionnés à l'article L. 245-6 du code de l'action sociale et des familles, JORF n° 303 du 30 décembre 2005 p. 20544.

[460] この場合にも，自己負担額は，税等控除後の個人所得の10％を超えないこととされている（L 146-5条 2 項）。

第3節　障害に起因する特別な費用の保障──障害補償給付

とされた。その後，さらに，国民議会の報告書において，特に，障害年金や労災補償給付は，補償給付の計算に際して算入される所得から排除すべきであることが提案され，最終的に，上記の収入については，PCHの支給に際して参照される収入には，算入されないこととなった[461]。

こうした議論を経て，PCHの支給に際しては，本人又は家族の就労所得や就労所得に代わる代替所得（障害年金等），及び，目的の明確な社会給付等が，収入計算から排除されることとなった[462]。この結果として，現在，非常に多くの障害者が，自己負担率0％で福祉サービス等を利用できることとなっている。

ただし，PCHには支給上限がある。そのため，自己負担率0％の場合にも完全に自己負担がないわけではない。すなわち，支給上限を超える部分については，利用者本人が負担しなければならない。そこで，特に，低所得者等に対する配慮から，PCHの支給に加えて，各県のMDPHが管理運営する障害補償基金（FDC：Fonds départemental de compensation）[463]から支援がなされることとなっている（L. 146-5条）。なお，FDCが提供する支援の支給要件は，各FDCが決定するため，全国で統一ではない。また，支援の額も，各県で異なっている。

(5) 財　源

PCHの予算は，全国自立連帯金庫（CNSA）が負担することとなっている。CNSAは，2004年6月30日の法律によって創設された新しい公的機関であり，高齢者及び障害者への支援の予算を負担する任を負っている[464]。

461　Rapport, n° 210, Sénat（2003-2004）. Projet de loi adopté par le sénat, n° 1465（2004）. Rapport, n° 1599, Assemblés Nationale（2004）.
462　逆に，算入される収入としては，有価証券収入や，不動産収入等の資産収入が挙げられる。
463　FDCには，県，国，その他の地方公共団体，疾病保険の機関，家族手当金庫，共済法典で規定された機関，障害者職業参入基金管理運営機関（AGEFIPH），その他の関係する法人等が出資を行う（L. 146-5条3項）。
464　CNSAは，行政的性格を有する全国レベルの公的機関である（L. 14-10-2条）。2004年法により創設され，2005年法によって，その使命は，強化・明確化された。高齢者及び障害者の自立支援のために予算を負担する他，全国における高齢者・障害者間の

CNSAの財源の1つは，自立連帯負担金である。この負担金は，上述のとおり[465]，高齢者及び障害者の自立支援のための予算を捻出するために，CNSAの創設と同時に，2004年法によって創設されたものである。同じく2004年法によって創設された「連帯の日」に働いたことで生じる収益が，自立連帯負担金として企業から徴収される。これが，PCHの財源となっている。

CNSAの財源には，他に，一般社会拠出金（CSG）の0.1％，年金金庫からの分担金，高齢者にあてられる疾病保険予算からの移転分，障害者にあてられる疾病保険予算からの移転分がある[466]。

3　まとめ

2005年法によって新たに創設された障害補償給付（PCH）は，「障害の結果生じる特別な費用」を保障することを目的とする給付である。生活の基本的部分を保障する成人障害者手当（AAH）とは，明確な役割分担がなされている。以下で，PCHの特徴を整理しておきたい。

まず，PCHには，5つの種類（①人的支援，②技術的支援，③住宅・自動車の改修費支援・交通に係る超過費用，④特別・例外的負担，⑤動物による支援）が存在している。これらうちのどれを受給するのか，及び，それぞれの具体的な内容は，障害者本人が積極的に参加する形で（生活計画の作成等），障害者のニーズに基づいて決定される。この点に，PCHの1つめの特徴がある。

次に，PCHの重要な特徴として，支給要件に，所得要件が設けられていない点も挙げられる。PCHは，生活の基本的活動（行為）に困難を抱えていれば（すなわち，障害補償ニーズを持っていれば），所得の多寡にかかわらず，支給される。障害補償のニーズは，所得の多寡にかかわらず，発生するもの

平等取扱いの保障，MDPHのネットワークの活性化，サービスの質を高めるための査定（expertise）や情報提供，指導，推進といった使命も負っている（L. 14-10-1条）。

[465]　本章第2節1(4)Dを参照。

[466]　2011年におけるCNSAの歳入は，下記の通りである：自立連帯負担金：23億3000万ユーロ，CSGの0.1％：11億5000万ユーロ，年金金庫からの分担金：6800万ユーロ，疾病保険予算からの移転分（高齢者）：75億9000万ユーロ，疾病保険予算からの移転分（障害者）：82億5000万。このうち，5280ユーロが，PCHに充てられた。http://www.cnsa.fr

であるからである。ただし，PCHの支給には，受給者の収入に応じて異なる自己負担率が設けられている。すなわち，収入が一定額を上回る者の負担率は20％，収入が一定額を下回る者の負担率は0％とされている。一見すると，収入が一定額を上回る者には，高い負担率が課せられているようにも思われる。しかし，この負担率の決定に際して考慮される収入には，本人又は家族の就労所得や，就労所得に代わる代替所得（障害年金等），目的の明確な社会給付等は含まれていない。したがって，結果として，多くの障害者が，（支給上限の範囲内ではあるが）自己負担率0％で福祉サービス等を利用することが可能となっている。

PCHの支給には所得要件が設けられていない点や，多くの障害者が，自己負担率0％で福祉サービス等を利用できる制度設計となっている点は，PCHの重要な特徴である。そして，これらの特徴は，「障害の結果生じる特別な費用」は，障害者個人が負うべきものではなく，国民連帯によって賄うべきもの（社会全体で負担すべきもの）であるという，ペリュシュ判決以降の考え方を反映するものであると言うことができる。

加えて，PCHの財源は，高齢者及び障害者の自立支援のための予算を捻出するために新たに創設された「自立連帯負担金」である点も，忘れてはならない。自立連帯負担金は，同じく新たに創設された「連帯の日」に働いたことで生じる収益をその原資とするものである。フランスでは，「障害の結果生じる特別な費用」は，「連帯」という考え方によって支えられていると言うことができよう。

第4節　総　　括

第2章では，フランスにおける障害者雇用政策（第1節），社会保障制度による障害者への所得保障制度（第2節），及び，障害に起因する費用の保障方法（＝福祉サービス〔等〕の費用負担の仕組み）（第3節）について確認してきた。それぞれの特徴は，各節の最後にまとめた通りであるが，本章を終えるにあたって，第1章と同様に，それぞれの相互の関係を確認しておきたい。まず，障害者雇用政策と社会保障制度による障害者への所得保障との間の関係を整理し（1），次いで，社会保障制度による障害者への所得保障

と障害に起因する費用の保障との間の関係を整理することとする（2）。

1 障害者雇用政策と社会保障制度による障害者への所得保障

　障害者雇用政策と社会保障制度による障害者への所得保障との間の関係から整理すると，フランスの法制度では，両者の関係が，比較的分かり易いことを指摘することができる。

　まず，働くことができる障害者については，できる限り，通常の労働市場で働くことができるように，障害者雇用義務（率）制度や差別禁止原則によって就労機会を保障することが試みられている。そして，彼らについては，雇用政策の枠内で就労所得保障がなされることとなっている。すなわち，通常の労働市場で働くことができる障害者については，最低賃金保障がなされており，これによって，所得保障が図られている。最低賃金保障を実現するために，公的な助成金による賃金補填の制度も用意されている。また，通常の労働市場での就労は困難であるが，福祉的就労の場（労働支援機関・サービス〔ESAT〕）での就労は可能な者にも，保障報酬制度によって所得保障が図られている。すなわち，彼らには，国が賃金補填を行う保障報酬制度の存在によって，法定最低賃金（SMIC）の55％〜110％を保障されることとなっている。これにより，福祉的就労の場で働く障害者への就労所得保障が実現されている。

　他方，フランスの社会保障・扶助制度による障害者所得保障制度は，稼得・労働能力の減退した者，就労が困難な者に対する給付という性格を有している。まず，疾病保険から支給される障害年金は，稼得・労働能力の減退が3分の2以上である者に対して支給されることとなっている。障害年金は，稼得・労働能力の減退を保障リスクとしていることが明確な給付であると言える。他方，他の給付が受けられない場合や，他に収入がない場合に補足的に支給される無拠出制の成人障害者手当（AAH）は，原則として，AAH満額の12か月分以上の収入を持たない，障害率80％以上の重度障害者を支給対象とする。AAH満額の12か月分以上の収入を有する者は，障害率が高くても，AAHの支給対象からは外される。その一方で，AAHは，障害率は80％に満たないが，就労に困難を抱える者にも支給される。すなわち，障害率が50％

～80％の場合にも，当該障害者が1年以上にわたって雇用に就くことができていないときには，AAHの支給がなされることとなっている。この点は，AAHが，就労所得を得ることができない場合の所得保障としての機能と性格とを有していることを示している。

以上のことから，フランスでは，就労している障害者に対しては，雇用政策の枠内で就労所得保障を行い，労働・稼得能力が減退し，就労が困難である障害者に対しては，社会保障・扶助制度から所得保障を行うという構図が採用されていると言うことができよう。

なお，障害者が，就労はしているが，十分な就労所得を得られない場合については，就労所得と社会保障・扶助制度からの給付との間で，次のような調整がなされることとなっている。まず，通常の労働市場で働いている者の就労所得と成人障害者手当（AAH）との間の調整について見ると，AAHの支給にあたり行われる収入認定に際して，収入から就労所得の一部を控除する措置が採られている。こうした措置によって，AAHの減額によって働いたことが無になることが防止され，AAH受給者は，確実に手取り収入を増やすことが可能となっている。また，福祉的就労の場（ESAT）で働く障害者についても，保障報酬とAAHとの間で，同様の控除の仕組み（ただし，計算式は異なる）が導入されている。こうした控除の仕組みを通じて，障害者の就労インセンティブに対する配慮がなされている点は，フランスの特徴として重要であろう。

2 社会保障制度による障害者への所得保障と障害に起因する特別な費用の保障

社会保障制度による障害者への所得保障と障害に起因する特別な費用の保障との間の関係については，次のことを指摘できる。

まず，フランスでは，両者の役割分担が，明確にされている。明確なのは，とりわけ，社会保障・扶助制度から支給される成人障害者手当（AAH）と障害補償給付（PCH）との間の関係においてである。前者が，生活の基本的部分を保障する給付とされているのに対し，後者は，障害に起因する特別な費用を保障する給付であるとされている。2005年法改正以前には，AAHは，その性格が曖昧であるとの指摘もなされていた。しかし，2005年法により

PCHが創設されたことで，両者の役割分担は明確なものとなった。両者の関係・役割分担がはっきりしていることは，フランスの大きな特徴と言える。

次に，障害に起因する特別な費用を保障するPCHは，所得制限が課されない普遍給付である点も重要である。また，PCHは，就労所得が高い者に対しても，自己負担率0％で支給される。障害に起因する特別な費用は，就労所得やその他の収入の多寡にかかわらず生じるものであるという考え方が，こうした制度設計の背景にはある。公的な仕組みによる一般的な所得保障を必要としない者に対しても，障害に起因する特別な費用については公的に保障するという，強い姿勢が伺える。

そして，最後に，障害年金制度における加算の位置付けも，明確であることを指摘しておきたい。障害年金では，就労が不可能で第3者の介護を必要とする者（カテゴリー3の者）には，第3者介護加算として，平均年収の40％にあたる額がプラスして支給される。加算の目的は，明確に，第3者の介護に係る費用を保障することにあるとされている。

3 まとめ

以上より，フランスでは，障害者雇用政策と社会保障制度による障害者への所得保障との間の関係，及び，社会保障制度による障害者への所得保障と障害に起因する特別な費用の保障との間の関係が，明確であることが分かる。また，それぞれの制度が担っている目的や役割，機能も，分かり易い。目的や役割，機能の明快な分担は，制度の狭間に陥り，ニーズがあるにもかかわらず公的な保障を何も受けることのできない障害者の発生を防止することに寄与しうる。フランスの法制度が持っている，制度相互の関係，及び，それぞれの制度の目的や役割，機能が明確であるという特徴は，非常に重要なものであると言うことができよう。

注記：
　本章は，拙稿「フランスの障害者雇用政策」福祉労働121号（2008年）63-74頁，「フランスの障害者雇用政策」季刊労働法225号（2009年）58-69頁，「フランスにおける障害者への所得保障」季刊労働法224号（2009年）141-154頁，「第2章第4節　フランス」『障害者の福祉サービスの利用の仕組みに係る国際比較に関する調

査研究事業 報告書』日本障害者リハビリテーション協会（2009年）123-170頁，「第3部第3章 フランス」『障害者の社会参加推進に関する国際比較調査研究報告書』WIPジャパン（2009年）227-278頁，「第2章Ⅲ フランス」及び「第3章Ⅲ フランス」『障害者の社会参加推進等に関する国際比較調査報告書』株式会社ハローG（2010年）139-141頁及び217-221頁，「第2章 フランス」『欧米の障害者雇用法制及び施策の現状（資料シリーズNo.58）』高齢・障害者雇用支援機構障害者職業総合センター（2011年）76-105頁を本書用に補足・再構成し，リライトしたものである。

第3章 総　括

　第1章及び第2章では，日本及びフランスにおける，①障害者雇用政策，②社会保障制度による障害者への所得保障制度，並びに，③障害に起因する特別な費用の保障方法について，沿革・現行制度の確認を行い，それぞれの特徴を明らかにした。そして，その上で，①及び②，②及び③の間の関係を分析した。

　最終章の本章では，第1章及び第2章で確認した日仏両国の特徴を踏まえて，日仏の法制度の比較・分析を行い，フランスの法制度から得られる日本の法制度への示唆を探求することとしたい。まず，分野ごとに，日仏の法制度の特徴を比較・整理し（第1節），次いで，それを基に，雇用保障を通じた所得保障まで含めた広義の「障害者への所得保障」の在り方について，フランスの法制度が日本の法制度に与える示唆を検討する（第2節）。

第1節　日仏比較

1　障害者雇用政策

(1)　就労機会の保障

A　雇用義務（率）制度／差別禁止原則

　通常の労働市場における就労機会の保障方法に関しては，日本とフランスとの間で，次のような違いがみられる。

　まず，日本は，1976年以降，納付金制度を伴う雇用義務（率）制度を通じて，障害者の就労機会の確保に努めてきた。常用従業員数50人の事業主に対しては，雇用率（2.0％）に達する人数の身体障害者又は知的障害者の雇用が義務付けられており，常用労働者数201名以上の雇用率未達成の事業主に対しては，納付金の支払いが課せられている。しかしながら，その一方で，日本では，もう1つの障害者雇用促進アプローチとしてしばしば取り上げら

れる差別禁止原則は，未だ，導入されていない。しかし，障害を理由とする雇用差別禁止原則は，第183回国会（2013年）に提出された障害差別解消法案及び障害者雇用促進法改正法案により導入される予定である。2006年12月に国連総会で採択された障害者権利条約の影響を受けて，日本の障害者雇用政策は，変化のときにあると言える。

　他方，フランスでは，伝統的に，雇用義務（率）制度による障害者雇用促進策が展開されてきた。しかし，1990年という早い段階で，刑法典及び労働法典において障害を理由とする差別を禁止する規定が設けられ，以降，雇用義務（率）制度と差別禁止原則とが並存することとなった。フランスでは，雇用義務（率）制度の存在が，差別禁止原則の導入の妨げになるとは考えられなかった。そして，2000年代に入ってからは，EU法の影響を受けて，障害を理由とする差別禁止に対する社会的関心が高まり，2005年の法改正により，2000年EC指令（雇用及び労働における平等取扱いの一般的枠組みを設定するEC指令）を国内法化する形で，差別禁止原則に「合理的配慮」（フランスでは，適切な措置と言う）概念が導入されることになった。その一方で，2005年法改正は，雇用義務（率）制度に関して，使用者が負う障害者雇用義務を強化することも実施した。2005年法改正以降，フランスにおける雇用義務（率）制度と差別禁止原則との並存体制は，より強固なものとなったと言うことができる。また，フランスの障害者雇用法制では，雇用義務の不遵守を原因として徴収された納付金が，差別禁止原則における「適切な措置」への助成金の原資として使われるという構造も見られる。こうした構造から，フランスでは，雇用義務（率）制度と差別禁止原則とが，相補的関係に立たされていることが分かる。

　日本では，現在まで，雇用義務（率）制度しか存在しておらず，差別禁止原則については，今，まさに導入されようとしている段階にあるが，フランスでは，雇用義務（率）制度と差別禁止原則との並存体制が，既に，確立された状況にある。

B　雇用義務（率）制度

　現段階では，日本とフランスとで，障害者雇用促進のために採用している方法が異なることとなっている。しかしながら，日本とフランスとは，雇用

義務（率）制度を採用していることでは，共通している。ただし，その内容は，大きく異なっているので，以下で確認したい。

まず，設定されている雇用率が異なっている。日本の障害者雇用率は，2013年4月以降，一般の民間企業については2.0％，国，地方公共団体及び特殊法人等については2.3％，都道府県等の教育委員会については2.2％となっている。これに対して，フランスの障害者雇用率は，民間・公的部門共通で6％である。日本と比較して，フランスの雇用率は，非常に高いと言うことができる。ただし，フランスの6％という数値は，障害者の直接雇用のみによって果たさなければならないものではない。この点において，雇用率の持つ意味が，フランスと日本とでは，異なっている。すなわち，日本の雇用率が，障害者の直接雇用によって達成しなければならないものであるのに対して，フランスの雇用率は，直接雇用以外の方法（保護セクターへの仕事の発注や障害者の研修生としての受入れ）によって達成することも可能なものである。

このように，フランスでは，直接雇用以外の方法による雇用義務の履行が可能とされているため（ただし，直接雇用以外の方法による義務の履行には上限がある），単純に，雇用率のみを比較して，使用者に課された「障害者を直接雇用する義務」の強さを測ることはできない[467]。しかし，雇用義務（率）制度全体を比較すると，やはり，フランスの雇用義務（率）制度が使用者に課している義務は，日本と比較して強いものであると言うことができよう。まず，フランスでは，雇用率未達成の場合に，不足する人数に応じて支払わなければならない納付金の不足1人あたりの額は，企業規模に応じて，約45万円から68万円となっている[468]。この額は，日本における納付金額（不足す

---

[467] そもそも，雇用義務の対象となる障害者像が異なるということも考えられる。フランスでは，雇用義務の対象となる障害者（就業者＋失業者）は，79万7720人存在するとされている。フランスにおける労働力人口（15〜64歳）は，2796万6900人であるから，全労働力人口に占める雇用義務対象障害者の割合は，2.85％となる。DARES, Tableau de bord sur l'emploi et le chômage des personnes handicapées, Edition 2009, p. 25. 日本では，全労働力人口（除外率相当労働者数を除く）に占める身体・知的障害者数を考慮して雇用率が設定されていることから，そもそも，雇用義務の対象となる障害者像が異なっていると指摘することもできよう。

[468] 法定最低賃金：9.43ユーロ（2013年1月），1ユーロ＝120円として計算。

る1人につき年額60万円)と大きな違いがないようにも思われる。しかし,たとえ他の方法による雇用義務の履行が可能だとしても,6％という高い雇用率が設定されているフランスでは,不足数が大きくなる可能性が高く,やはり,日本の使用者よりも重い義務を負っていると言うことができよう。また,フランスでは,2005年法によって,3年以上にわたって納付金以外の方法により雇用義務を果たしていない企業に対しては,法定最低賃金(SMIC)の1500倍の納付金(制裁的納付金)を課す制度も導入された。この額は,障害者を最低賃金で1年間雇った時にかかる費用に等しいとされている。これらのことから,フランスの使用者には,日本の障害者に比して,より強い障害者雇用に対する金銭的インセンティブが与えられていると言うことができよう。さらに,フランスの使用者は,保護セクター(適応企業やESAT)に仕事の発注をすることによって,適応企業やESATでの障害者の就労を支援することにもなっている。これは,日本の雇用義務(率)制度には,存在しないものであるが,フランスの使用者は,間接的な形でも,障害者の就労を支えていると言うことができる。

他方,日本の障害者雇用義務(率)制度では,使用者の障害者雇用に対するインセンティブを高める制度として,納付金制度や障害者雇用に消極的な企業の企業名を公表する制裁手段が存在している。しかし,納付金額は,不足する1人につき月額5万円に留まっており,また,企業名の公表は,ほとんど実施されておらず,その実効性は著しく弱いと言わざるを得ない。その一方で,日本では,事業主側の負担を軽減するための制度(特例子会社制度等の算定特例)が整えられるなどしており,事業主側の負担への配慮を示す制度設計となっていることを指摘することができよう。

C 福祉的就労

福祉的就労に関しては,日本とフランスとの間に,次のような共通点及び相違点を指摘することができる。

通常の労働市場での就労が困難な障害者のために,日本もフランスも,共に,福祉的就労の場を用意している。日本では就労継続支援B型が,フランスでは労働支援機関・サービス(ESAT)が,典型的な福祉的就労の場としての機能を有している。また,日本もフランスも,共に,狭い意味で捉えた

表13　就労機会の保障方法

	日本	フランス
通常の労働市場	雇用義務（率）制度 　雇用率：2.0％（民間企業） 　対象：従業員数56名以上の事業主 差別禁止原則（導入予定）	雇用義務（率）制度 　雇用率：6％（民間・公的部門） 　対象：従業員数20名以上の 　　事業所＊ 差別禁止原則
	就労継続支援A型（雇用型）	適応企業・CFDT（労働契約）
福祉的就労	就労継続支援B型（非雇用型）	ESAT（医療・社会福祉機関）

　＊　フランスでは，雇用義務は，事業所単位で課せられる。

ときの福祉的就労（就労支援B型，ESAT）と一般の企業での雇用との間に，中間的な就労の場を設けていることでも共通している。すなわち，日本では，障害者総合支援法の枠内で，就労継続支援A型（雇用型）が定められており，フランスでは，労働法典において，適応企業・CFDTが定められている。就労継続支援A型（雇用型）と適応企業・CFDTとは，前者の根拠法が福祉法（障害者総合支援法）にあり，後者の根拠法が労働法（労働法典）にある点で異なっているが，共に，数多くの障害者を雇用する労働法の適用下の組織である点で，共通している。

　根拠となる法律の性格に違いは見られるものの，日本とフランスの福祉的就労は，構造の面で，似通っていると言うことができる。しかし，福祉的就労の場で働く障害者の就労条件の保障の点では，日本とフランスとでは，大きな違いがある。とりわけ，賃金（工賃）保障の面で，日本の福祉的就労は，フランスの福祉的就労に及ばない（詳細は，次の(2)を参照）。また，フランスでは，2005年法によって，福祉的就労の場で働く障害者の各種権利の確認が，社会福祉・家族法典の中に盛り込まれることとなった。しかし，日本では，福祉的就労の場で働く障害者の各種権利の確認は，十分にはなされていない状況にある。

　この他にも，日本では，誰が福祉的就労の場で働くのかに関する認定ないし決定を行うシステムが整えられていないのに対して，フランスでは，障害者権利自立委員会（CDAPH）が，これを決定する仕組みが整えられている点に，相違が見られる。

(2) 賃金保障

賃金保障の在り方に関しては，日本及びフランスのそれぞれについて，次のような特徴を指摘することができる。

A 通常の労働市場での雇用

まず，日本では，通常の労働市場での雇用（就労継続支援A型を含む）については，労働法の適用があり，最低賃金法も適用される。しかし，日本の最低賃金法は，最賃の減額特例制度を設けており，障害者をその対象としている（最賃法7条1項）。そのため，都道府県労働局長の許可を得た使用者は，労働能力の低減した障害者に対し，最低賃金を下回る額の賃金を支払うことが可能となっている。その一方で，日本では，減額された賃金を公的に助成・補填する制度は，設けられていない。

他方，フランスでは，通常の労働市場での雇用には，労働法典の適用があり，最低賃金の保障もある。フランスの最低賃金制度は，障害（＝労働能力の低減）を理由とする賃金減額を認めておらず，使用者には，雇用している障害者に対して，最低賃金以上の賃金を支払うことが義務付けられている。ただし，生産性の低減した障害者を雇用している使用者に対しては，最低賃金の支払いを支援する助成金が支払われることとなっている。助成金は，一般の企業については障害者職業参入基金運営機関（AGEFIPH）から，適応企業については国から支給される。こうした助成金の存在によって，障害者への最低賃金保障が実現されている。

B 福祉的就労

福祉的就労の場で働く障害者の賃金（工賃）については，日本とフランスとで，大きな違いが生じている。日本の就労継続支援B型で働く障害者には，労働法の適用はなく，その影響もあって，その賃金（工賃）は，著しく低い水準となっている。2006年の数値で，月額平均工賃は，1万2000円である。また，この低い水準の工賃を公的に助成・補填する制度も整えられてはいない。

これに対し，フランスの福祉的就労の場である労働支援機関・サービス（ESAT）で働く障害者には，社会福祉・家族法典が定める保障報酬制度に

表14 賃金保障

	日本	フランス
通常の労働市場	労働法の適用あり 最低賃金法7条1項：最賃減額特例 賃金助成の仕組みなし （就労継続支援A型も同様）	労働法典の適用あり 最低賃金の適用あり 　一般企業：AGEFIPHから助成金 　適応企業・CFDT：国から助成金
福祉的就労	労働法の適用なし 賃金助成の仕組みなし 　平均工賃：月額1万2000円	労働法の適用なし＊ 保障報酬制度 （社会福祉・家族法典） 　法定最低賃金の55～110％を保障 　国からの賃金助成あり

＊ ただし，安全衛生及び労働医に関する規定は適用される。

よって，法定最低賃金（SMIC）の55％～110％が保障されている。この制度により，ESATでフルタイム就労する障害者は，保障報酬として，少なくとも786.6ユーロ（最賃の55％）[469]を毎月得ることができる。これは，日本の福祉的就労の場で働いている障害者と比較して，非常に高い額であると言うことができる。この高水準を可能ならしめているのは，国からの助成金である。国は，ESATが支払う報酬額に応じて，最高でSMICの50％までの助成を行うこととなっている。

フランスでは，通常の労働市場で働く障害者，及び，福祉的就労の場で働く障害者の賃金保障のために，公的助成が積極的になされており，これが，障害者の就労所得保障に寄与していると言える。

2　社会保障制度による所得保障

社会保障制度による所得保障については，日本とフランスとの間で，次のような違いを指摘することができる。

(1) 拠出制給付と無拠出給付

社会保障制度による所得保障給付として，日本もフランスも，拠出制の給

---

[469] 週35時間をベースに計算すると，最低賃金月額は，2013年1月現在，1430.22ユーロ。http://www.service-public.fr/

付と無拠出制の給付とを有している。この点において，両国は共通するが，拠出制給付と無拠出制給付との間の関係に目を向けると，次のような相違が見えてくる。

まず，フランスの所得保障制度では，拠出制給付と無拠出制給付との間の関係が分かりやすい。フランスでは，一定の支給要件（被保険者期間，保険料の納付等）を満たす者には，拠出制の障害年金が支給される。そして，この一定の要件を満たさない者に対しては，国が行う最低所得保障として，無拠出制の成人障害者手当（AAH）が補足的に支給されることとなっている。このAAHが持っている補足的な性格によって，少なくとも，障害率80％以上の障害者については，本人及び配偶者の所得が一定以下の場合に，公的な所得保障が何もないという状況に置かれることはない。

これに対して，日本の所得保障制度は，複雑である。日本では，理論上は，障害基礎年金によって，すべての障害者に対して所得保障がなされることとなっている。すなわち，国民年金への加入が義務付けられる20歳以降に障害を負った者[470]に対しては，拠出制の障害基礎年金を支給し，障害を負った時点で国民年金に加入することができなかった20歳前の障害者に対しては，無拠出制の障害基礎年金を支給することで，すべての成人障害者への所得保障がなされることとなっている。同じ年金制度という枠の中に，拠出制給付と無拠出制給付とが存在している点に，特徴がある。

このように，日本でも，理論上は，すべての障害者に所得保障がなされることとなっている。しかしながら，日本の障害基礎年金制度は，無年金障害者を発生させる構造を内包していると言える。無年金障害者は，とりわけ，20歳以降障害者で発生しているが，その理由は，次の点にある。すなわち，拠出制の障害基礎年金の支給を受けるには，被保険者期間や保険料の納付等の一定の支給要件を満たしていなければならないという点である。そのため，20歳以降に障害を負った者で，こうした支給要件を満たしていない者（国民年金への加入期間がない者や，保険料を未納していた者等）は，拠出制の障害基礎年金を受給することができず，また，年齢要件から無拠出制の障害年金も

---

470 正確には，障害の原因となった病気や事故で初めて医師の診察を受けたとき（初診日）に，20歳に達していた者。

表15　社会保障制度による所得保障

	日本	フランス
拠出制給付	障害基礎年金（20歳以降障害者） 障害厚生年金（2階部分）	障害年金
無拠出制給付	障害基礎年金（20歳前障害者） 特別障害給付金＊1 **生活保護（補足性の原理）** 特別障害者手当＊2	成人障害者手当（AAH） AAHを補足する給付として： 　所得補足手当＊3 　自立生活加算＊4

＊1　国民年金への加入が任意とされていた時代に、任意加入していなかったために無年金となっている障害者に支給される。
＊2　在宅の重度障害者に対し、重度障害ゆえに必要となる精神的、物質的な特別な負担の軽減を目的として支給される。
＊3　働くことのできない障害者に支給される。
＊4　働くことはできるが、働いていない障害者に支給される。

受給することができない。その結果として、彼らは、無年金の状態に置かれることとなるのである[471]。

　ただし、日本には、生活困窮者一般に対して最低生活保障を行う生活保護制度（公的扶助：もう1つの無拠出制給付）が存在するので、当該障害者が、生活困窮に陥っている場合には、生活保護によって最低生活保障を受けることが可能となる。しかし、生活保護は、補足性の原理（生活保護法4条）に基づいて実施されるため、資産がある場合や、扶養する家族がいる場合には、障害により労働・稼得能力が減退し、十分な就労所得を得ることが困難な場合でも、保護を受けることはできない。つまり、重い障害を有している者が、所得に関して、公的に無保障の状態に置かれる可能性があることとなっている。この点は、フランスでは、一定以上の所得を有しない無年金者には、AAHが支給され、障害者が、所得に関して、公的に無保障の状態に置かれることがないのと、大きく異なっている。

(2) 給付の目的・性格

　次に、給付の目的・性格に関しては、日本とフランスとで、次のような相

471　国民年金への加入が任意とされていた時代に、任意加入していなかったことから、無年金状態に置かれている元学生・元専業主婦には、特別障害給付金が支給される。ただし、特別障害給付金の額は、障害基礎年金の額には及ばない。

違が見られる。

　まず，フランスの障害年金（拠出制）は，「労働・稼得能力の減退」を保障するための給付として位置付けられている。障害年金の支給の対象となるのは，「労働・稼得能力」が3分の2以上減退している者である。他方，国による障害者に対する「最低所得保障制度」として位置付けられる成人障害者手当（AAH）（無拠出制）の支給の対象は，原則として，AAH満額の12か月分以上の収入を持たない障害率80％以上の者とされている。しかし，障害率50～80％の障害者についても，1年以上にわたり雇用に就けていない場合には，AAHが支給されることとなっている。これらのことから，AAHについても，障害による「就労所得の喪失」を補う給付としての性格を認めることができる。フランスの障害年金及びAAHは，「労働・稼得能力の減退」あるいは「就労所得の喪失」を補うための給付であると言うことができる。

　これに対して，日本の障害年金は，次のように位置付けられている。まず，日本の障害年金制度において中心的な役割を果たしている障害基礎年金及び障害厚生年金の1級・2級は，「日常生活の制限」に対する給付とされている。そして，障害厚生年金の3級が，「労働能力の制限」を保障するための給付として位置付けられている。障害厚生年金の3級は，その支給の対象となる障害者が，非常に限定されていることから（厚生年金加入者で，障害の程度が2級よりも軽い者），これが，日本の障害年金を性格付けているとは言い難い[472]。したがって，日本の障害年金は，全体としてみると，「日常生活の制限」に対する給付であると言うことができよう。さらに，日本の障害年金は，主として，医学的に判定される機能障害を基準として支給されることにもなっている。それゆえ，障害年金は，機能障害の程度により，労働・稼得能力の減退や就労とは無関係に支給されることとなっている。

3　障害の結果生じる特別な費用の保障

　最後に，障害の結果生じる特別な費用の保障方法についても，日本とフランスの制度とを比較し，検討したい。

---

[472] 上述のように，障害厚生年金の1級・2級は，もともとは，「労働能力の制限」を保障するための給付であったが，1985年の法改正により，障害基礎年金と同じ障害認定基準が使用されることとなり，その性格は，曖昧なものとなってしまった。

まず，日本では，障害の結果生じる特別な費用の保障は，自立支援給付を通じてなされていると言える。日本の自立支援給付は，居宅介護や行動援護等の障害福祉サービスに係る費用や自立支援医療費，補装具の購入・修理に係る費用等に対して支給される給付である。個別に設定される支給上限の範囲内で，自立支援給付として支給されるのは，これらの費用の9割（サービス利用計画作成費については10割）とされている。したがって，日本では，障害福祉サービスや補装具の購入・修理に係る費用の9割が，公的に負担されていることになる。そして，残りの1割が，原則として，利用者の負担とされる。しかしながら，1割の定率負担は，とりわけ，低所得の障害者にとって，重い負担となることがある。そこで，障害者総合支援法では，1割負担を原則としつつも，所得に応じた月額負担上限額を設定し，低所得層の負担を軽減する配慮が行われることとなっている[473]。

他方，フランスでは，障害の結果生じる特別な費用の保障は，障害補償給付（PCH）を通じてなされている。フランスのPCHも，居宅介護や行動援護等の障害福祉サービス（フランスでは，これを人的支援と言う）に係る費用や，補装具の購入・修理等（フランスでは，これを技術的支援と言う）に係る費用を保障する給付である（支給上限あり）。PCHには，自立支援給付には含まれる医療費の補償は含まれていない等，細かなところでは相違が存在するが，障害福祉サービス等の利用費用を保障するという点において，自立支援給付とPCHとは，その機能を共通にしている。

ところで，PCHには，その支給にあたり所得要件は設けられていないものの，障害者の収入に応じて，異なる自己負担率が設定されている。収入が一定額（2万4698.40ユーロ〔2010年1月1日現在〕）以下である障害者の自己負担率は0％とされているが，収入がこれを超える障害者の自己負担率は，20％とされている。ただし，注意が必要なのは，ここで言う収入には，障害者本人の就労所得や，障害年金，成人障害者手当（AAH）等は含まれていないということである。それゆえ，フランスでは，非常に高額の就労所得を得ている障害者であっても，支給上限の範囲内であれば，自己負担率0％で福祉サービス等を利用することが可能となっている。この点は，PCHの大き

---

[473] 2010年4月からは，低所得層の自己負担をゼロにする措置も採られている。

第1節　日仏比較

な特徴と言ってよいだろう。

　日本とフランスの法制度を比較すると，日本の自立支援給付は，利用者たる障害者に対して1割の自己負担を課すことを原則としているのに対し，フランスのPCHは，利用者たる障害者には自己負担を課さないことを原則としていると言うことができよう。制度を細かに見ると，必ずしもそのように断言できない部分もあるが（PCHにおける支給上限の存在や，一定額を超える収入のある者の20％の自己負担率等），この原則の相違は，結局のところ，「障害の結果生じる特別な費用」を負担すべき者を「誰」と考えるのかによって生じていると分析することができよう。この点，日本の障害者自立支援法は，障害福祉サービスの利用に係る予算の不足を背景として誕生した法律であった。そして，障害者自立支援法の制定にあたっては，その予算不足を解消することを目的として，障害者自身も，負担の担い手になることが求められた[474]。これに対し，フランスのPCHは，ペリュシュ判決以降の議論の中で登場した，次のような考え方に立脚するものである。すなわち，「障害の結果生じる特別な費用」は，障害者個人に負わせるべきものではなく，国民連帯によって賄うべきもの（社会全体で支えるべきものである）との考え方である。日本とフランスとでは，障害により生じる特別な費用を「誰」が負担するのかという点に関して，ベースとなる考え方が異なっており，それが，制度の相違になって現れていると言えよう。

表16　障害の結果生じる特別な費用の補償

	日本	フランス
公的負担分	自立支援給付	障害補償給付（PCH）
自己負担分	原則1割（定率負担） 低所得層：負担軽減措置	収入*が2万4698.40ユーロ以下の者：0％ 収入が2万4698.40ユーロを超える者：20％

＊　就労所得や障害年金，成人障害者手当（AAH）等は，ここで言う収入には含まれない。

---

[474] 障害者自立支援法の制定に際しては，「増大する福祉サービス等の費用を皆で負担し支え合う仕組み」を強化することを目的として，福祉サービスの利用者である障害者に対し，利用したサービスの量や所得に応じた「公平な負担」を求めることが強調された。

4 各制度間の関係

各制度間の関係についても，整理をしておきたい。制度間の関係は，各章の最後で述べたように，日本では，あまり明確にされていないが，フランスでは，比較的分かり易いものとなっている。

(1) 障害者雇用政策と社会保障制度による障害者への所得保障

まず，フランスでは，障害者雇用政策と社会保障制度による障害者への所得保障との間の関係・役割分担が，明確であるということができる。フランスでは，原則として，就労可能な者については，雇用政策の枠内で，就労所得保障による所得保障（最低賃金保障，保障報酬制度）が実施されることとなっている。そして，障害ゆえに就労できない者，又は，就労できないでいる者を対象として，社会保障制度から所得保障給付が支給されることとなっている。上述したように，フランスの障害年金（拠出制）は，「労働・稼得能力の減退」を保障リスクとしており，また，成人障害者手当（AAH）（無拠出制）も，「就労所得の喪失」を補う給付としての性格を有している。社会保障制度によって提供される所得保障給付は，単に「機能障害」を有している者に支給されるのではなく，就労所得を得ることが困難な者に対して支給されるという性格を有している。

これに対して，日本では，就労と社会保障制度からの所得保障給付との間の関係は，曖昧である。日本では，就労している障害者に一定水準以上の就労所得を保障する仕組みは，整えられていない。それゆえに，日本では，十分な就労所得を得られない障害者に対し，社会保障制度を通じて所得保障を行う必要性が高まることとなっている。

しかしながら，日本の障害年金（1級・2級）は，「日常生活の制限」に対する給付として位置付けられている。また，障害年金の支給に際して参照される障害認定基準は，主として，医学的に判定される「機能障害」を認定に際する基準としている。それゆえ，日本の障害年金制度では，機能障害の程度が，認定基準に定められたものよりも軽いと判断された者は，その障害ゆえに就労に困難を抱え，就労所得を稼得できない状況にあっても，障害年金は支給されない。加えて，拠出制障害基礎年金の支給要件である保険料の納

入要件等を満たしていない者についても，障害ゆえに働くことができず，所得保障を必要としている場合に，無年金者となる危険が存在している。

その一方で，拠出制の障害基礎年金及び障害厚生年金は，稼得能力が非常に高い場合であっても，障害認定基準に該当する機能障害を持っていさえすれば，支給される[475]。支給に際して所得制限が課されないからである。日本の拠出制の障害年金は，稼得能力があり，所得保障の必要が低い者にも，支給されることとなっている。

このように，日本の障害年金制度では，就労との関係で見て，社会保障制度による所得保障の必要が高い者に支給がなされない場合がある一方で，その必要が低い者に支給がなされる場合がある。日本の障害年金制度ついては，「就労」との関係付けが十分に検討されていないことを指摘することができよう。

(2) 社会保障制度による障害者への所得保障と障害に起因する特別な費用の保障

次に，社会保障制度による障害者への所得保障と障害に起因する特別な費用の保障との間の関係を見ると，フランスでは，この役割分担が，とりわけ，成人障害者手当（AAH）と障害補償給付（PCH）との間で，明確にされている。すなわち，生活の基本的部分に必要な費用の保障は，AAHが担い，障害の結果生じる特別な費用の保障は，PCHが担うこととなっている。そして，PCHは，自己負担率0％を原則としているので，障害の結果生じる特別な費用は，PCHによって全額保障されることとなる[476]。生活の基本的部分に必要な費用を保障するAAHから，障害の結果生じる特別な費用が捻出されることは想定されていないと言うことができる。

これに対して，日本では，こうした明確な役割分担はなされていない。日本では，障害の結果生じる特別な費用の保障は，自立支援給付を通じてなさ

---

[475] 同じく拠出制のフランスの障害年金では，稼得能力が50％以上となった場合や，一定以上の所得を得るようになった場合には，障害年金の支給が停止又は廃止されることとなっている（第2章第2節2(2)A(c)）。

[476] ただし，支給に上限はある。また，一定額以上の資産収入等を持つ者には20％の自己負担が課せられる。

れていると言える。しかし，自立支援給付は，原則として，費用の９割しか保障しないので，残りの１割は，福祉サービスの利用者たる障害者の負担となる。ところが，この１割の負担を，最終的にどの仕組みが負担するのかという点に関しては，日本では，十分な議論がなされていない。１級の障害年金の1.25倍の加算や特別障害者手当が，この負担をカバーしていると言うことも可能であろうが，1.25倍の加算は，機能障害の程度に応じて認められ，介護等に対する実際のニーズに対応して認められる仕組みにはなっていない。また，特別障害者手当の支給対象は，在宅の重度障害者に限定されている。したがって，例えば，２級の障害者で，介護サービス等を必要とする者は，１割の負担を，加算部分のない障害基礎年金から出さなければならないこととなる。この結果，２級の障害者が生活の基本的部分に使うことのできる金銭は，減少することとなってしまう。そもそも，加算部分のない障害基礎年金が，障害者の何を保障する給付であるのかが，必ずしも明らかではないこともあるが[477]，日本では，どの給付を通じて障害者の基本的生活部分を保障し，どの給付を通じて障害の結果生じる特別な費用を保障しようとしているのか，その役割分担が，不明瞭となっていることを指摘することができよう。

第２節　日仏比較から得られる日本法への示唆

　最後に，以上の日仏比較から得られる日本法への示唆を検討したい。①障害者雇用政策，②社会保障制度による障害者への所得保障，③障害の結果生じる特別な費用の保障方法のそれぞれについて，順に，フランスの法制度が

---

[477] なお給付水準に関して，障害基礎年金２級の支給額を老齢基礎年金の支給額に連動させていることに対しては，批判が寄せられている。障害と老齢のリスクでは，発生のリスクが異なり，また，障害者と高齢者とでは，年金受給開始前の資産形成の可能性にも大きな相違があるからである。加えて，2004年の年金改革で導入されたマクロ経済スライドによって，今後，公的年金の実質的な給付水準は低下していくことが予測される。現行の制度体系の下では，マクロ経済スライドが障害年金にも適用されるが，その妥当性に疑問を投げかける見解も存在しているところである。江口隆裕「少子高齢社会における公的年金制度のあり方──公的年金と私的年金の新たなリスク分担」年金と経済25巻４号（2007年）。前掲・百瀬論文（2008年）178頁。

日本の法制度に与える示唆を検討し，最後に，「障害者への所得保障」の在り方の全体について，これまでの議論を踏まえて，考察することとする。

1 障害者雇用政策

まず，障害者雇用政策に関しては，(1)障害を理由とする雇用差別禁止原則と雇用義務（率）制度との間の関係付け，(2)雇用義務（率）制度の強化，(3)就労所得保障制度の検討，(4)福祉的就労に関する法制度の整備が，フランス法から得られる日本法に対する示唆として，重要であろう。

(1) 障害を理由とする差別禁止原則と雇用義務（率）制度との間の関係

日本では，雇用義務（率）制度を中心に据えた障害者雇用政策が展開されてきた。差別禁止原則は，未だ，導入されていないが，近々導入される予定である。差別禁止原則の導入は，障害者の人権保障の観点から見て，望ましいものであり，賛成できるものであるが，問題は，これを既に存在する雇用義務（率）制度とどのように関係付けるかである。また，差別禁止原則の導入に伴って使用者が負うこととなる「適切な措置（合理的配慮）」のための費用をどのように公的に支援していくべきかという点も，重要な論点となり得る。

現在の日本において，差別禁止原則の導入に伴い雇用義務（率）制度を廃止することは，同制度が障害者雇用の分野で果たしている一定の成果に鑑みると，現実的な選択肢ではなかろう。したがって，日本においても，雇用義務（率）制度と差別禁止原則とを並存させ，両制度を障害者雇用促進策の両輪としていくことが求められることとなる。

この点，フランスは，1990年に差別禁止原則を導入した当初より，雇用義務（率）制度と差別禁止原則とは，互いに相衝突するものではないと考え，両者を並存させてきた（1990年当時は，雇用義務〔率〕制度と差別禁止原則とでは，対象となる障害者が異なると考えられた）。そして，とりわけ，2005年法によって差別禁止原則に「適切な措置」概念が導入された後は，雇用義務（率）制度により発生した納付金を「適切な措置」のための助成金の原資として利用し，使用者が負う「適切な措置」の費用を支援してきた。雇用義務の不遵守を理由に徴収された納付金が，「適切な措置」への助成となり，差

別禁止原則の履行に貢献すると同時に，適切な措置によって生じた新たな雇用が，雇用義務の達成にも貢献するという構造になっており，両制度が相補的関係に置かれていることを確認することができる。

このように，フランスは，雇用義務（率）制度と差別禁止原則とを並存させつつ，雇用義務制度を利用して，使用者が負う「適切な措置（合理的配慮）」に係る費用を支援することで，両制度を結び付けてきた。こうしたフランスにおける両制度の関係付けや，「適切な措置」に係る費用の支援の在り方（＝納付金を原資とする支援の在り方）は，差別禁止原則を導入しようとしている日本にとって，参考となるものである。

(2) 雇用義務（率）制度の強化

他方，日本においては，今後，雇用義務（率）制度そのものの実効性を高めていくことも，強く求められよう。日本の障害者実雇用率は，2012年の段階で，1.69％（従業員数56名以上の企業）の水準にある。これに対し，フランスの実雇用率は，2009年の数値で，2.7％（従業員数20名以上の事業所）であった。そもそも，日本とフランスとでは，雇用義務の対象となる障害者の範囲が異なっていると言うこともできることから[478]，単に，数字を比較して，フランスの制度の方が優れているとの評価を下すことは適切ではない。しかし，フランスでは，使用者の負う雇用義務を強化した2005年法改正以降，順調に，雇用率が伸びてきているという実績が認められる（2006年：2.3％，2007年：2.4％，2008年：2.6％）。ここに，フランスから学ぶべきところがあるように思われる。

フランスは，1987年以降，6％という高い障害者雇用率を設定し（ただし，6％という数値は，障害者の直接雇用のみによって達成すべき数値ではなく，多様な方法による義務の履行が認められている），障害者の雇用促進を図ってきた。しかしながら，その効果は必ずしも芳しいものではなかったため，2005年法によって，使用者の負う障害者雇用義務をさらに強化する法改正を実施した。特に，注目すべき改正点は，①雇用義務未達成の使用者に課される納付金額を引き上げたこと，及び，②障害者を1人も雇用していない使用者に対して

---

[478] 注467を参照。

制裁的納付金を課す制度を導入したこと（2010年施行）であろう。とりわけ、制裁的納付金の額は、障害者を最低賃金で1年間雇用したときにかかる費用に相当する額であるとされている点は、注目される。

こうした法改正により、フランスの使用者には、2005年法改正以降、より強い障害者雇用義務が課されることとなった。使用者の障害者雇用に対する経済的なインセンティブは、いっそう高まったと言うことができよう。その一方で、フランスの使用者には、納付金を原資とする非常に多様な助成金が、障害者職業参入基金運営機関（AGEFIPH）から支給されることにもなっている。フランスでは、使用者に課されたより強化された雇用義務と、その結果発生する納付金を原資とする豊富な助成金とによって、障害者の雇用促進が図られていると言うことができる。

現在の日本でも、納付金制度は存在しており、障害者を多く雇用した企業には、調整金や報奨金が支払われることとなっている。また、納付金を財源とする様々な助成も存在している。しかし、日本の納付金額は、月額5万円と、障害者を雇用するよりも納付金を納めた方が安上がりな水準にある。また、日本の使用者には、特例子会社制度等の、使用者の負担に配慮した制度も設けられている。その一方で、障害者をより多く雇用した使用者に支払われる調整金や報奨金の額は、決して高い水準にはない。障害者の雇用を行っている使用者には、障害者雇用促進法に基づき、様々な助成金が支給されることにもなっているが、日本における障害者雇用のさらなる促進のためには、使用者に課される障害者雇用義務を強化すると同時に、障害者を雇用する使用者に対する助成を充実させていくことが重要であるように思われる。そして、この点を検討する際には、上記の「適切な措置（合理的配慮）」に係る費用に対する助成の在り方もあわせて検討することが課題となろう。

(3) 就労所得保障制度の検討

働く障害者に対して就労所得を保障する制度の構築も重要である。ただし、労働能力の減退した障害者が働く場合に、当該障害者に対して、いかなる形で所得を保障するべきかに関しては、様々な選択肢がありうる。例えば、障害者雇用政策の枠内で最低賃金保障や賃金補填を行うことで、就労所得保障を行うことも可能であろうし、社会保障制度を通じて、就労所得の不足分を

補うことも可能であろう。

　この点，日本においては，障害者雇用政策の枠内で，最低賃金保障や賃金補塡を行う制度は，設けられていない。したがって，就労所得の不足分は，社会保障制度を通じてカバーすることが予定されていることになる[479]。

　他方，フランスでは，働くことのできる障害者に対する就労所得保障の制度が，障害者雇用政策の枠内で整えられている。すなわち，通常の労働市場で働く障害者には，最低賃金保障がなされており，そのための公的助成制度（賃金補塡制度）が存在している。また，福祉的就労の場（労働支援機関・サービス〔ESAT〕）で働く障害者にも，国からの助成金の存在によって，最低賃金の55％〜110％が保障されている（保障報酬制度）。

　社会保障制度による障害者への所得保障をどのような目的・機能を持つものとするのかにもよるが，就労所得保障は，働く障害者に対する就労条件の保障・改善の観点からも重要であることに鑑みると，公的助成制度（賃金補塡制度）により就労所得保障を実施しているフランスの例は，働く障害者への所得保障の在り方の1つとして参考となる。ただし，仮に，フランスの例を参考として，公的助成制度（賃金補塡制度）を導入するのであれば，この制度の導入が，労働市場に与える経済的影響についても，慎重に検討する必要があろう。

(4) 福祉的就労に関する法制度の整備

　最後に，福祉的就労に関しては，フランス法から，次のような示唆を得ることが可能であろう。すなわち，①福祉的就労で働く障害者の就労条件の保障・改善，及び，②労働能力認定制度（仮称）の構築である。

　まず，①に関して，日本では，福祉的就労の場で働く障害者への労働法の適用を求める見解が，存在している。労働法の適用により，福祉的就労の場で働く障害者の就労条件の保護・改善を図ろうということが，同見解の目指すところである。しかし，フランスの例は，福祉的就労の場で働く障害者に就労条件を保障する方法は，必ずしも労働法の適用に限られないことを示し

---

[479] ただし，日本では，障害ゆえに就労できない者が，社会保障制度による所得保障制度からも排除されることがある（本節2(1)を参照）。

第2節　日仏比較から得られる日本法への示唆　259

ている。すなわち，フランスでは，保護された環境（ESAT）で働く障害者には，安全衛生及び労働医に関する規定の他は，労働法典の適用はなく，それ以外の部分の就労条件は，社会福祉・家族法典において規定されることとなっている。福祉的就労に従事する障害者の就労所得保障に貢献している保障報酬制度も，社会福祉・家族法典に根拠規定がある。こうしたフランスの例は，福祉法による就労条件保障も，福祉的就労の場で働く障害者への就労条件保障の方法として，1つの選択肢となりうることを示している。

　ところで，日本において，福祉的就労への労働法の適用の可否が盛んに議論されている背景には，就労継続支援B型の利用者の中に，本来的には，雇用型と呼ばれる就労継続支援A型で働くことのできる者が混在していることがある。しかし，この点については，A型で働くことができる者がB型で働いていることが問題なのであって，これと福祉的就労への労働法の適用の問題とは，別の問題であろう。すなわち，A型の利用者の中にはB型と同様の働きをしている者もいるので，B型にも労働法の適用をすべきであるという議論は，当を得ていない。仮にそうであるならば，そのB型の利用者をA型に移行させなければならないと考える。

　では，何故，日本では，このような事態が発生することとなっているのであろうか。その原因の1つには，現在の日本に，障害者の労働能力を判定するシステムが欠けていることがあるように思われる。この点，フランスでは，障害者が通常の労働環境（一般企業や適応企業）で働くのか，保護された環境下（ESAT）で働くのかは，障害者権利自立委員会（CDAPH）が進路決定（orientation）を行うこととなっている。また，そのための基準も，明らかにされている（CDAPHは，稼得能力の喪失が3分の2以上である障害者や，稼得能力は3分の1以上有しているが，医学的，教育的，社会的，心理学的支援を必要とする障害者に対して，ESATで就労するよう進路決定をする）。そして，CDAPHの方向付けに不満がある場合には，障害者本人又はその法定代理人は，調停の申立てや，社会保障技術的紛争裁判所又は行政裁判所への提訴を行うこともできる。こうした制度によって，通常の労働市場で働くことができる者が，ESATでの就労に従事させられることがないよう予防されている。日本にも，こうした労働能力を判定するシステムを導入することで，上述の問題（＝A型で働くことのできる者がB型で働いている問題）の一定程度は，解

決されるのではないかと考える。

　なお，福祉的就労の場の存在意義そのものは，障害者が非常に多様な存在であることに鑑みると，否定されないと考える。

2　社会保障制度による所得保障

　次に，社会保障制度による所得保障に関しては，(1)給付目的の明確化，(2)就労インセンティブへの配慮，(3)無拠出制の所得保障制度の在り方が，フランス法から得られる示唆として，重要であると考える。

(1)　給付目的の明確化（就労及び障害の結果生じる特別な費用との関係）

　まず，日本の障害年金は，上述のように，その支給目的が非常に曖昧である。すなわち，日本の障害年金は，①就労との関係が曖昧で明確ではなく，また，②障害の結果生じる特別な費用の位置付けも不明確となっている。その原因は，障害年金が，「日常生活の制限」に対する給付と位置付けられた上で，主として，医学的に判定される機能障害を基準として支給決定されることにあると考えられる。そして，この結果，日本では，制度の隙間に陥り，所得保障を必要とする者に所得保障がなされないという事態が発生することにもなっている（隙間問題）。例えば，機能障害の程度が1級や2級よりも軽いと認定されると，障害ゆえに就労できていない場合にも，言い換えると，所得保障の必要が高い場合にも，障害年金は支給されない。また，機能障害の程度が1級よりも軽いと，介護サービスに対するニーズを有していても，1級の者に認められた25％の加算部分は支給されない。したがって，2級の介護サービスを必要とする者は，加算部分のない障害基礎年金から，介護サービスの利用に係る費用を捻出しなければならないこととなる。こうした状況は，問題であると考える。

　この点，フランスの障害年金及び成人障害者手当（AAH）は，「労働・稼得能力の減退」あるいは「就労所得の喪失」を保障するための給付であると性格付けられるものであった。また，他に収入（所得）を持たない者に補足的に支給されるAAHについては，特に，「生活の基本的部分を保障するための給付」であるとの性格付けが明確になされ，障害補償給付（PCH）（＝障害の結果生じる特別な費用を保障）との間で，明確な役割分担もなされていた。

フランス法を参考として，仮に，社会保障制度からの給付を「労働・稼得能力の減退」あるいは「就労所得の喪失」を保障する給付と位置付けるとすると，「機能障害」を支給基準とすると給付の対象外とされる者にも，就労所得に代わる所得保障の必要に応じて，所得保障給付（＝障害年金）が提供される可能性が広がることとなる。また，障害年金（特に，障害基礎年金）の役割を「生活の基本的部分を保障するための給付」とすると，介護費用等の障害の結果生じる特別な費用が，ここから捻出されることは，制度設計上，許容されないこととなる。そして，障害の結果生じる特別な費用については，別の制度によって保障することが必要となろう（本節3を参照）。

　フランスにおける社会保障給付の性格を参考として，上記のような形で日本の障害年金制度の目的を明確化することによって，現行制度の下では，制度の隙間に陥り，所得保障や介護費等の必要がありながら制度の適用対象から外されている障害者を救済することが可能となることが期待される。

(2) 就労インセンティブへの配慮

　ところで，社会保障給付を「労働・稼得能力の減退」又は「就労所得の喪失」を保障する給付と位置付ける場合にも，その支給にあたっては，障害者の就労インセンティブに配慮することが，必要であると考えられる。

　現在の日本の障害年金では，20歳前障害者に支給される無拠出制の障害基礎年金について，2段階の所得制限が設けられている[480]。そして，この所得制限を超えると，障害基礎年金の半分又は全部の支給が停止されることとなっている。そのため，所得制限の基準の前後で，手取り収入が大きく減少してしまう事態が発生し，これが，障害者の就労インセンティブを大きく阻害することになっている。

　この点に関しては，フランスでも，以前は，就労した分だけ成人障害者手当（AAH）の支給額が減額されることとなっていたため，これが，障害者の就労インセンティブを阻害しているとの議論が存在していた。しかし，フランスは，2005年法改正に際して，就労所得とAAHとの間で障害者の就労インセンティブに配慮した調整を行う新たな制度を導入して，この点について

---

[480] 所得制限は，事前の拠出がないことを理由として設けられている。

の問題を改善した。新しく導入された調整制度では，就労所得の一部が，AAHの支給に際する収入認定において控除されることとなっている。このような控除の仕組みによって，障害者が働いたことが無にならないよう，障害者の就労インセンティブに配慮することは，日本の法制度においても求められよう。

なお，現在の日本の障害年金制度では，20歳以上で障害を負った者に支給される拠出制障害年金には，所得制限は設けられておらず，障害者の就労インセンティブを阻害する心配はない。しかしながら，前述のように，障害年金を「就労所得の喪失」を保障する給付と位置付けるならば，20歳以上障害者を対象とした拠出制障害年金にも，就労インセンティブに配慮しつつ，所得制限を設ける必要が生じよう。現在，拠出制障害年金については，事前に拠出していることを理由として，所得制限は設けられていないが，障害年金制度が保障するリスクを「一定の障害の状態にあること」ではなく，「労働・稼得能力の減退」あるいは「就労所得の喪失」とすれば，保険料の拠出は，障害に起因する「労働・稼得能力の減退」あるいは「就労所得の喪失」のために行っていることとなるので，拠出に対する対価保障の観点からみても問題はないだろう。

(3) 無拠出制の所得保障制度の在り方

最後に，日本の障害者所得保障制度における課題と言える無年金障害者の発生防止についても，検討したい。上述のように，日本の障害年金制度は，20歳以上で障害を負った者について，無年金者を発生させる構造を内包している。最後のセイフティネットとして生活保護制度はあるが，同制度は，補足性の原理に基づいて実施されるため，資産があったり，あるいは，扶養親族がいる場合には，障害ゆえに働くことができなくても，最低限度の生活が維持されている限り，公的保障が何もなされないということが起こり得る。

これに対して，フランスの所得保障制度では，障害年金（拠出制）の支給要件を満たさない，80％以上の障害率を持っている障害者で，一定以上の所得を有しない者には，無拠出制の成人障害者（AAH）が支給される。このAAHの補足的性格によって，一定以上の所得を有しない障害率80％以上の障害者が，公的な所得保障制度から排除されることはない。

日仏の間で見られるこのような差異は，日本及びフランスにおける公的扶助の在り方とも関連して発生していると言える。すなわち，フランスの無拠出制給付AAH（最低所得保障給付の1つ[481]）では，その支給に際して，インカムテストは課される（所得〔等〕要件はある）が，ミーンズテストは課されない。また，成人の場合には，扶養義務は，カップル間にしか課されていない。これらの点は，ミーンズテストを課し，夫婦以外の親族による扶養も考慮に入れる日本の公的扶助の仕組み（生活保護）とは，大きく異なっており，それが，最終的な公的保障の有無の違いにつながっている。

　確かに，日本において，20歳に達した後に障害を負った者が障害年金を受給できないことには，保険料納付義務を果たしていない等，本人に帰責性があることがある[482]。また，最後のセイフティネットとして，生活保護制度が存在しているのだから，障害者に対する最低生活保障はなされているとの見解もあろう。しかしながら，生活保護には，補足性の原理による制約が存在するため，結果として，障害者が，公的に無保障の状態に置かれてしまう可能性がある。こうした事態は，とりわけ，成人した障害者が，親から独立した生活を営むのを阻害する危険性があり，問題であると言える。また，障害者の生活保障をその家族に押し付けることにもなりかねない。障害者を所得保障の面で支える仕組みが，障害年金を除くと，生活保護制度しかないことは，やはり，問題であると言えよう。

　したがって，日本においても，フランスのように，障害によって労働・稼得能力が減退した者が，基本的には，所得に関して公的な保障を受けられる制度を構築することが重要であると考える。もちろん，その構築に際しては，仮に現在の年金制度をベースとして残すのであれば，保険料を納付していた者との間の公平性にも配慮する（すなわち，保険料の納付が報われる制度とする）必要がある。しかし，現在の生活保護とは異なる（すなわち，補足性の原理から離れた），新しい無拠出制の障害者への所得保障の在り方を検討するこ

---

[481] フランスの無拠出制の最低所得保障制度は，高齢者や障害者，1人親等，カテゴリー別の制度設計となっている点に特徴がある。都留民子『フランスの貧困と社会保護──参入最低限所得（RMI）への途とその経験』法律文化社（2000年）107-126頁。

[482] ただし，本人に帰責性を求めるのは酷なケースもある（国民年金への加入が任意とされていた時代に任意加入していなかった元学生等）。

とが必要ではないかと考える。

3　障害の結果生じる特別な費用の保障

　最後に，障害の結果生じる特別な費用の保障に関して，フランス法から得られる示唆を検討したい。これに関しては，「障害の結果生じる特別な費用」は，最終的に，誰が負担すべきものなのかという点について深く考察することが，重要であろう。

　フランスでは，「障害の結果生じる特別な費用」は，障害者個人に負わせるべきものではなく，国民連帯によって賄うべきもの（社会全体で支えるべきもの）であるとの考え方が採られている。これは，言い換えれば，「障害の結果生じる特別な費用」は，公的負担で賄うべきであるということである。そして，こうした考え方に基づいて，「障害の結果生じる特別な費用」を保障する障害補償給付（PCH）の制度設計がなされている。

　まず，社会扶助給付では珍しいことに，PCHの支給には，所得制限が設けられていない。その理由は，障害の結果生じる特別な費用は，所得の多寡にかかわらず生じるものであることにある。そして，一定以上の資産収入等を持つ障害者を除いた多くの障害者が，上限の範囲内ではあるが，自己負担率０％で福祉サービス（等）を利用できる仕組みが採用されている。すなわち，多額の就労所得を得ている者も，自己負担率０％で福祉サービス（等）を利用できることとなっている。このようなPCHの制度設計は，PCHが拠って立つ上記の考え方と整合性が採れている。そして，「障害の結果生じる特別な費用」は，障害者個人に負わせるべきものではなく，国民連帯によって賄うべきものであるという考え方そのものも，障害者が，「障害の結果生じる特別な費用」ゆえに非障害者と比して不利益な立場に置かれないようにするという観点から見て，非常に重要なものであると言うことができよう。

　ただし，この考え方を日本に導入する（すなわち，自立支援給付を10割給付とする）にあたっては，いくつかの解決すべき問題がある。まず，重要なのは，財源確保の問題である。そもそも，１割の定率負担を導入した2005年障害者自立支援法の背景には，財源不足の問題があった。したがって，財源の確保の問題は，無視できない。この点，フランスでは，新たな負担（＝自立

連帯負担金）を創設することで，財源を賄うことが行われた。どのような形で新たな負担を創設するのかという点に関しては，様々な選択肢があろうが，フランスが採用した，障害者という「他者」のために連帯し，国民1人1人が僅かな追加的負担を負うことで財源を確保するという考え方は，参照に値すると考える。

　次に，障害者の福祉サービス（等）の利用を適切なレベルに保つために，支給上限を設定する必要もあろう。公的負担でこれを賄うからには，青天井に支給を認めるわけにはいかない。しかし，それぞれの障害者が有するニーズは，非常に多様なことから，何が「適切なレベル」なのかという点に関する判断は，非常に難しい。この点に関して，フランスでは，障害者を中心に据えて障害者のニーズを評価する手続きが導入されているものの，支給上限は一律に決まっている。しかし，上限に関しては，個々の障害者の具体的状況に応じて個別に設定する制度の方が，より望ましいのではないかと考える。そのために，障害者のニーズを適切に認定するシステムを導入することが求められよう。

　加えて，仮に自立支援給付を10割給付とするのであれば，これによって障害の結果生じる特別な費用は保障されることになるので，1級の障害年金の25％の加算や特別障害者手当の存在意義はなくなる。すなわち，これらを廃止する余地ができる。廃止によって浮くこととなる予算については，自立支援給付の10割給付のための予算として活用する道も開かれよう。

4　おわりに

　本書では，日本における「障害者への所得保障」の在り方について考察・検討するために，日本の法制度とフランスの法制度とを比較し，分析することを行った。障害者は，非常に多様な存在であることから，各々の障害者が有している「所得保障」に対するニーズも，自ずと異なることとなっている。就労が可能な障害者には，雇用政策（就労機会の保障）を通じた就労所得保障を実施することが求められる一方で，労働・稼得能力の減退した障害者には，社会保障制度を通じた所得保障を行う必要がある。また，それぞれの障害者が有している「障害の結果生じる特別な費用」を保障することも重要である。本書では，こうした観点から，単に「社会保障制度による所得保障」

の在り方を検討するに留まらず，幅広く，就労保障や障害の結果生じる特別な費用の保障も含めて「障害者への所得保障」の在り方を検討した。

現在，日本では，①障害者雇用政策（就労機会の付与を通じた所得保障），②社会保障制度を通じた所得保障，③障害の結果生じる特別な費用の保障のすべての分野において，法制度が整えられている。しかし，フランスの法制度との比較によって，いくつかの課題が明らかとなった。まず，①に関しては，差別禁止原則の導入や，雇用義務（率）制度の強化，働く障害者への就労所得保障制度の検討，福祉的就労に関する法制度の整備が，課題であることが確認された。また，②に関しては，障害年金の給付目的の明確化，障害者の就労インセンティブにも配慮した制度の構築，そして，無拠出制の所得保障制度の在り方の再考が，課題として挙げられた。③障害の結果生じる特別な費用の保障に関しては，とりわけ，この特別な費用を「誰が」負担すべきかという点について，丁寧な議論を行うことが，課題であると言える。

そして，さらに，「障害者への所得保障」の在り方の全体を見たときには，①と②，及び，②と③の間の関係・役割分担を明確化することが，大きな課題であることが分かった。この課題は，主として，障害年金の給付目的を明確化することによって，解決されると思われる。すなわち，既に上記2(1)で既に論じたが，障害年金が保障するリスクを「労働・稼得能力の減退」あるいは「就労所得の喪失」とすると同時に，障害年金（特に，障害基礎年金）を「生活の基本的部分を保障するための給付」として性格付けることが重要であると考える。そうすることによって，①と②，及び，②と③の間の役割分担は，明確なものとなろう。そして，その結果として，現在の日本の法制度の下においては，所得保障や介護費用に対するニーズを持ちながらも，制度の対象外とされている障害者に対して，ニーズに対応した給付を提供することが可能となるのではないかと期待される。

上述のように，障害者は，多様な存在であることから，障害者に対する「所得保障の在り方」も，多様とならざるを得ない。本書では，障害者の多様性を考慮し，障害者への雇用保障も含めて，幅広く「障害者への所得保障の在り方」（広義の「所得保障」の在り方）を検討してきた。こうした幅広い検討によって上記のような課題を導き出すことが可能となったのであり，それが，本書の持つ意義であると考えている。まだ，十分な考察がなされてい

ないところが多々あり，それは，今後の課題としたいが，ここでの検討が，今後の日本における「障害者の雇用と所得保障」の在り方を考察するにあたって，少しでも役に立てば幸いである。

事項索引

あ行

ILO159号条約 …………………… 44, 69
応益(定率)負担 ………… 1, 113, 121, 124
応能負担 ……………………………… 2, 112

か行

介護給付費 ……………………… 116, 118
学際チーム(équipe pluridisciplinaire)
　……………………………………… 208, 230
学生無年金障害者問題 ……………… 88, 98
技術的支援 …………………………… 227
基礎年金制度 ………………………… 89
機能障害 …… 92, 97, 101, 126, 127, 252, 260
訓練等給付 …………………………… 67
訓練等給付費 ………………… 116, 118
計画相談支援給付費 ………………… 116
減額特例 ……………………… 72, 77, 245
県障害者センター(MDPH) … 207, 216, 229
権利擁護機関(DDD) ………………… 154
高額障害福祉サービス等給付費 …… 118
公共職業安定所 ……………………… 65
厚生年金保険法 …………………… 80, 89
工　賃 ……………… 71, 75, 78, 125, 245
工賃倍増5か年計画 ………………… 58, 75
高等差別禁止平等対策機関(HALDE) … 154
合理的配慮 ………………… 10, 50, 77, 143
国民年金法 …………………………… 81, 89
国民連帯 ………………… 200, 232, 264
個別補償プラン ………………… 208, 230
雇用及び労働における平等取扱いの一般
　的枠組みを設定するEC指令 ……… 142
雇用義務(率)制度 …… 24, 31, 34, 43, 60, 76,
　　　　　125, 133, 157, 184, 236, 240, 255
雇用助成金 ………………… 165, 169, 186
雇用調整金 …………………………… 63

雇用率 …… 45, 46, 50, 60, 135, 158, 161, 242,
　256

さ行

最低賃金 ………… 11, 19, 32, 35, 72, 77, 168,
　185, 236, 245
作業所 ………………………………… 56
差別禁止原則 … 9, 15, 25, 31, 34, 50, 76, 136,
　146, 184, 236, 241, 255
差別禁止部会 ………………………… 50
支援費制度 ……………………… 1, 113
自己負担 … 121, 126, 232, 235, 238, 250, 253
社会扶助 ………………… 191, 194, 219
住宅・交通に対する支援 ………… 228
重度障害認定 ………………………… 162
重複カウント制度 …………………… 158
就労移行支援 ……………………… 57, 68
就労インセンティブ ……… 218, 222, 261
就労継続支援 ……… 57, 69, 243, 259
授産施設 ………………………… 52, 54, 55
傷痍軍人 ………………… 130, 131, 189
障害及び健康状態を理由とする差別を禁
　止する法律(1990年7月12日の法律) … 137
障害基礎年金 ……… 85, 91, 100, 108, 247, 252
障害厚生年金 ………………… 86, 95, 100
障害支援区分 ………………………… 119
障害者加算 …………………………… 105
障害者基本法(1975年6月30日の法律)
　…………………………………… 133, 195
障害者権利条約 …………………… 50, 76
障害者権利自立委員会(CDAPH) …… 146,
　177, 209, 216
障害者雇用促進法 ………………… 44, 59
障害者差別解消法 ………………… 50, 77
障害者職業・生活支援センター ……… 66
障害者職業参入基金管理運営機関
　(AGEFIPH) …… 136, 150, 164, 175, 183

事項索引

障害者職業センター……………………65
障害者自立支援法……………1, 57, 67, 113
障がい者制度改革推進会議………50, 114
障害者総合支援法……………………67, 115
障害者の権利と機会の平等，参加，市
　民権に関する法律(2005年2月11日の
　法律)………………………141, 197, 202
障害者優先調達推進法………………58, 75
障害程度区分……………………………118
障害等級表……………………………92, 96
障害年金(フランス)……212, 221, 236, 247, 249, 252, 260
障害年金生活者支援給付金………………5
障害の結果を補償される権利………200, 207
障害(handicap)の定義……………………205
障害福祉年金……………………………81, 89
障害補償給付(PCH)……203, 222, 234, 237, 250, 260, 264
障害率…………………………210, 216, 224
障害労働者所得保障制度(GRTH)……134, 168, 185
障害労働者認定…………145, 149, 158, 210
障害労働者の雇用のための法律(1987年
　7月10日の法律)………………………134
障害労働者の再配置に関する法律
　(1957年11月23日の法律)……………132
除外率制度…………………………47, 158
職業リハビリテーション……………65, 170
初診日……………………………………91
所得補足手当(Complément de ressources)
　……………………………………219
自立支援医療費………………………117, 120
自立支援給付………………115, 126, 250
自立生活加算(MVA)……………………219
自立連帯負担金………………201, 234, 264
身体障害者………………………………42, 52
身体障害者雇用促進法……………………42
身体障害者福祉法……………………52, 110
人的支援………………………………225
生活保護………………………80, 103, 109, 248

精神障害者……………………46, 48, 54
成人障害者手当(AAH)……176, 195, 216, 221, 236, 247, 252, 260
精神保健福祉法……………………………55
全国自立連帯金庫(CNSA)………201, 233
総合福祉部会………………………114, 121
措置制度……………………………………1

た 行

ダブルカウント制度……………………46, 61
短時間労働者…………………49, 61, 161
地域相談支援給付費……………………116
知的障害者……………………………45, 53
知的障害者福祉法……………………53, 110
賃金補填………………………………236, 257
適応企業(Entreprise adaptée)…145, 171, 185
適切な措置……………143, 148, 184, 255
動物による支援…………………………229
特定障害者特別給付費…………………118
特別・例外的負担………………………229
特別児童扶養手当法……………………102
特別障害給付金……………………89, 99, 101
特別障害者手当……………86, 102, 109, 126
特例子会社制度……………………46, 62, 257

な 行

納付金制度………………43, 62, 160, 240

は 行

発注促進税制………………………58, 75
反ペリュシュ判決法……………199, 232
福祉工場………………………53, 54, 55
福祉的就労…………52, 67, 73, 77, 243, 258
扶助の原理………………………193, 194
扶養義務……………86, 103, 104, 109, 111, 112, 195, 204, 263
ペリュシュ判決…………………………198
報奨金……………………………………63
保障報酬制度………178, 186, 236, 245, 258
ポストへの助成金………………………173

補装具費……………………………117, 121
補足性の原理………104, 105, 108, 248, 262

ま 行

無年金障害者……………………88, 101, 262

ら 行

療養介護医療費……………………………117
連帯の原理……………………………………193
労働医………………………………138, 148
労働・稼得能力の減退………212, 249, 260
労働支援機関・サービス（ESAT）
　……………………145, 176, 185, 243
労働者性………………………………………73

〈著者紹介〉

永野仁美（ながの・ひとみ）

　2000年　東京大学法学部卒業
　2002年　東京大学大学院法学政治学研究科修士課程修了
　2009年　東京大学大学院法学政治学研究科博士課程単位取得退学
　　　　　（2011年博士号〔法学〕取得）
　現　在　上智大学法学部准教授

〈主要論文〉

「フランスの障害者雇用政策」福祉労働121号（2008年）63-74頁
「フランスにおける障害者への所得保障」季刊労働法224号（2009年）141-154頁
「フランスの障害者雇用政策」季刊労働法225号（2009年）58-69頁
「フランスにおける障害差別禁止の動向」季刊労働法235号（2011年）30-40頁

障害者の雇用と所得保障
──フランス法を手がかりとした基礎的考察──

2013年（平成25年）6月25日　第1版第1刷発行
2708-6 P288　￥6000E-012-050-010

著　者　永野仁美
発行者　今井　貴　渡辺左近
発行所　信山社出版株式会社
〒113-0033 東京都文京区本郷6-2-9-102
Tel 03-3818-1019　Fax 03-3818-0344
henshu@shinzansha.co.jp
笠間才木支店　〒309-1611 茨城県笠間市笠間515-3
笠間来栖支店　〒309-1625 茨城県笠間市来栖2345-1
Tel. 0296-71-0215　Fax. 0296-72-5410
出版契約 2013-2708-6-01010　Printed in Japan

Ⓒ永野仁美, 2013 印刷・製本／亜細亜印刷・日進堂
ISBN978-4-7972-2708-6 C3332　分類328.650-a015 社会保障法
2708-0101:012-050-010《禁無断複写》

JCOPY 〈(社)出版者著作権管理機構 委託出版物〉
本書の無断複写は著作権法上での例外を除き禁じられています。複写される場合は、
そのつど事前に、(社)出版者著作権管理機構（電話 03-3513-6969, FAX03-3513-6979,
e-mail:info@jcopy.or.jp）の許諾を得てください。

金久保 茂	企業買収と労働者保護法理
神吉知郁子	最低賃金と最低生活保障の法規制
櫻庭涼子	年齢差別禁止の法理
山口浩一郎	労災補償の諸問題〔増補版〕
新田秀樹	国民健康保険の保険者
道幸哲也	労働組合の変貌と労使関係法
伊奈川秀和	フランス社会保障法の権利構造
小宮文人	雇用終了の法理
大和田敢太	労働者代表制度と団結権保障

信山社

——— 秋田成就・労働法著作集 ———

雇傭関係法Ⅰ　　労働法研究(上)
　　　　　　　　　　　〈解題〉　土田道夫

雇傭関係法Ⅱ　　労働法研究(中)
　　　　　　　　　　　〈解題〉　土田道夫

労使関係法Ⅰ　　労働法研究(下)－1
　　　　　　　　　　　〈解題〉　山川隆一

労使関係法Ⅱ・比較法　労働法研究(下)－2
　　〈解題〉　山川隆一・土田道夫・石田信平
　　　　　　　　　　　　　　（全4巻）

——— 信山社 ———

―――― 新刊・既刊 ――――

渡辺　章 著
労働法講義　上　総論・雇傭関係法Ⅰ
労働法講義　下　労使関係法・雇傭関係法Ⅱ

菅野和夫・中嶋士元也・野川忍・山川隆一 編
労働法が目指すべきもの　渡辺章先生古稀記念

岩村正彦・菊池馨実 責任編集
社会保障法研究　創刊第１号
　　　　　　　社会保障法の草創・現在・未来

―――― 信山社 ――――